十八洞村志

湖 南 省 地 方 志 编 纂 院
湖南省湘西土家族苗族自治州地方志编纂室 ㊻ 编
湖南省湘西土家族苗族自治州花垣县地方志编纂室

人民出版社　　湖南人民出版社

十八洞村远眺

十八洞村精准坪广场

2021 年 2 月 25 日，全国脱贫攻坚总结表彰大会上十八洞村获"全国脱贫攻坚楷模"荣誉称号

《十八洞村志》编纂委员会

主　　任　江　涌

副　主　任　廖良辉　彭楚筠　邓建平　张良敦　王京海

委　　员　（按姓氏笔画排序）

于　亮　田宗武　龙仕英　石　娟　龙秀林

刘克兴　向魁胜　杨清泉　吴　坚　罗　明

季大省　梁章兴　张世田　张胜军　张夫生

贾明俊　隆立新　麻宜志　麻学清　彭学康

鲁民明　廖昭俊

《十八洞村志》编辑部

主　　编　　麻　峻

副 主 编　　石献姣　　张立斌　　施金通　　代尚锐　　王爱军

编　　辑　　（按姓氏笔画排序）

王东秀　　龙凤卿　　刘亮晶　　李　荔

李　丽　　袁燕飞　　麻明进　　鲁　双

编　　务　　李金艳　　石金满

《十八洞村志》审稿组

初　　审	张良敦	刘克兴	李雄野	石千祺
复　　审	彭楚筠	邓建平	隆清华	杨　帆
终　　审	江　涌			
特邀评审	邱新立			

十八洞村在中国的位置

审图号：GS(2016)2890号

十八洞村在湖南省的位置

十八洞村在花垣县的位置

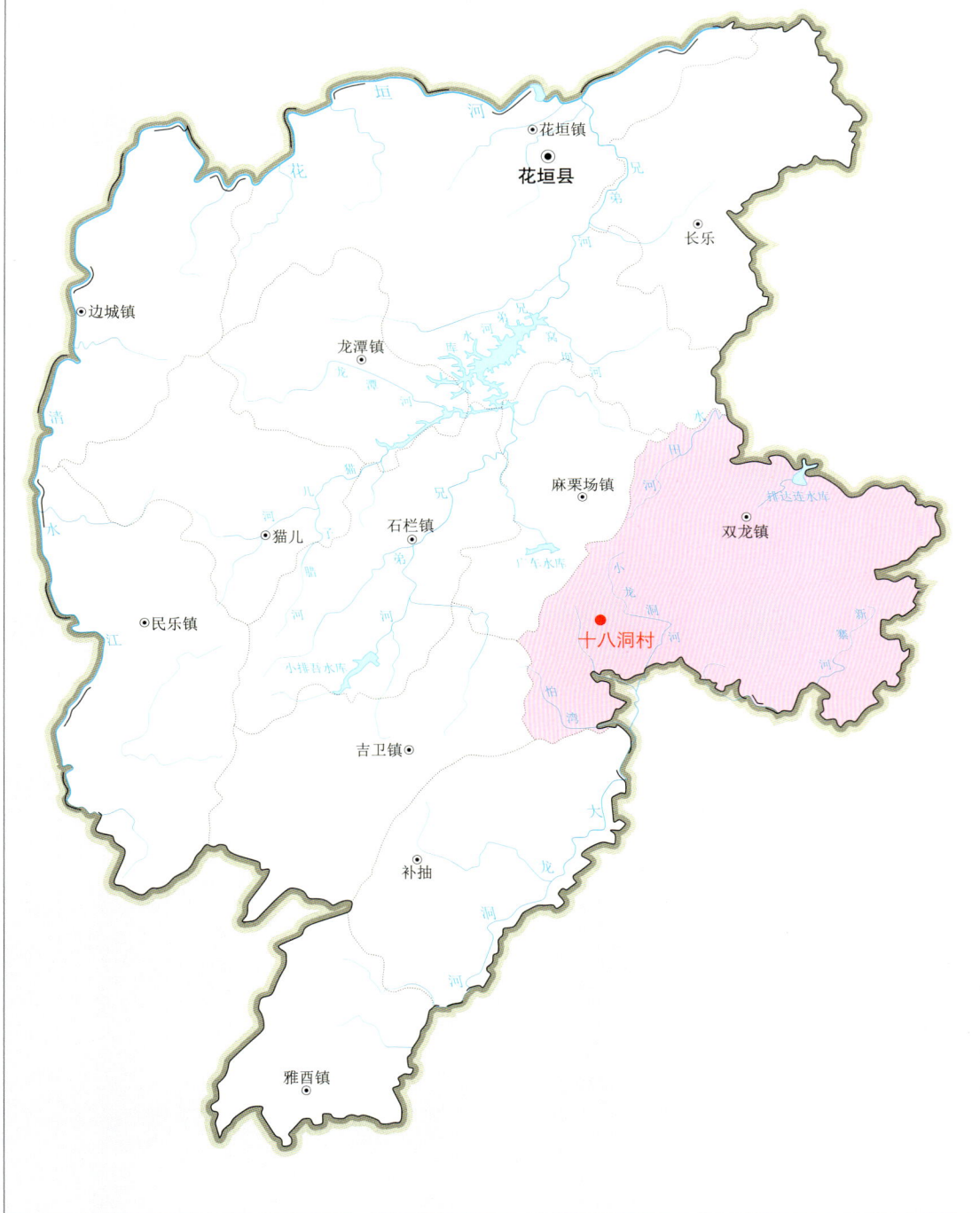

花垣河

花垣镇

花垣县

长乐

边城镇

龙潭镇

麻栗场镇

双龙镇

猫儿

石栏镇

民乐镇

十八洞村

吉卫镇

补抽

雅酉镇

审图号：湘S(2022)029号

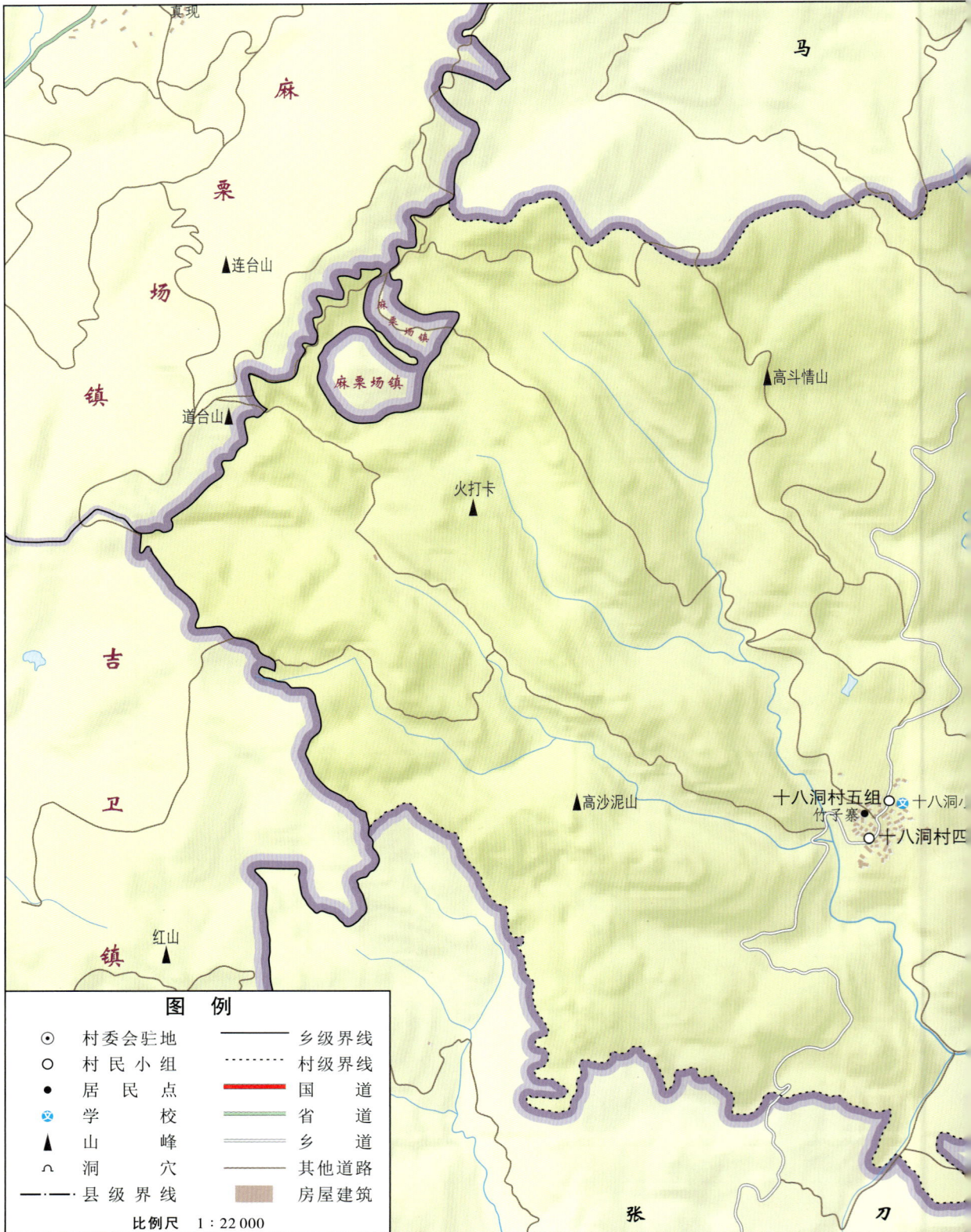

真现

麻

栗

场

▲连台山

镇

道台山▲

麻栗场镇

麻栗场镇

马

▲高斗情山

火打卡
▲

吉

卫

▲高沙泥山

十八洞村五组○

十八洞小

竹子寨●

十八洞村四

十八洞村四○

镇

红山
▲

张   刀

鞍

▲马鞍山

马鞍村

村

排碧板粟村

夯吉寨●

G319

十八洞村⊙

G209

十八洞村二组○

白羊●

十八洞村一组○

当荣寨●

排

碧

村

十八洞村三组

飞虫寨●

高名洞

双

狗名山▲

吉坝山▲

双龙村⊙

上半坡寨● 上半小学

龙

下半坡寨

十八洞村六组○

子寨●

村

吉 首 市

劙刀山▲

排岗山▲

村

十八洞村地图

湖南地图出版社 编制
审图号:湘S(2022)064号

13

十八洞村土房一角

十八洞村的旧木房

十八洞村民居旧貌

十八洞村民居厨房

十八洞村梨子寨村民便道

排谷美小学校园旧貌

十八洞村风光

十八洞村拦门酒

十八洞村民收看十九届中共中央政治局常委同中外记者见面会

十八洞村庆祝中国共产党成立100周年活动

十八洞村通村公路

改造后的梨子寨青石板路

建新房

其乐融融

选举投票

赶秋节

中央广播电视总台"心连心"艺术团在十八洞村慰问演出

年夜一景

精准扶贫

十八洞村猕猴桃基地

丰收喜悦

服装加工

苗绣培训班

游客选购苗家腊肉

十八洞黄金茶

十八洞村便民店

2018 年度十八洞村产业收益金发放暨过苗年活动

送医进村

十八洞小学

十八洞小学学生

聚精会神

相亲会

长桌宴

幸福生活

喜庆佳节

绣红旗，迎国庆

十八洞村庆祝中华人民共和国成立70周年活动

苗族传统节日"四月八"

舞狮

迎亲

篝火晚会

目录

精准扶贫第一村

办好中国的事情，关键在党。

党的十八大以来，以习近平同志为核心的党中央突出强调"小康不小康，关键看老乡，关键在贫困的老乡能不能脱贫"，承诺"决不能落下一个贫困地区、一个贫困群众"，把脱贫攻坚摆在治国理政的重要位置，动员全党全国全社会力量，在中国大地上全面打响脱贫攻坚人民战争，取得了彻底消除绝对贫困的伟大胜利，创造了震撼世界的中国减贫奇迹。

在武陵山区腹地莽莽深山里，有着许许多多山奇水秀、古色古香却又鲜为人知的小村落，曾经的十八洞村就是其中之一。

十八洞村位于湘西土家族苗族自治州花垣县双龙镇西南部，因村内拥有丰富的溶洞群而得名。全村辖梨子、竹子、飞虫、当戎4个自然寨，6个村民小组，2020年共有239户946人，总面积9.44平方千米，林地面积7.4平方千米，森林覆盖率78%。

十八洞村平均海拔700米，属高山区溶岩地貌，生态环境优美，境内自然景观独特。村内有原始次生林——莲台山林场、黄马岩、乌龙一线天、背儿山、擎天柱等景点，群山环抱，山水相连，秀水奇洞，神态各异。村内瀑布倾泻，树木葱茏，鸟语花香，高山峡谷遥相呼应，享有"云雾苗寨"之美称。十八洞村是纯苗族聚居村，苗族风情浓郁，苗族原生态文化保存完好，民居特色鲜明，有"过苗年""赶秋节""山歌传情"等丰富多彩的苗族文化活动。

新中国成立后特别是改革开放以来，十八洞村经济得到较快发展，村民生活不断改善。但是，因十八洞村地处武陵山集中连片特困地区，山大谷深、交通滞碍、信息闭塞，村民与外界交往不畅，思想观念保守，大龄单身汉较多，基础条件较薄弱，公共服务不足，人均耕地少，产业结构单一——主要种植水稻、玉米等传统作物且村民收入以外出务工收入为主，所以群众生活长期徘徊在贫困线以下，2013年仍属典型的深度贫困村，全村人均纯收入仅1668元，建档立卡贫困户136户，贫困人口533人，贫困发生率56.8%，集体经济空白，群众对脱贫致富缺乏信心，"等、靠、要"思想严重，内生动力不足。苗歌"三沟两岔穷疙瘩，每天红薯苞谷粑；要想吃顿大米饭，除非生病有娃娃"，真实反映了十八洞村精准扶贫之前的贫困状况。消除贫困，脱贫致富，成为十八洞村民世世代代的夙愿。

在十八洞村民石拔哑家堂屋正中央的墙上，端端正正地悬挂着一幅习近平总书记和她坐在火塘边聊家常的照片。

2013年11月3日，一场历史巨变拉开序幕。这天下午，中共中央总书记、国家主席、中央军委主席习近平带着对贫困群众的牵挂，来到十八洞村考察。习近平总书记的到来，犹如一缕春风，给苗寨带来了生机和希望，为中国的脱贫攻坚烙下鲜明的思想印记——"精准扶贫"。

习近平总书记走进苗族村民石拔哑家。石拔哑不识字，只会说苗语，没看过电视，不认识总书记。石拔哑用苗语问："怎么称呼您？"村主任介绍说："这是总书记。"习近平总书记紧握着石拔哑的手说："我是人民的勤务员。"习近平总书记询问石拔哑的年纪，得知她64岁了，习近平总书记说："你是大姐。"在黑黢黢的木屋里，习近平总书记同石拔哑一家人坐在火塘边促膝交谈，仔细了解一家人的生产生活情况，还揭开米仓盖子问粮食够不够吃，走到猪栏边看养的猪肥不肥。

"我是人民的勤务员"，这是习近平总书记最坚定的誓言，这是以习近平同志为核心的党中央治国理政最鲜明的价值宣示。正是因为始终不忘为中国人民谋幸福、为中华民族谋复兴的初心使命，始终饱含着至深至厚的人民情怀，习近平总书记才能带领全党全国各族人民迎难而上、开拓进取，以巨大的政治勇气和强烈的责任担当，解决了许多长期想解决而没有解决的难题，办成了许多过去想办而没有办成的大事，推动党和国家事业发生历史性变革。

从石拔哑家里出来，习近平总书记又来到施成富、龙德成夫妇家探望。在院坝上，习近平总书记亲切地与乡亲们面对面围坐座谈，拉家常、话发展。习近平总书记深情地说："我这次到湘西来，主要是看望少数民族乡亲们，同大家一起商量脱贫致富奔小康之策。我说了，要看真正少数民族的贫困村子，不要临时收拾，是什么样就是什么样，真正了解大家的生活状况，看到一些群众生活还很艰苦，感到责任重大。"

在一个多小时的座谈中，习近平总书记一边听一边问，从水、电、路到教育、医疗，都一一询问，详细了解，围绕边远贫困地区怎么脱贫致富、怎么发展经济、怎么从实际出发开展精准扶贫等问题，作了很多重要论述和指示。习近平总书记指出，加快脱贫致富，中央非常重视，各级都很重视，还要更加重视，对贫困线以下的地区要特别重视。到中国共产党成立 100 年时全面建成小康，要使贫困地区也好起来，要有很大改变，这样全面小康才能保障实现。扶贫要精准，否则钱用不到刀刃上。要实事求是，因地制宜，分类指导，切忌喊大口号，也不要定那些好高骛远的目标。贫困地区要从实际出发，因地制宜，把种什么、养什么、从哪里增收想明白，帮助乡亲们寻找脱贫致富的好路子。各级党委政府都要想方设法，要实实在在地一件事一件事做好做实。扶贫对象识别以后，如何以产业扶贫为抓手，实现精准帮扶、精准脱贫，是摆在贫困地区各级党委政府和扶贫部门面前一个非常现实的问题。精准扶贫有三件事要做实：一是发展生产要实事求是，二是要有基本公共保障，三是下一代要接受教育。十八洞村扶贫不能"栽盆景"，认为总书记都去过那儿了，那儿就要搞得跟别人大不一样；也不能"搭风景"，不能搞过了，别人学不了，搞成一个不可推广的盆景。不能搞特殊化，但是不能没有变化。要解剖麻雀，形成成功经验以全面推广。

实事求是、因地制宜、分类指导、精准扶贫——习近平总书记首次在十八洞村提出的"精准扶贫"重要论述，成了全国脱贫攻坚实践的行动指南和制胜法宝，是中国扶贫思想的重大创新，开启了人类减贫史上中国奇迹的新篇章，在人类战胜绝对贫困的征途上树起了一面光辉旗帜。"精准扶贫"四个红色大字，镌刻在十八洞村的石壁上，也生根在苗寨的土壤里。十八洞村成为习近平"精准扶贫"重要思想首倡地，成为新时代的红色地标，成为向全世界讲述中国共产党为什么"能"、马克思主义为什么

"行"、中国特色社会主义为什么"好"的生动注脚，闪烁着中国共产党初心使命的时代光芒。

古老的湘西／美丽又贫瘠／我为了生计／向山要地——在歌舞剧《大地颂歌》的舞台上，湘西十八洞村的年轻村民行进着上场，背着行囊离开大山，频频回望亲人。扶贫工作队龙队长在送别打工队伍后，对余下的村民诚恳地说："乡亲们，跟我们扶贫队一起，拼上老命，和贫穷干一仗！"

贫困有多深重，变化就有多震撼。路走对了，再不怕遥远，十八洞村用7年时间"和贫穷干一仗"，摆脱了束缚千年的贫瘠，迈进了小康大道。在中央、省、州、县各级党委政府高度重视和关怀下，十八洞村始终牢记习近平总书记殷切嘱托，在"精准"上下功夫，充分激发群众内生动力，实现了从深度贫困向高质量脱贫小康的蝶变。2016年，十八洞村率先在湖南省脱贫出列。2020年，全村人均收入18369元，村集体经济收入突破200万元，所有建档立卡贫困户全部脱贫，无新增致贫和返贫人口，苗寨面貌焕然一新。十八洞村先后入选全国少数民族特色村寨、全国爱国主义教育示范基地、全国乡村旅游示范村、全国文明村镇、建党百年红色旅游百条精品线路和国家AAAAA级景区。"精准扶贫"首倡地十八洞村已成为新时代红色品牌、全国脱贫攻坚的聚焦点和国际减贫交流基地。2021年2月25日，在全国脱贫攻坚表彰大会上，习近平总书记亲自为十八洞村颁授"全国脱贫攻坚楷模"荣誉称号奖牌。

十八洞村精准扶贫的成就和经验，是习近平总书记"精准扶贫"重要论述在民族贫困地区的成功实践，是全国脱贫攻坚和反贫困事业发展的生动缩影，充分诠释了脱贫攻坚精神的丰富内涵和时代价值，为世界减贫事业提供了一种可资借鉴的中国智慧和中国方案。

——在扶贫对象识别上，不搞暗箱操作，注重公开公平与群众满意相结合。十八洞村认真贯彻落实习近平总书记"精准扶贫"的重要论述，坚持"严格对象标准、规范识别程序、坚持公平公正、直接到户到人"原则，先后制定了《十八洞村精准扶贫规划》《十八洞村精准扶贫贫困户识别工作做法》，明确"十八洞村贫困农户识别9个不评"的标准。按照"户主申请—投票识别—三级会审—公告公示—乡镇审核—县级审批—入户登记"7 道程序,及时张榜公布结果,对识别工作实行全程民主评议与监督,把识别的权力交给广大群众,确保识别公开、公平、公正,对精准识别扶贫对象进行登记造册、建档立卡、动态管理,规划到户、扶贫到人、落实到事。全村共准确识别出贫困户 136 户 533 人,占总人口的 56.8%,"不漏一户、不落一人",家家户户都服气。

——在内生动力激发上,**不搞空洞说教,注重典型引路与正向激励相结合**。按照习近平总书记"脱贫致富贵在立志,只要有志气,有信心,就没有迈不过去的坎"等重要指示,十八洞村始终把扶志放在首位,坚持扶贫先扶志、治贫先治根,以群众思想建设为重点,积极探索"村民思想道德星级化管理"模式、举办道德讲堂、组织现场参观及电影宣传等系列文化活动,对村民进行生动形象的思想教育,学习政治、科技和文化,使村民开阔眼界,转变观念,提升技能,激发了走出贫困的志向和内生动力。

——在发展扶贫产业上,**不搞大包大揽,注重统筹布局与因地制宜相结合**。十八洞村认真贯彻落实习近平总书记"把种什么、养什么、从哪里增收想明白"的重要指示,把产业建设作为"造血"扶贫核心举措,围绕发展现代产业、增加农民收入、实现农村繁荣的目标,立足每家每户,坚持长短结合,实行立体经营,多层次、多方位、多平面地开发利用资源,在十八洞村选定特色种植、特色养殖、苗绣加工、劳务输出、乡村旅游、山泉水六大产业,通过直接帮扶、委托帮扶、股份合作等模式发展特色产业,实现农村资源变资产、资金变股金、农民变股民,通过盘活集体资源、入股或参股、量化资产收益等途径,让产业发展与贫困户的利益联结更紧密有效,贫困人口通过产业实现增收脱贫,按下精准脱贫"快捷键",发展壮大集体经济。

——在基础设施建设上,**不搞大拆大建,注重留住乡愁与彰显美丽相结合**。严格按照总书记"不栽盆景,不搭风景"的要求,结合十八洞村实际,编制《花垣县十八洞村村庄规划》,按照"统一规划、保持原貌、节俭实用、协调美观"原则,在基础设施建设上,不搞"高大上"项目,不搞大拆大建,大力实施基础设施与公共服务"微建设"工程,积极推进水、电、路、房、通信、环境治理"六到户"工程和危房改造、改厨、改厕、改浴、改圈"五改"工程,推动"微景观、微田园、微治理、微服务""治厕所、治垃圾、治污水""种树、种花、种菜""创美丽农家"建设,村容村貌焕然一新,成为

"布局美、产业美、环境美、生活美、风尚美"的美丽乡村。2018年10月，十八洞村获评"中国美丽休闲乡村"。

——在攻坚力量统筹上，不搞孤军奋战，注重发挥基层党组织堡垒作用与党员干部先锋作用相结合。从建强村"两委"入手，十八洞村认真选派优秀驻村工作队和第一书记，把讲政治、有文化、"双带"能力强、群众信任的能人选进十八洞村"两委"班子，筑牢了基层党组织战斗堡垒，打造了带领群众脱贫致富的"火车头"。2016年，十八洞村被授予"全国先进基层党组织"称号。十八洞村脱贫出列后，又积极探索创立"学习互助兴思想，生产互助兴产业，乡风互助兴文明，邻里互助兴和谐，绿色互助兴家园"的"五兴"互助基层治理模式，全村组建1名党员或能人联系5户群众的"1+5"互助小组41个，从理论学习、生产互助、乡风文明、邻里和谐、绿色家园建设等5个方面，开展户帮户、亲帮亲、邻帮邻、先富帮后富、富户带贫户活动，共同脱贫致富奔小康。村党支部战斗堡垒作用和党员先锋模范作用得到充分发挥，村"两委"的凝聚力、向心力和战斗力得到极大增强，群众对村"两委"的满意度由68%上升到98%。

精准扶贫，中国方案，影响世界！如今，"精准扶贫"已从湘西十八洞村走向全国，迸发出强大生命力，也引发国际关注。

2018年6月2日，老挝人民革命党中央总书记、国家主席本扬特意来到十八洞村，实地探寻"精准扶贫"中国经验。本扬说："在十八洞村，我目睹了中国贫困偏远地区的扶贫成效，进一步感受到习近平总书记的领袖风范。""习近平总书记不仅胸怀天下、心系国家，而且关心少数民族的生产生活，对偏远山村的基层民众嘘寒问暖，这都非常值得老挝人民革命党认真学习。"2018年联合国大会通过关于消除农村贫困的决议，将"精准扶贫"理念和实践写入其中。

2022年4月，石拔哑对前来回访的新华社"总书记和人民心贴心"栏目记者说："总书记那一声'大姐'，叫到我心里了，一想起来就觉得非常温暖。在见到总书记之前，我没出过湘西大山，家里也没有电视，不知道总书记是多大的领导，也不明白'人民的勤务员'是什么意思。现在我知道了，总书记是专门关心咱们老百姓的人。总书记在我们村提出'精准扶贫'后，驻村扶贫工作队带着大家修公路、修房子、种猕猴桃、搞旅游，村子每年都有新变化。很多外出打工的人回来了，年轻人越来越多，小一辈的搞电商，我们村的特产卖得特别好。我家里也有不少变化：房子改造过了，再不像以前那样黑黢黢的，堂屋地面改成了水泥地，建了干净的厕所，通了自来水，添了电器。我还入股村里的项目，已经拿到几千元的分红。现在的日子，想吃肉时，就有肉吃。家里还买了大彩电，我最爱看的节目是新闻联播。总书记的画面一出现，我就放下手里的活儿，好好看看他，听听他在讲什么。以前我没出过大山，这几年我坐过好几次飞机了，还飞到北京，看了天安门。总书记，我想跟您说，见到您是我这辈子最开心的事。"

在全国脱贫攻坚总结表彰大会上，习近平总书记深刻指出："脱贫摘帽不是终点，而是新生活、新奋斗的起点。解决发展不平衡不充分问题、缩小城乡区域发展差距、实现人的全面发展和全体人民共同富裕仍然任重道远。"

沧海横流显砥柱，万山磅礴看主峰。

十八洞村人民更加紧密地团结在以习近平同志为核心的党中央周围，以首倡之地的首倡之为唱响了"精准扶贫第一村"的时代之歌，从伟大脱贫攻坚精神硕果中汲取接续奋进的磅礴力量，正在由精准扶贫样板走向乡村振兴样板再发力的大路上奋勇前行。

十八洞村隶属于湖南省湘西土家族苗族自治州花垣县双龙镇。2005年7月，当地村级行政区划调整，原飞虫村、竹子村合并为现在的十八洞村。村名源于当地拥有丰富的溶洞群和当地"夜郎十八洞"的传说故事。全村辖4个自然寨6个村民小组。2020年，有239户946人，是苗族聚居村落。

　　十八洞村历史悠久，明万历年间始建户舍，建筑结构为黑瓦房、木质墙，具有典型的苗族特色。毗邻319、209国道，距包茂高速花垣东出口10千米，距矮寨大桥8千米，平均海拔700米，属低山区，呈低山深谷地貌，海拔最高处为1059米，最低点为435米。境内风物奇妙独特、苗族文化鲜明，气候适宜、四季分明，溪壑交错、沟谷纵横，植被良好、风景秀美，是宜居之地。

基本村情

十八洞村志

建置沿革

村名由来

　　十八洞村因村域丰富的溶洞群和当地"夜郎十八洞"的传说故事而得名。夜郎十八洞是当地最大的一个溶洞。传说古夜郎国战败，其中一脉退至此地，在地处梨子寨、飞虫寨之间的高名山半山腰上发现一个能容纳 10 万人的超大溶洞，于是在此定居下来，休养生息，繁衍后代。该洞长约 10 千米，洞内有 18 个大小不一的岔洞，岔洞有上中下 3 层，洞洞相连，还有丰富的地下水源和形状各异的钟乳石、梯田形状的千丘田，得名夜郎十八洞。2005 年 7 月，村区划调整，竹子村、飞虫村合并，取名"十八洞村"。

区域变迁

　　明万历年间，十八洞地域始建户舍，人口繁衍聚居，渐成村落。清雍正八年（1730），湖南巡抚赵宏恩、镇竿总兵周一德、辰沅永靖道尹兼分巡辰沅靖道副将王柔带兵 1200 人征服六里（今花垣县）350 寨苗民，建立永绥协，置副将于吉多坪（属今吉卫镇），六里设同知一员，十八洞村属六里同知管辖。雍正十年（1732），六里改为永绥厅，属永绥厅管辖。民国二十四年（1935），隶属永绥县第三区。民国二十六年（1937），隶属永绥县排碧乡（后改称卧龙乡）。1949 年 11 月，隶属永绥县第四区。1953 年 9 月，永绥县改为花垣县，隶属第四区麻栗场区。1956 年 6 月，花垣县撤区并乡，隶属排碧乡。1958 年，隶属花垣县万能公社（原排碧乡）。1959 年，因公社更名，隶属花垣县排碧公社。1984 年，排碧撤社复乡，辖排碧、黄岩、茅坪、竹子、板栗寨、张刀、马鞍、红英、岩锣、上半坡、下半坡、小洞冲、四新 13 个村民委员会 25 个自然寨，隶属排碧乡。竹子村辖梨子寨、竹子寨。1987 年 2 月，马鞍村新分出一村为飞虫村，辖飞虫寨、当戎寨。2005 年，竹子村和飞虫村合并成十八洞村，仍隶属排碧乡，下辖 6 个村民小组。2015 年，原排料乡、排碧乡和董马库乡成建制合并为双龙镇，十八洞村隶属双龙镇，辖梨子、竹子、飞虫、当戎 4 个自然寨，6 个村民小组。

十八洞村梨子寨

地域区位

地理区位

　　十八洞村位于湖南省西北部、湘西土家族苗族自治州花垣县双龙镇西南部，是该镇下辖建制村。东与双龙镇四新村、双龙村和吉首市矮寨镇吉龙村接壤，南与双龙镇张刀村对接，西与吉卫镇双排村及麻栗场镇溜豆村、沙坪村和广车村相邻，北与双龙镇马鞍村相连。地理坐标为北纬28°10′～28°38′、东经109°15′～109°38′，面积9.44平方千米。

经济区位

十八洞村位于全国 14 个集中连片特困地区之一的武陵山片区，地处武陵山脉，经济基础相对薄弱、区域位置相对闭塞、社会生产方式原始单一。受多种因素影响，该村在未实施精准扶贫之前信息闭塞，生产方式较为传统落后，村民收入来源单一，主要依靠水稻、玉米等小农经济及外出务工，无产业、无集体经济收入，是贫困程度极深的民族贫困村寨。

交通区位

十八洞村紧邻包茂高速公路吉茶段和 209、319 国道，距吉茶高速公路花垣东站出口 10 千米，向南可达吉首市和怀化市，通过渝湘高速可达重庆市秀山县和西阳县，通过张花高速可达湘西州保靖县和张家界市，通过凤大高速可达贵州省铜仁市。十八洞村毗邻德夯景区和大龙洞风景区，距矮寨大桥 8 千米，距花垣县城 34 千米，距湘西州府吉首市 38 千米，距湘西边城机场 11 千米。

深山苗寨十八洞村

自然村寨

云雾梨子寨

梨子寨

　　位于村域南面，原属竹子村（1984 年建村），因寨内一棵古老野生梨树而得名。2005 年，梨子寨被划为十八洞村第六村民小组，建设用地 2.06 公顷，寨中配套有停车场、精准坪广场、旅游厕所、游步道等公共服务设施。2014 年后，梨子寨旅游产业发展迅速，有精准扶贫实地教育、苗家民居观光、梨子采摘、农耕体验等项目。寨内务工返乡人员较多，有 41 人参与创办农家乐。2020 年，寨内有常住村民 27 户 107 人，其中男性 54 人、女性 53 人。

　　梨子寨环境优美，集聚山水风光，远眺如一座浮岛漂浮于十八洞村大峡谷之中，有"幸福梨花"之称。梨子寨是保留最完整的苗寨村落，民舍以居住功能为主，全部为木质结构，因地制宜，依山就势，自然布局，空间层次感较好，巷道肌理和村落形态保存完整。房屋依山而建，景观视线较好。停车场位于夯街峡谷入口，夯街峡谷内有地球仓、十八洞村矿泉水厂、休闲谷、鬼洞天生桥等景点和公用设施。

竹子寨

位于村域西南部，张刀公路的中段，与十八洞村新村部相邻，因寨内大片竹林而得名，原属竹子村（1984 年建村）。2005 年，竹子寨被划分为十八洞村第四、五村民小组，建设用地 2.93 公顷。竹子寨是十八洞村第二大苗寨，建有十八洞小学（原名竹子小学）、莲台山通山公路、多家民俗客栈、农业合作社等。2014 年后，该寨大力发展旅游观光业，开发了苗族技艺体验、苗寨观光、农耕体验等项目。2020 年，竹子寨有常住村民 81 户 327 人，其中男性 175 人、女性 152 人。

竹子寨地处半山坡，民居依山就势，自然布局，空间结构较好，周边茂密的竹子和优美的田园景观形成天然的背景。寨内房屋以坐北朝南为主，部分区域可观峡谷景观；建筑以木结构为主，院落空间环境优美，以居住功能为主，空间格局与巷道肌理保存完整。张刀公路沿村寨夹道而过，此前，局部地段过窄，通行能力较弱，道路呈多弯曲式布局。

俯瞰竹子寨和梨子寨

飞虫寨

位于村域北部，紧邻319国道，可进入性较好，是十八洞村面积最大的苗寨，原属马鞍村（1984年建村），1987年2月，立为飞虫村。2005年，飞虫寨被划分为十八洞村第一、二村民小组，建设用地3.81公顷。寨内建有十八洞村游客服务中心、停车场、苗绣博物馆、特色产品店等。2020年，飞虫寨有常住村民101户393人，其中男性203人、女性190人。

飞虫寨依山就势，自然布局，空间层次感较好，巷道肌理和村落形态保存完整。寨内以传统木建筑为主，有少量现代建筑，风貌协调。2014年后，以"茶园蝶境"为主题定位，以"苗医养生健康谷，农耕文化博物馆"为形象定位。飞虫寨寨名起源于对苗族图腾蝴蝶妈妈的崇拜与敬仰。飞虫寨周边产业以有机产业种植为主。十八洞村的旅游规划依托飞虫寨至高名山沿线的景观梯田，以美丽乡村建设为主线，突出乡村休闲主题，对沿线农业产业结构进行调整，与乡村美化结合，分片区种植景观花卉、传统农作物、蔬菜等，打造景观农业，并在此基础上设置趣味性的景观小品，强化乡村休闲氛围，配套设置田园步道、乡村马道、蔬菜种植采摘、稻田摸鱼、帐篷营地等人气型体验性项目，打造集农业观光、农事体验、主题游乐于一体的乡村农业公园。通过乡村农业公园建设做活农业产业，强化农旅互动发展，串联飞虫寨与高名山，丰富沿线的旅游资源。

当戎寨

位于村域东部，为该村面积最小的苗寨，占地1.07公顷，原属马鞍村（1984年建村），后属飞虫村。"当戎"是苗语"reaxrongx"的音译，意为接龙。2005年，当戎寨被划为十八洞村第三村民小组，距319国道仅1千米，可进入性较好。2020年，当戎寨有常住村民30户119人，其中男性63人、女性56人。

当戎寨寨名起源于当地苗民的龙崇拜。2014年后，该寨以"龙舞桃花"为主题定位，以"世外桃源苗族村落，苗文化展示体验地"为形象定位。基于苗族"龙崇拜"，采取"桃花"为景观要素，重点发展以球场为载体的苗族运动、苗族节庆体验，塑造"龙舞桃花"的主题形象。该寨以传统木建筑为主，仅有2栋现代建筑。民居自然布局，传统巷道肌理与院落空间保护较好。

飞虫寨

当戎寨

自然环境

地质地貌

    十八洞村属中低山浅切割且以平缓波伏褶曲发育为主的古生代石灰岩、砂岩、泥页岩地层分布区，位于小型平缓波伏褶曲的背斜构造轴心地带，该区域内垂直节理发育，导致山区的水系多，沿裂隙下渗，形成较多的喀斯特塌陷洼地和小型喀斯特漏斗、地下暗河。裂隙发育形成若干小型喀斯特峡谷、喀斯特峰丛、陡崖、峭壁、少量的石柱及部分小型跌水、瀑布景观。在河谷底中心部位可见地表水沿直径5米的溶洞垂直下渗，形成落水洞和地下暗河。地下暗河距地表20米，暗河局部形成多个溶洞空间，并有各种钟乳石等钙化景观。

    十八洞村平均海拔700米，属高山喀斯特地貌。最低海拔435米，位于十八洞村

十八洞村的深山峡谷

梨子寨夯街峡谷处；最高海拔 1059 米，位于莲台山顶。全村属中低山浅切割地貌区，沿主要河谷两侧形成多级基岩侵蚀台地，河谷两侧分布有 1 ～ 3 级小型阶地。区内沿沟谷两侧崩坡积层发育。

气候

十八洞村属大陆性中亚热带季风山地湿润气候区，气候温和，四季分明，光照充足，雨水充沛，年平均气温 16℃。春季气温回暖较早，但不稳定，寒潮活动较频繁；夏季降雨集中，雨热同季；秋季较为干旱；冬季比较寒冷，湿度大。十八洞村地处莲台山东南侧高寒山区，最高海拔 1059 米，因此形成了类似高原型的气候特征。莲台山近处为一座座小山，四周层层迭出，衬托得似莲花。苗语把莲台山主峰称为"芮就白"，意为"多雪山"。十八洞村冬长夏短，冬寒夏凉，风大雾多，冬季多霜雪和冰冻。1 月平均温度最低，月平均气温 4.6℃，极端最低气温 -8℃；7 月平均温度最高，历年极端最高气温 40℃。当地降水在 5—7 月比较集中，年均降水量为 1350 ～ 1450 毫米，最小相对湿度 4%，年平均无霜期 269 天，年平均日照 1324 小时，年平均风速 1.2 米 / 秒。冰雹日较多，年均 2.3 次，最多时 4 次。发生雷击概率较高，年雷暴日数 52 天，因此引发火灾的情况多有发生。由于海拔较高，降水丰沛，蒸发量相对较小，地下水资源较丰富，四周山崖间多有山泉。

物候

农历正月，季节交替，十八洞村莲台山上的樱桃花绽放。农历二月，十八洞村夯街峡谷内的桃花、李花开放，人们架桥、修路、喂牛、修犁耙、开旱地，水田理好沟，旱田整好坎，烧灰积肥准备种玉米。农历三月，清明到来，寨寨开秧地，家家忙做活。水稻开始播种育秧，冬眠的蛇类开始出山。农历四月，田坎修补，塘边砍杂草，村民插秧。农历五月，在田里薅秧苗、除杂草，开始采摘早熟桃子。农历六月，秧子发蔸，稻秆长高。农历七月中旬，进入处暑，田里稻谷黄，土头小米熟，大家找扁担、编箩筐、敬新谷。农历八月十五前后，水稻开始收割，"稻谷黄澄澄，小米熟山冈。镰刀去割蔸，木桶去打谷，抬来谷满仓，挑来无法装"。农历九月初，玉米收割完毕，开始播种油菜。农历十月，冬季来到，昼短夜长。当地苗歌唱道："冬季来到了，活路要做完。老田犁过冬，新田用水养。大伙来吃酒，家家杀猪羊。男女来跳舞，银子响叮当。一年过去了，来年活更忙。"

十八洞村每年都有霜雪，积雪在隆冬腊月，村民冬闲。清明基本断雪，谷雨基本断霜。一般在春夏时节多闪电、雷声，并与暴雨相随，冬季偶闻雷声。

水文

十八洞村水资源丰富，主要分布在峡谷和莲台山，溪流、瀑布、山泉、暗河等多种水资源有机组合，水体清澈。村落西侧和南侧有多条溪流纵横交错，呈网状分布。溪流由周边山体高处沿山沟和山谷顺流而下，于竹子寨和梨子寨南侧汇集。溪水清澈见底，主要用于村民洗涤以及耕地灌溉。村境内莲台山森林覆盖率高，是十八洞村的生态涵养区和村民饮用水源保护地，常年为I类水。村境内有一条峡谷，称为"夯街"，串联全村4个自然寨。峡谷中有一条溪流发源于三十六湾，流经夯街，汇入花垣县小龙洞河，在聚福村处注入峒河。夯街地段较为平坦，夏季水量较大，溪流两岸均为农田，山上林木葱郁，蓄水能力强，山下终年山泉潺潺。溪河之水除村民饮用外，其余多灌溉农田。

土壤

十八洞村以红黄土壤为主，有3个亚类、5个土层，呈酸性，土层较厚，黏性较强，水肥不易流失，宜种玉米、红薯、黄豆，土地肥沃，经济作物产量高，马尾松、柏木、杉树、油茶、楠竹、混杂林带等生长良好。

用地

十八洞村用地面积781.79公顷，80%处于600～850米的海拔高度，整体坡度较大，以东南坡和西南坡为主，除农、林用地外，适宜建设用地较少，主要集中在村寨及周边，有"地无三尺平，多是斗笠丘"之说。山多地少，以农地、林地和村庄建设用地为主，耕地丘块小，分布较散，全村有耕地 54.46 公顷。村庄建筑密度高，用地较紧张，能基本满足村民居住所需。耕地主要分布在村寨周边以及部分台地，林地主要集中在峡谷四周山地和莲台山。

十八洞村用地高程

高程（米）	470 以下	470～600	600～730	730～850	850～980	合计
用地面积（公顷）	18.02	79.30	320.75	298.58	65.14	781.79
占比（%）	2.31	10.14	41.03	38.19	8.33	100.00

十八洞村用地坡度

坡度（%）	5 以下	5～15	15～25	25～40	40 以上	合计
用地面积（公顷）	23.30	93.37	181.80	337.38	145.94	781.79
占比（%）	2.98	11.94	23.25	43.16	18.67	100.00

十八洞村用地坡向

坡向	平地、南坡	东南、西南坡	东坡、西坡	西北、东北坡	北坡	合计
用地面积（公顷）	114.52	219.34	206.68	169.77	71.48	781.79
占比（%）	14.65	28.06	26.44	21.71	9.14	100.00

十八洞村用地指标（2016 年 1 月）

用地类型			用地面积（公顷）	占城乡用地比例（%）
村庄建设用地			10.74	1.15
公路用地			4.76	0.51
水域			1.07	0.11
农林用地			885.91	94.85
其中	耕地		170.14	18.23
	园地		1.76	0.19
	林地		713.40	76.36
	草地		0.61	0.07
其他用地			31.54	3.38
城乡用地			934.02	100.00

动植物

十八洞村属中亚热带北缘常绿阔叶林华中区系，以次生林和人工林为主，森林植被丰富，主要有阔叶林、针叶林、灌丛、草丛和人工植被 5 种，主要树种有以化香、槲栎、枫香、鹅耳枥等为主的常绿阔叶林，伴生有油桐、灯台树、马尾松、杉木、野鸦椿、马桑、大果冬青、鹿角杜鹃、樟树、复羽叶栾树、刺槐等，还有香楠、银杏、红豆杉、檀香、春雨等珍稀林木。林地面积 11093 亩，森林覆盖率 78%。村域有国家二级及以上保护动物穿山甲、黄鹿、豹、果子狸、白冠长尾雉、大鲵等。

用材树种有杉木、马尾松、柏木、香椿、泡桐、檫木、樟树等 200 多种。经济林主要有柑橘、黄桃、枣、板栗、茶树等 100 多种。灌木主要有山竹、箬叶、马桑、冬茅、小檗、黄杨、沙地柏、钩藤及火棘等。中药植物有白芨、无患子、香仁、天麻、三七、茯苓等 1000 多种。境内莲台山林场建于 1971 年，属双龙镇镇办林场，林木面积 2000 亩，树种以杉木、茶树为主，有猕猴桃、木瓜、梨、酸枣等野生水果 80 余种。

雾锁十八洞杮莲台山

自然灾害

十八洞村属喀斯特地貌区，群山起伏，峡谷纵深，易引发山洪地质灾害，主要灾害性气候有干旱、暴雨、山洪、冰雹、冰冻、大风等。民国二十四年（1935），飞虫寨、竹子寨发生特大旱灾，溪水断流，粮食作物大幅减产。1977 年 2 月，竹子寨遭受特大冰冻灾害，多数经济作物被冻死，损失严重。1987 年 3 月，十八洞村连续干旱，农作物大面积受旱，稻田脱水严重。1987 年 4 月 23 日，十八洞村遭受暴雨洪水袭击，多栋房屋被冲垮。1997 年 1 月 6—7 日，十八洞村普降大雪，积雪厚度近 30 厘米，灾情严重。2008 年 1—2 月，十八洞村经历 40 天的暴雪、冰冻天气，全村受灾严重，转移安置 22 人，紧急生活救助 61 人，农作物受灾 400 多亩，直接经济损失 300 万元。2017 年 6 月 26 日，遭受暴雨洪水袭击，十八洞村景区暂时关闭。2018 年 6—8 月，十八洞村发现地质灾害隐患点 26 处，最终确定需应急处置的 9 个地质灾害重大治理项目，其中湖南省住建厅委托湘西州地质灾害防治技术指导中心对十八洞村精准坪广场不稳定斜坡、梨子寨展览馆滑坡地质灾害隐患进行勘查和治理。

人口民族

人口总量

经过明、清移民定居繁衍,飞虫寨、竹子寨人口逐步增长。飞虫寨、竹子寨1913年有27户135人,1949年有49户232人,1982年有176户572人,1990年有178户691人。

2016年,十八洞村有225户919人。其中,具有劳动能力的人口约为540人,占全村总人口的57.5%;外出半年以上劳动人口287人,占全部劳动人口的53.1%,占全村总人口的30.6%,主要从事房地产、建筑以及信息传输软件和信息技术服务业;女性457人,占全村总人口的48.7%;青年(19~45岁)占比约为46.2%;中老年(46岁以上)占比约为35.6%;残疾人口35人,占全村总人口的3.7%。

2020年,全村有239户946人。

2020年十八洞村6个村民小组人口统计表 （单位:户、人）

组别	户数	人数	男	女
一组	59	213	110	103
二组	42	180	93	87
三组	30	119	63	56
四组	45	185	104	81
五组	36	142	71	71
六组	27	107	54	53
合计	239	946	495	451

民族构成

十八洞村民全为苗族。苗族是一个古老的民族，发源于黄河下游和长江中下游一带，散布在世界各地。十八洞村所处花垣县的苗族人民属湘西支系，自称"仡熊"。村民之间常用苗语交流。

姓氏组成

十八洞村民主要有隆、龙、施、杨、石、刘 6 个姓氏。

隆氏 明万历二年（1574），由今花垣县麻栗场镇沙坪村迁入飞虫寨，先期迁入 4 人，后期迁入带有血缘关系的 6 人。

龙氏 明万历二十年（1592），龙氏两兄弟由今花垣县麻栗场镇广车村迁入张刀村，后迁入竹子寨。

施氏 清康熙年间，施先泽为求生计，举家由今矮寨镇中黄村迁入梨子寨。

杨氏 杨氏一支从江西迁入辰州（今沅陵）。清咸丰年间，杨盛公由矮寨镇迁入，与当地苗民杂居。

石氏 清朝末期，石氏一支携家人从今吉卫镇迁入。

刘氏 刘氏一支从江西迁入镇溪转乾州（今吉首）。清末民初，从今吉卫镇迁入。

2020 年十八洞村居民姓氏组成统计表 （单位：户、人）

姓氏	户数	人数
隆	67	251
龙	64	245
施	46	190
杨	28	118
石	26	105
刘	8	37
合计	239	946

文化程度

2013 年,十八洞村民中大学文化有 5 人,占 0.5%;高中、初中文化有 340 人,占 36.21%;小学文化及学前儿童有 389 人,占 41.43%;文盲 155 人,占 16.51%。总体文化水平偏低,学习能力较弱。

2013 年十八洞村村民文化程度统计表 （单位:人）

组别	文盲	学前教育	小学	初中	高中	中专	大专（含函授）	大学及以上（含函授）	合计
一组	41	12	49	80	10	12	10	0	214
二组	26	13	70	56	2	2	0	0	169
三组	13	7	26	44	3	6	7	2	108
四组	30	12	72	68	9	6	0	1	198
五组	33	11	65	22	4	3	0	0	138
六组	12	6	46	39	3	1	3	2	112
合计	155	61	328	309	31	30	20	5	939

十八洞村是一个苗族村，也是典型的贫困村。国家实施精准扶贫后，当地干部群众按照"把种什么、养什么、从哪里增收想明白"的要求，因地制宜发展当家产业，形成了乡村游、黄桃、猕猴桃、苗绣、劳务输出、山泉水等经济产业体系。

种植业

明清至民国时期，十八洞村的农业为一元种植结构，主要种植水稻、玉米、薯类、油菜、花生等。耕地不足、产量低、耕种技术落后，土地资源贫瘠，广种薄收，正常年

千亩猕猴桃产业园

景每亩产量在200千克以下，食不饱肚，只能靠野菜充饥。若遇久雨、干旱，产量更低。20世纪80年代，当地推广水稻良种，精耕细作，每亩产量由原来的200千克提高到600千克以上，年人均口粮达到400千克以上，基本解决温饱。

2000年，十八洞村逐步发展二元种植结构，农户以种植粮食为主，并发展烤烟、油茶、桐油、野菜、茶叶等经济作物。因山多地少，种植面积不大，这些经济作物均不成规模。2011—2012年，在湖南省民委建整扶贫工作组的帮助下，十八洞村扩大烟叶、西瓜、蔬菜等附加值较高经济作物的种植，面积400亩，产值200万元。2014年，十八洞村推进种植扶贫，根据全村4个村寨6个村民小组所处不同地理位置和发展规划，安排种植不同项目，推进种植业持续升级。

养殖业

明清至民国时期，十八洞村各寨农家生活贫困，少有养殖且比较单一，贫困人家多养小猪或架子猪（已长大但没有养肥的猪），富裕人家多养猪、牛，一般只养1头。20世纪80年代，农家饲养的牲畜主要有牛、猪、羊，一般每户喂猪1～3头，个别户养母猪一头（产仔出卖）；牛一般只养1头，主要用作农耕；羊一般养1～7只。家禽户户饲养，常见的有鸡、鸭、鹅。以农户分散经营为主，规模小，均为原生态农产品。饲养业的科技含量不高，收效甚微。2014年，十八洞村养殖业走向产业化。2018年，全村牛、猪、羊等农业养殖实行"禁养"，走向转型。

苗绣加工

苗绣是苗族地区的传统工艺，主要用于家庭装饰。据传，十八洞地域的苗绣为清朝末期从附近金牛寨嫁到竹子寨龙家的石娘夸传入。民国时期，十八洞村苗绣工艺逐渐普及。20世纪80年代，随着商品经济的发展，开始有专职的苗绣加工人员，主要集中在飞虫寨、竹子寨，但未形成产业且无营销。2004年，走向产业化营销。2014年，石顺莲依托苗绣加工，利用自家3间瓦房，组建十八洞村苗绣合作社，有社员43名。该合作社位于飞虫寨，绣房面积120平方米。

苗绣合作社绣娘刺绣

劳务输出

20 世纪 90 年代，十八洞村大力开展劳务输出，将全村富余劳动力和有一技之长的工匠等输送到广州、浙江等沿海发达地区务工。梨子寨的杨远义，竹子寨的石远女，飞虫寨的隆成银、隆吉龙等是第一批外出务工群众。2000 年，飞虫寨、竹子寨两个村寨外出劳务收入约 6 万元。

2012 年，十八洞村外出劳务收入达到 54 万元，占全村总收入 140 万元的 38.57%；2013 年外出劳务收入 60 万元，占全村总收入 165 万元的 36.36%；2014 年外出劳务收入 146 万元，占全村总收入 236 万元的 61.86%。

2015 年，外出务工 229 人，其中脱贫户 52 户中有 48 户 100 人外出务工，户数占比 92%，人数占比 45%。务工地域：到浙江的有 18 人，占比 18%；到广东的有 6 人，占比 6%；到江苏的有 2 人，占比 2%；10 人到长沙、益阳，占比 10%；64 人到吉首、花垣附近，占比 64%。务工工种：从事技术管理工种的有 18 人，占比 18%；

从事劳动密集型工种的有 82 人，占比 82%。收入水平：年收入 20 万元以上的有 1 户，占比 2%；年收入 3 万元~ 8 万元的有 25 户，占比 52%；年收入在 3 万元以下的有 22 户，占比 46%。2015 年、2016 年两年，全村劳务收入总计 600 万元。2017 年，全村劳动力 540 名中有 300 余人在外务工就业，65% 的外出务工人员分布在北上广一带。2017 年、2018 年、2019 年，三年总计实现劳动力转移就业增收 1000 万元。

旅游业

2014 年 7 月，十八洞村启动红色旅游。2015 年，成立花垣县十八洞村游苗寨文化传媒有限责任公司，下设游客服务中心，发展农家乐 4 家，通过"113"工程、电商平台、荣誉村民营销、民族文化展演等活动推动乡村旅游发展。当年接待游客 10 万人次，旅游收入达 120 余万元。2016 年 12 月，花垣十八洞村旅游公司成立，注册资金 4466.89 万元，员工人数 63 人，从事十八洞村旅游开发管理。旅游服务项目包括特色农家餐饮、特色苗乡旅游文化饰品、精准扶贫相关红色线路等。同年，十八洞村被评为"全国旅游系统先进单位""湖南省文明旅游景区"，被列入第四批中国传统村落名录公示名单。现十八洞村已形成以精准扶贫红色文化为主题，融民族文化、自然景观等资源于一体的红色文旅格局。

电商营销

2015 年，十八洞村电商营销开始起步，利用网络搭建电子商务平台，开通网络直播销售当地土特产。2016 年，十八洞村竹子寨（第五村民小组）村民杨斌，成立十八洞村电商服务中心，带动当地农户网上销售腊肉、苗绣工艺品、绿色蔬菜等。2017 年，十八洞村利用花垣县政府媒体直播平台，开展十八洞村年货节销售，十八洞村的 3000 斤腊肉、50000 斤土鸡蛋、6000 斤湘西黄牛肉等在 30 分钟内全部售出。2018 年，十八洞村集中整合中国邮政、盘古电商、黑土麦田等多个电子商务平台，合力助销猕猴桃，开园活动当天 300 吨猕猴桃销售一空。是年 11 月 28 日，当地政府组织召开"花垣十八洞村"县域公共品牌发布会，组织对接多个电商平台、微信公众号和抖音等进行网上营销推广。

十八洞村竹子寨（第四村民小组）村民施林娇是十八洞村第一代返乡创业开展电商营销的大学生。2019年，施林娇毕业于浙江音乐学院，曾在湖南浏阳一家公司做宣传工作。2020年年初，她辞职回到十八洞村，和另外两位返乡大学生施志春、施康一起创业，做网络带货直播。施林娇有近10万的粉丝量，成为十八洞村有名的网红主播。在帮助乡亲们改变土特产传统销售渠道，使十八洞村农副特产销往全国各地的同时，施林娇和她的团队年均收入达10万元。2020年8月22日，中央广播电视总台"心连心系列公益带货直播"走进十八洞村，当晚八点，总台主持人杨帆和十八洞村带货主播施林娇及村民石拔哑一起向全国观众推荐十八洞村猕猴桃、十八洞村初心农家腊肉、十八洞村苗族刺绣化妆镜、十八洞村天然山泉水、初心茶油、莓茶、百合等当地农副产品，他们还通过聊天、唱歌等多种方式与观众互动，为农货"打call"。经过努力，当晚仅猕猴桃一项销售额即达410万元；一小时直播结束后，产品销量喜人，成交总订单21.5万单，销售成交总额1050万元。

基础设施

道路建设

20世纪40年代，十八洞村有两条山路与外界相通：一条为沿竹子寨顺溪而下，长约2千米，通往张刀村；另一条从飞虫寨通往319国道，全长3.7千米，宽2米。两条山路皆需跋山涉水，出行极不方便。1980年，飞虫寨进村道路改造为沙土路，全长4.2千米，宽3.5米，为泥结碎石路面，标准低、质量差、路面窄、弯道急。从2014年开始，十八洞村加大道路改造力度，至2020年，全村实施交通建设项目20余个，投入交通建设资金4212万元，4个自然寨全部实现公路通达，农户间的道路全部实现岩板硬化。

进村主道

20世纪80年代，十八洞村的进村主道为泥土路。进村主道是一条贯穿十八洞村境，南接竹子、北连飞虫和319国道的通村公路，属张刀村通村公路的一段，全长5.87千米。2014年始，花垣县政府投入1120万元，对其进行改造，次年投入使用。2018年，完成改造工程，路基加宽到6米，道路拓宽硬化4.8千米，泥土路改造成沥青炒砂路。其中600米为彩色路面，宽10米；1.1千米增加钢板护栏。公路两旁栽种有紫薇树、格桑花、桂花树、柿子树等，沿线建成边坡防护、绿化美化、临时停车带。道路两旁美景如画，成为一条立体化景观路。

水厂道路

2017年，湖南步步高集团为扶贫项目投资3000万元，开发十八洞村山泉水，新建一条产业路。该公路始建于2017年5月，起点为梨子寨停车场，止于十八洞村

矿泉水厂，总长 2.3 千米，路基宽 4.5 米，路面宽 3.5 ~ 4 米，全程为水泥路面。项目投资 365 万元，2018 年 9 月完工。公路两边有黄马岩、天洞、地球仓生态酒店、梯田、瀑布等，石壁对立、怪石嶙峋、峰回路转、山曲水迂、千屏万嶂、绵延起伏、树木森郁、古藤缠绕、山光水色、上下交映，犹如一幅天然水墨长卷。

莲台山盘山公路

始建于 2014 年，2017 年通车，宽度为 4 ~ 5 米，长度约 3 千米。地段为竹子寨至莲台山林场，项目投资 498 万元，包括完善路基路面、边坡治理和安保工程等。该公路车道如巨蟒般蜿蜒于崇山峻岭间，被称为"云雾缭绕的盘山公路"，是自行车运动爱好者安全而环保的活动场地。

张刀村公路

始建于 21 世纪初期，项目前后投资约 600 万元，全长 7.6 千米，包括进村主道 5.87

千米，村部至梨子寨入口处为 7 米宽柏油路，其余路段均为 3.5～5 米宽水泥路。道路红线宽度约 7 米，部分路段路面较窄。公路由北向南贯穿竹子、飞虫 2 个村寨和张刀村，是一条串接 4 个村寨、十八洞村峡谷与莲台山林场的通道。张刀村公路两边景色优美，传统村寨、峡谷风光与梯田景观交错。张刀村公路将十八洞村庄规划区内的飞虫寨、当戎寨、梨子寨、竹子寨、十八洞村峡谷和莲台山呈串珠状连接起来，自北往南，形成十八洞村寨入口、游客中心、新村部等多个景观节点。

村寨石板路

　　始建于 2014 年，是在原生产、贸易古道基础上重修的，主要包括梨子寨至竹子寨之间的游步道、4 个村寨农家的入户和房前屋后、生产通道。梨子寨至竹子寨之间的游步道近 1.2 千米，2015 年建成。生产通道青石板路改造于 2015 年启动，2019 年竣工，总计 7 千米。入户和房前屋后青石板路铺设 2014 年启动，2016 年竣工，总计 5 千米。村寨石板路由水泥沙石垫底，青石岩板铺面，黑白两色鹅卵石镶边，水泥砂浆勾缝。无论是在风光秀丽的山水之中，还是在苗韵浓厚的农家民居，十八洞村寨石板路均是游客不可错过的亮丽风景带。

莲台山古栈道

　　据传，明朝皇帝的妹妹朱仕芳下嫁给崇山卫（今吉卫镇老卫城村）指挥使杨二。由于当时天干地热，卫队和随嫁人员酷热难耐，就从莲台山脉万亩原始次生林通过，由此开辟了 36 道弯的车马道。该古栈道位于十八洞村莲台山林场山顶，宽 1～3 米，村境长约 5 千米。此路行人甚少，由于年长日久、荆棘丛生、植被繁茂，是森林寻幽、拾摘野果的好去处。

梨张大道

　　2020 年 8 月，梨子寨至张刀村的梨张大道公路项目启动。该项目投资 1000 万元，全长 1.8 千米，宽 7 米，炒砂路面铺设，2021 年完工通车。

网络通信

1995年，竹子、飞虫两村寨开通固定电话，开通座机用户11户。1997年，开通座机用户28户。1999年，在飞虫寨建移动基站1处，有手机用户13户。2010年，十八洞村有手机用户48户、座机用户87户。2014年3月，十八洞村实现光纤入户，28户建档立卡贫困户首批优先开通光纤宽带。是年6月，十八洞村在全县农村率先开通4G通信，无线网络覆盖飞虫寨、梨子寨等部分村民小组。全村有座机用户123户、手机用户98户，宽带入户率约26%。2016年，全村宽带入户150户，覆盖率达97.8%。2020年，全村有2个通信基站，无线网络无缝覆盖，手机用户率达100%，村民和游客可享受5G通信带来的高速上网体验。

2020年十八洞村5G网络开通

供水灌溉

20世纪80年代，十八洞地域生产生活用水以山溪水和地下水为主，村民生活用水多靠肩挑。村内建有5口水井，其中竹子寨有2口，梨子寨、飞虫寨、当戎寨各有1口。水井口均用青石板围合，井口三侧及上方用方形砖块堆砌，形成一个棚状构筑物，以保护水质。2014年，花垣县启动小型农田水利重点县建设工程，投入资金47.16万元为十八洞村新建蓄水池2个。是年，十八洞村新修渠道2条，分别为1号渠道，长1636米，投入资金34.64万元；2号渠道，长1789米，投入资金36.53万元。2015年，完成3000米水渠建设，全村4个村寨各铺设主管道，实现自来水入户入厨。2016年，投入41万元，实施十八洞村饮水安全巩固提升工程，修建200立方米蓄水池1个，铺设供水管道987.6米。2017年，投资20万元，启动水毁渠道修缮工程，维修渠道465米。2018年，投资87万元，新铺设引水主管3500米，新建200立方米蓄水池1个，安装用户水表239块，增设3台消毒净化设备，增加流量计及水表等计量装置，水毁渠道工程（续建）投资11.97万元，新增灌溉面积52亩，改善灌溉面积218亩。

2019年，《十八洞村灌溉用水和人饮用水管理办法》出台，倡导百姓保护水源、节约用水、文明用水。是年，新修翻修灌溉工程3处、灌溉管道2600米、河坝1处，覆盖灌溉面积300余亩；完善人饮工程2处、消防水池2个，另建人饮水池1个。2020年，投资50万元进行补充水源建设，建100立方米蓄水池1个，铺设供水主支管网4000米。

供电改造

明清至民国时期，十八洞村民过着"日出而行，日落而息"的生活。20世纪70年代，部分农户仍以煤油灯照明。1984年，竹子寨莲台山附近的水电站向十八洞地域供电，其中飞虫、当戎两个自然寨共用变压器，梨子寨、竹子寨各自为单独变压器。因电源单一，水电站发电量较小，无法保证正常用电，部分村民照明仍以煤油灯为主。

2013年，启动农网改造，更换电缆，拉高压电缆线11千米，全村4个村寨均安装了变压器，村民日常用电、生产生活用电基本得到保障。2018年，十八洞村农网改造工程与双龙镇及花垣县10千伏电力网形成有效对接。至2020年，全村电网转网、农网改造完成率达100%，家家户户用上放心电、同网同价电，用电得到保障。

农网改造

社会事业

教育

明末清初，飞虫寨所在的马鞍村境内开有私塾学堂，隆义起任先生，以稻谷充当学费。清雍正十一年（1733年），马鞍村建学馆，生源多为附近苗寨孩子。嘉庆年间，马鞍村学馆属永绥厅（今花垣县）苗义学馆第十六馆。民国时期，该学馆改为排碧乡国立小学。20世纪30年代，竹子寨开设私塾，施先达任先生，学费为一年两担稻谷，教授算术、苗歌和爱国教育等课程。

中华人民共和国成立后，排碧乡国立小学改为排碧乡中心小学。1955年8月，排碧乡中心小学迁至排碧乡排碧村，仅有20余名师生，取名排谷美小学，成为完全小学。20世纪70年代，村民出力、出木材，在竹子寨建小学1所，学生约20人，教师3人，设1～3年级，名为竹子小学（2006年更名为十八洞小学），占地150平方米。20世纪80年代，两所学校共有十八洞村境内学生40余名。

2012年，香港苗圃行动资助资金28.5万元，花垣县财政配套资金3.3万元，总投资31.8万元，对排谷美小学进行援建，小学又改名排谷美村苗圃希望小学。2014年，十八洞村制定《全村整体发展规划》《花垣县十八洞村精准扶贫规划（2014—2016年）》，将教育扶贫纳入精准扶贫规划重要内容并加大实施力度。

农家书屋

十八洞村农家书屋始建于2015年，至2020年，发展到4家农家书屋，分别为十八洞村新村部文化书屋、梨子寨筑梦书屋、当戎寨和竹子寨"互助五兴"中心的村民书屋。除十八洞村新村部文化书屋有藏书上万册以外，其他书屋各有藏书5000余册，

十八洞村农家书屋

4 家农家书屋共藏书 3 万余册。藏书主要系花垣县委驻村工作队、村支"两委"、湖南国强文化有限公司、社会志愿团队等投入。2018 年 8 月 28 日，中央"深入生活·扎根人民""我的书屋·我的梦"农村少儿阅读实践活动"阅行者"团队走进十八洞村，召开农家书屋扶智（志）工作调研座谈会，聚焦农家书屋的"湖南模式"。

卫生医疗

20 世纪 60 年代，十八洞村畜禽养殖多为散养。村寨生活废水通过排水明沟或道路等排入菜地及农田，无集中污水处理设施，人畜粪便主要以村民自建粪坑收集为主，村境卫生脏乱差。80 年代，规范畜禽饲养，改放养为圈养。2005 年，规范垃圾处置场地，聘用专门的保洁人员。2010 年，4 个村寨内部各设置一个垃圾集中收集点。2013 年，十八洞村制定垃圾处理流程，在村寨内公示，让村民学习垃圾分类与处理方式, 未处理的垃圾运至收集点进行集中焚烧, 在梨子寨配套部分竹篓垃圾桶。2014 年, 全村发放分类垃圾桶 508 个, 建设垃圾围 4 个, 在全村房前屋后及公路沿线栽植冬桃、梨树等绿化美化树种 3000 余株。2015 年, 梨子寨公厕投入使用。2016 年, 村里拥有村医 2 人, 接生人员 1 人, 建成卫生室 2 个。竹子寨卫生室位于寨子西侧, 占地面积 120 平方米; 飞虫寨卫生室位于寨子北侧, 由省民委援建, 占地面积 100 平方米。

2017 年, 梨子寨新建 40 个蹲位公共厕所, 实施人畜分离、污水处理工程。2018 年, 村里新建 2 座垃圾分类房。2019 年, 村垃圾中转站投入使用, 全村有 7 名环境保洁员、4 名环境治理清洁工, 全村村容村貌持续美化、靓化。是年, 两个村卫生室统一合并到村部, 村部卫生室设村医 1 人。村民治病疗伤就在村部, 实现小病不出村。

村医为村民体检

社会保障

2011年，十八洞村正式实施贫困人口最低生活保障制度、新型农村养老保险制度、新型农村合作医疗制度，全村有农村低保对象28户102人，新型农村养老保险、新型农村合作医疗参保率分别占当年总人口的31%、81%。

2014年，十八洞村有农村低保对象36户108人，新农合和新农保参保率、适龄学生入学率和巩固率、社会综合管理网格化信息录入完成率均达100%，发放春荒救助资金2万元。2015年，有农村低保对象33户115人，发放社会救助金22.8万元。2016年，全村有75户尚未脱贫的贫困户获得低保补助、民政救助、养老金、残疾人护理补贴以及合作医疗补偿救助等共计15.66万元；实施"特困助学""雨露计划"等贫困助学项目，为在校学生发放助学补贴，全村有38户接受助学补贴共计7.78万元；全村尚未脱贫的75户贫困户享受退耕还林、公益林、养猪等各类补贴12.64万元。

2017年，实施低保兜底保障机制，全村有低保户31户117人，兜底7户12人；建档立卡户、低保户在校学生87人，享受国家助学补贴14.6万元；合作医疗报销人数237人，报销金额49万余元。2018年，合作医疗报销金额50万余元。2019年，全村医保报销109万元，建档立卡户130户523人全部达到"一超过两不愁三保障"稳定脱贫标准。

2020年，全村有建档立卡户130户521人，户数不变，人数较2019年减少2人；低保户33户106人，其中建档立卡户27户73人；分散供养特困人员2户2人；享受教育扶贫补助政策60户94人，其中学前18人、小学47人、初中15人、高中9人、高职1人、中职5人；有70岁以上老人116名、90岁以上老人3名，均建立健康档案。

村民生活

村民收入

20 世纪 80 年代，实行家庭联产承包责任制，农民自主经营，生产积极性高涨，但家庭收入还比较低。1988 年，竹子、飞虫两村人均纯收入 112 元。2013 年，十八洞村人均纯收入 1668 元，只及同年花垣县农民人均纯收入 4903 元的三分之一。2014 年以后，村里发展旅游业，村民收入有所改善，当年全村人均纯收入 2518 元。2015 年，全村人均纯收入 3668 元。2016 年，全村人均纯收入 8313 元，村集体经济收入实现零的突破，从出租集体用房中获得第一笔 7 万元的租金收入。2017 年，全村人均纯收入 10180 元。2018 年，全村人均纯收入达到 12128 元。2019 年，全村人均纯收入 14668 元，村集体经济收入达 126.4 万元。2020 年，全村人均纯收入 18369 元。

村民支出

20 世纪 80 年代，十八洞村民支出项目主要是吃和穿，恩格尔系数达 70%。2004 年，除衣食外，村民在住行上的支出也逐渐增加，程控电话、摩托车开始进入普通农家。2013 年，村内居民生活水平提高，村民人均消费支出 897 元。2018 年，村内有摩托车 31 辆、电瓶车 12 辆、小轿车 12 辆、面包车 5 辆、空调 26 台，手机、彩色电视机普及率达 98%。2019 年，人均消费支出 6120 元。2020 年，人均消费支出为 7100 余元，主要为食品消费、衣着消费、居住消费、医疗消费和文教娱乐消费，恩格尔系数 45%。

村民居住

清末民国时期，十八洞村民多居住竹编房，即以大木头作为房子支架，用山上专

旧民居内的传统炉灶

有的小竹子编织成竹篱笆墙壁，然后再用牛粪糊在篱笆上，以自家烧制的土瓦盖住房顶，这种房子能遮风挡雨，造价低，实用性强。少数村民居住茅草房，有几户富裕人家的住房为苗家吊脚楼木房，即以优质木头作为支架，再用木板装修成墙壁，以土瓦盖住房顶建成大木房吊脚楼，这种房子冬暖夏凉，美观且经久耐用，富裕人家为隆、龙两大姓氏人家。

十八洞村特色民居

20世纪50年代，村民居住条件有所改善。20世纪80年代，竹子寨、飞虫寨均为木板房。木房为一层建筑，由石制基础通过木柱支撑起整栋建筑，采用五柱八挂的穿斗式木结构，挑梁呈弯曲状。"飞檐"悬出正屋，造型舒展，民居平面构成以单座房屋为基本单元，采用"三明两暗"五开间的平面形式。中间的堂屋是住宅中最主要的房间，一般位于住宅的中轴线上，是会客、就餐的地方。堂屋开间一般为4～5米，进深7米。堂屋楼面稍高，后隔出一截作为后堂（接堂背），设有楼梯上堂屋阁楼。接堂背与堂屋

特色民居

之间一般以木板相隔，也有用砖墙相隔的。另外，十八洞村苗族还有在正屋外建偏房的习俗，一般为茅厕、牲畜圈、柴房等。2019年，按照《花垣县十八洞村传统村落保护发展规划（2016—2030年）》《十八洞村住房建设和风貌保护管理办法》，严格建房审批程序，规范建房标准。2020年，十八洞村人均住房面积30平方米，4个村寨均为保存完好的苗家传统村落，75%以上的建筑为传统苗家吊木楼，223户村民的砖房平面屋改为小青瓦屋面。村里有明代建筑5栋，为村民隆吉磊、隆少红、石有金、石银召、隆绍红民居；有清代建筑29栋，典型的为村民施金寿、杨秀强民居；有民国建筑23栋，典型的为村民施成富、龙茂银民居。

村支"两委"

2005 年，竹子村和飞虫村合并为十八洞村，石顺莲当选为十八洞村第一届村支部书记，连任至 2014 年；施金通当选为十八洞村第一届村委会主任，连任至 2011 年。2011 年，龙书优当选村委会主任，石顺莲当选村支部书记。2012 年，龙书优因事请辞，施金通再次任十八洞村村委会主任至 2013 年。

2014 年，大学生村官龚海华当选村支书，致富能人施进兰当选村委会主任。2016 年，全村有中共党员 24 人，其中 50 岁及以上党员 14 人，占全部党员的 58.3%；具有高中及以上文化程度的党员 5 人，占全部党员的 20.8%；常在村党员 17 人，占全部党员的 70.8%；女性党员（含预备党员）3 人，占 12.5%。

2017 年，村支"两委"换届选举，龙书伍当选村支书，隆吉龙当选村委会主任。是年，全村有 24 名党员实行"个性承诺 + 分区负责 + 积分管理 + 民主评议"党员管理模式，挂牌管理、公示监督、一月一积分、年终评议算总账。在广西百色石开的全国深度贫困地区抓党建促脱贫攻坚工作经验交流会上，十八洞村党支部做典型发言。2019 年，创新"党建引领，互助五兴"基层治理模式在全省范围内得到推广；全村分为 41 个"互助五兴"小组，以 3 ~ 4 个互助小组为单位，轮流召开"院坝会""火塘会"，给百姓普及精准扶贫基本常识，引导百姓"听党话、感党恩、跟党走""懂感恩、知报答"；群众对村支"两委"的满意率达 98%。2020 年 5 月，十八洞村换届选举，试点村委会支部书记、村主任"一肩挑"，选举施金通担任村党支部书记、村委会主任。

村民自治

1988 年，按照"一村一策"要求，十八洞村确定村支"两委"班子引导、热心人员参与、党员干部带头、村民自己当家做主的村级管理模式。20 世纪 90 年代，制定村规民约，侧重于对田地的保护，不管是林木草地还是祖先坟地都不能占用田地，影响水稻和其他作物生长，违反者就要受到相应惩罚。2005 年，将村容村貌、风景林木保护、良好社会秩序树立等村规民约列为重点条约。

2014 年，在村支"两委"中推行承诺兑现制、绩效考核制、坐班服务制、代访代办制、结对帮扶制、群众评议制的"六制"工作法。在村部成立党员服务中心，由党员干部轮流坐班，按照"统一受理＋归纳分类＋集中代办"的三合一代访代办模式，接待来访群众，及时办理村民诉求事项。

2016 年，推选村民代表 22 人，其中 2 人在村"两委"任职；村内设村务监督委员会，有委员 5 人，其中 2 人在村"两委"任职，3 人为村民代表；设有民主理财小组，6 人皆为村民代表。2017 年后，村"两委"实施"两述两评"制度，以脱贫攻坚为目标，坚持自治、法治、德治相结合，召集全村 20 多名青年组建十八洞村青年民兵突击队，制定《十八洞村民自治章程》《十八洞村青年民兵突击队章程》《十八洞村旅游扶贫试点规划》《十八洞村传统古村落保护实施方案》等，推动村级各项工作和活动有序开展。

村规民约

清朝时期，十八洞村多靠"结绳而治"（由寨长制定的苗例）。民国年间，有"吃罚"自治条约，对做错事情的苗民，由当事人杀猪或宰羊，请全寨人吃饭。寨长作为一个宗族最为德高望重的发言人，是家族成员关系的黏合剂，对族内每个成员的行为起着规制作用，族内的矛盾纠纷、红白喜事都由寨长裁决、组织。

20 世纪 90 年代，十八洞村制定环境卫生、山林管理、稻田生产等村规民约。例如：坟夹在田地中间，必须双方协商，保证一定的界线；偷割别人草者，一挑罚 3 元；放牛进别人草地及田地，每人罚款 5 元；确实犁田无意构成的，根据现场调查结果处理；

土在田附近，只能往上割6尺，往下割平土坎，不许种植瓜果等；偷谷桶、犁耙、农具等，按市场价格处以5倍的罚款；等等。

2014年，编制《十八洞村村规民约"三字经"》。2015年，提炼以"投入有限，民力无穷，自力更生，建设家园"为文化价值观的十八洞村精神。2016年，将村规民约张榜上墙，并编制成册，分发到户，做到家喻户晓。2018年，组织修订村规民约。2019年，重新编印《十八洞村村规民约》。

村务公开

十八洞村成立村务监督委员会，建有监督微信群，对扶贫产业项目进行事前、事中、事后监督，确保扶贫资金落到实处。村里的政策、资金等定期在村级监督微信群和村务公开栏公示，村务监督委员会全程跟踪监督。每个扶贫项目实施后，县镇纪委都安排纪检监察干部，对征地、建设、竣工以及资金拨付等环节进行全程跟踪监督，防止暗箱操作，确保项目落地。

民主评议党员大会

20世纪90年代，十八洞村还是个典型的山区深度贫困村，村里的青壮年劳动力大多外出务工。"三沟两岔穷疙瘩，每天红苕苞谷粑；要想吃顿大米饭，除非生病有娃娃……翻山越岭十八洞，洞洞藏着酸和痛。"一曲苗歌真实地反映了十八洞群众的贫困生活。

2013年11月3日16时许，中共中央总书记习近平到十八洞村考察调研，在施成富家院坝上（现精准坪广场），同村干部和村民代表围坐在一起，与村民促膝谈心，共同商量脱贫致富办法。在这里，总书记首次创造性地提出"精准扶贫"重要论述。此后，十八洞村探索出一条可复制、可推广的精准扶贫好路子。2016年，十八洞村成功脱贫出列，成为全国精准扶贫的"摇篮"。2021年，被评为"全国脱贫攻坚楷模"，为世界减贫事业提供了村级样本。

现在，十八洞村的乡村游、猕猴桃种植、苗绣、山泉水等产业发展得风生水起，村民脸上写满了幸福。苗歌唱道："山青青，路宽畅，十八洞的今天变了样……"

精准扶贫，从这里出发。乡村振兴，续写首倡地样本。

精准扶贫

十八洞村志

贫困识别

2014 年春节期间，花垣县委驻十八洞村扶贫工作队和村支"两委"在入户调查摸底、召集群众座谈商议的基础上，制定《十八洞村精准识别贫困户工作办法》，提出精准识别贫困人口的"七步法""九不评"[①]标准。对识别出的贫困对象进行建档立卡，"一户一策"逐户制定脱贫措施。根据识别办法，十八洞村共识别出贫困户 136 户 533 人（录入系统 533 人，另有 9 人无身份证，无法录入，共有 542 人）。

十八洞村贫困户多数是因经济条件、工作能力、家庭结构等致贫。因缺乏资金和技术致贫的贫困户有 64 户，家庭成员生病或残疾的贫困户有 24 户，家庭成员年老缺乏劳动力的贫困户有 38 户，供养子女读书造成贫困的有 10 户。根据贫困原因，将贫困户识别为因劳动力缺乏无能力型、因疾病折磨负债型、因缺乏技术不善经营型、因供学支出负担过重型 4 种类型。

贫困原因

十八洞村民贫困，原因较多。其一，交通不便是主要原因，以往仅有两条山路与外界相连，交通不便，村民出行极不方便。其二，观念落后、思想保守，村民普遍文化水平不高，缺乏市场观念，部分农民存在"等、靠、要"思想，自我发展能力有限。其三，产业单一、耕地匮乏。土地资源缺乏，全村耕地面积为 817 亩，人均耕地仅有 0.83 亩；

---

① 九不评：指在城镇购有商品房的不评，违反计生政策的不评，打牌赌博成性的不评，不务正业的不评，不赡养老人的不评，阻挠公益事业建设的不评，全家外出务工的不评，家里有拿工资的不评，拥有经营性加工厂的不评。

精 准 识 别

制定"七步法",有效防止"穷人落榜、富人戴帽",解决了"扶持谁"的问题,共识别贫困户 136 户 533 人

十八洞村识别贫困户的"七步法"

户主申请 → 群众评议 → 三级会审 → 公告公示 → 乡镇审核 → 县级审批 → 入户登记

十八洞村识别贫困户的"七步法"

耕地面积有限且分散,80%用地处于 600～850 米海拔上,整体坡度较大。收入来源单一,以传统水稻、玉米种植和家畜、家禽养殖等自给自足的小农经济维持生计,生产结构简单。其四,村内基础设施落后,特别是村民用电、用水极不稳定;电源单一,水电站发电量小,无法保证正常用电;取水以山溪水和地下水为主,多靠扁担挑水;医疗、卫生等公共服务不配套。2011—2012 年,湖南省民委扶贫工作组进驻该村,先后整合资金 500 余万元,实施村道、机耕道、水渠、村部等基础设施建设。但因该村地域广、居住散,水、电、路、通信等基础设施仍然落后,如人饮工程管网老化严重、信息网络入村建设无实质性进展等。其五,产业结构层次低,处于低层次的传统农业阶段。加之受山区自然条件的限制,难以大范围使用先进生产工具,农业结构调整难度大,市场风险频发,效益低下。

贫困程度

十八洞村以往因交通闭塞与世隔绝、自然禀赋先天不足、农民观念陈旧落后，成为极度贫困的村庄。

20世纪90年代，十八洞村的大部分青年劳动力外出务工，务工收入成为全村的主要经济来源。村中仅留老人在家种田、供养小孩上学，村中基础设施建设和公共服务严重滞后，道路泥泞不堪，医疗卫生事业落后，抗病抗灾能力差，贫困度深且面广。2011年，全村人均纯收入1280元，分别仅为全县、全州、全省、全国农民人均纯收入3790元、3674元、6567元、6977元的33.77%、34.84%、19.49%、18.35%；2012年，全村人均纯收入1417元，而全县、全州、全省、全国农民人均纯收入分别为4354元、4280元、7440元、7917元；2013年，全村人均纯收入1668元，而全县、全州、全省、全国农民人均纯收入分别为4903元、5260元、8372元、8896元。全村人均纯收入与全县、全州、全省、全国农民人均纯收入之间的差距越来越大。

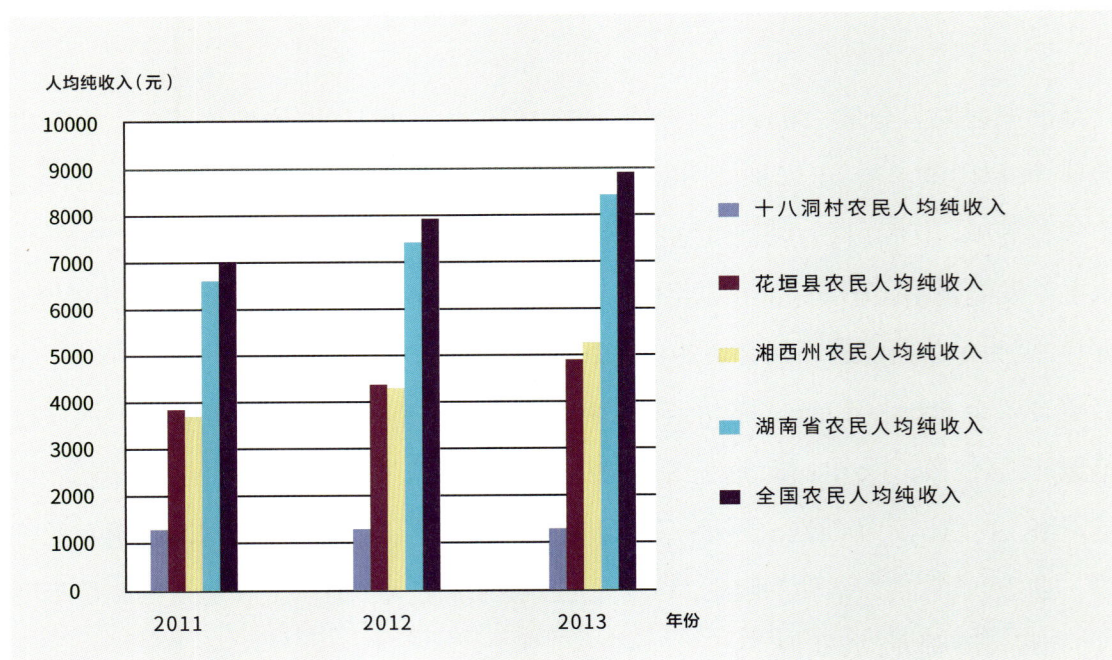

2011—2013年农民人均纯收入对比图

贫困人口

2013 年，十八洞村准确识别出贫困户 136 户 542 人（其中录入系统 533 人，有 9 人无身份证，无法录入），占全村总人口的 58%，低保户 25 户 86 人。其中，梨子寨贫困户 23 户，贫困人口占比 81.25%；竹子寨贫困户 44 户，贫困人口占比 47.92%；飞虫寨贫困户 56 户，贫困人口占比 60.84%；当戎寨贫困户 14 户，贫困人口占比 44.44%。在十八洞村贫困户 542 人中，60 岁以上人口为 109 人，占 20.1%；45～59 岁人口为 98 人，占 18.1%；18～44 岁人口为 257 人，占 47.4%，小于 18 岁的人口为 78 人，占 14.4%。中青年人口较多，劳动力充足。

主要收入

2013 年，十八洞村人均纯收入 1668 元，其中家庭人均纯收入在 1000 元以上的有 19 户，占贫困户总数的 13.97%；1001～1800 元的有 58 户，占贫困户总数的 42.65%，

2013 年十八洞村贫困人口统计表

组别	人口数量（人）	户数（户）	贫困户数（户）	贫困人口数量（人）	贫困人口占比（%）	低保户数（户）	低保人口数量（人）
一组	214	56	32	134	62.62	4	15
二组	169	41	24	99	58.58	4	13
三组	108	27	13	48	44.44	4	12
四组	198	42	22	86	43.43	4	15
五组	138	36	22	75	54.35	5	15
六组	112	28	23	91	81.25	4	16
合计	939	230	136	533	56.76	25	86

1801～2300 元的有 57 户, 占贫困户总数的 41.91%, 2300 元以上的有 2 户, 占贫困户总数的 1.47%。收入高的村民以外出务工为主要经济收入来源, 其余村民均以农业种植为主。

2013 年, 十八洞村产业建设较滞后。是年, 全村总收入 165 万元, 其中水稻 400 亩收入 40 万元, 玉米 100 亩收入 5 万元, 烤烟 160 亩收入 32 万元, 西瓜 70 亩收入 28 万元, 劳务及其他收入 60 万元。外出务工是村民的主要经济来源, 村民种养收入占比低, 农业产业未成规模。

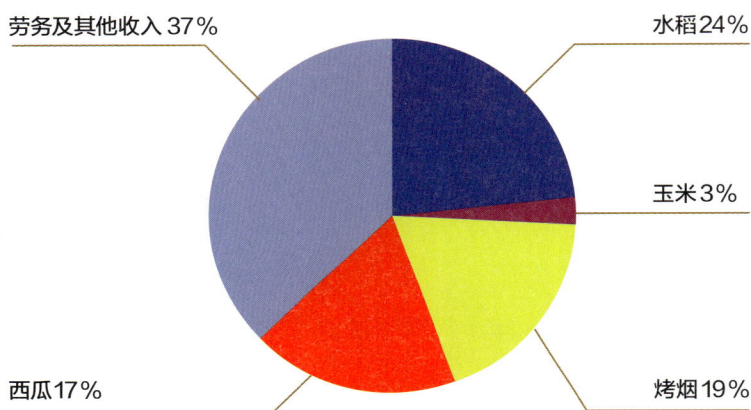

劳务及其他收入 37%　水稻 24%　玉米 3%　烤烟 19%　西瓜 17%

十八洞村 2013 年主要收入占比

规划制定

2014 年,十八洞村制定《全村整体发展规划》《花垣县十八洞村精准扶贫规划（2014—2016 年)》。是年,通过精准识贫,制定《十八洞村贫困户个体脱贫规划》。2015 年,花垣县文广新局制定《湖南省文化产业扶贫示范点十八洞村工作（2016—2018 年)总体规划》,提出十八洞村产业发展的战略重点为文化产业扶贫,并结合实际对其提出了总体的设想和规划。

2016 年 1 月,结合全村发展规划、项目扶贫规划及贫困户脱贫规划,十八洞村制定《花垣县十八洞村旅游扶贫规划》,将乡村旅游的空间结构分为"一廊、两园、四寨、四节点"。其中"一廊"为十八洞村山水立体景观廊道;"两园"为德夯大峡谷公园、云杉漫步森林公园;"四寨"为云雾梨花梨子寨、山乡翠竹竹子寨、田园唱响飞虫寨、桃园山谷当戏寨;"四节点"为入口前导、游客中心、高桌子、高名山。

2018 年 10 月,十八洞村制定《花垣县十八洞村村庄规划（2018—2035 年)》。该规划通过梳理乡村演进规律,深入挖掘地域特色元素建立空间基因库,在充分研判区域发展及村庄现状的基础上,提出"精准扶贫首倡地,传统村落保护地,乡村旅游目的地,乡村振兴示范地"四大规划目标定位[1]。落实产业兴旺、生态宜居、乡风文明、治理有效、生活富裕的总要求,到 2035 年,将十八洞村打造成乡村振兴的新样本,谱

---

[1] "精准扶贫首倡地"表明十八洞村是从传统扶贫迈向精准扶贫这一历史转折点的摇篮地和纪念地;"传统村落保护地"体现了十八洞村需在发展中保持苗寨原有景观风貌,彰显苗乡民族文化特色;"乡村旅游目的地"则需要充分整合当地优势资源,从旅游、文创、营销等方面综合打造十八洞村乡村旅游品牌;"乡村振兴示范地"指探索一条可复制、可推广的乡村发展路径,为中国传统村落的振兴提供示范样板。

写发展的新篇章。该规划主要包含重点区块设计、重要节点设计、民居风貌协调、环境整治四大板块内容。重点区块设计，主要包含4个老寨（梨子寨、竹子寨、飞虫寨、当戎寨）与2个新寨（思源寨、感恩寨）；重要节点设计，包含村寨大门、特色产品店、停车场、农旅合作社、高名山观景台、村级活动中心、感恩坪、精准扶贫首倡地会址、知青林场、休闲谷、特色农业产业园、当戎观景台、夯街峡谷、十八洞村缆车；民居风貌协调，包括传统村落保护、民居新建引导、空心房的使用；环境整治，包括村寨入口处、村民公共活动空间。

规划内容

一廊　十八洞村山水立体景观廊道。张刀路沿线传统村寨、峡谷风光、梯田景观等山水立体景观交错，通过对张刀路路面与沿线的梯田、护坡、民居等进行景观提升与风貌改造，并以苗族信仰的枫树为主要树种，打造一条串接4个村寨、峡谷与万亩林场的山水立体景观大道。

两园　德夯大峡谷公园、云杉漫步森林公园。德夯大峡谷公园，依托德夯大峡谷地质资源，以"小张家界"为主题形象，以国家AAAAA级旅游景区和省级地质公园为发展目标，打造集峡谷观光、山地户外运动、地质科普教育于一体的公园，使其成为十八洞村重要的峡谷观光与户外运动公园。云杉漫步森林公园，依托莲台山万亩杉林，以保护森林与水源地为前提，以森林生态旅游为发展思路，以森林漫步为特色，打造集森林户外运动、生态休闲、避暑度假等功能于一体的森林公园，使其成为十八洞村重要的户外拓展空间，成为国家级森林公园和湘西重要的森林游憩区。

四寨　以云雾梨花为主题形象，通过对村寨进行建筑风貌整治和景观提升，注入多元化和特色化的商业业态，配套标准化的旅游服务设施，将其打造成融红色文化学习与体验、苗寨观光体验于一体的全国精准扶贫学习地。

规划实施

从2016年开始，十八洞村坚持"人与自然和谐相处，建设与原生态协调统一，建筑与民族特色完美结合"的建设总原则,以"把农村建设得更像农村"为发展理念,"一廊""两园""四寨"建设初具雏形。至 2020 年,高名山庄十八洞杧项目开发、梨张大道、腊肉加工厂、田园综合体等重大项目启动,建成新村部、村级便民服务中心、村级文化广场、村级游客服务中心、村级电商服务站、村级金融服务站、2 座垃圾分类房,无线网络实现全村覆盖等,村寨、田园、峡谷、森林等得到不同程度的生态性开发。进村小泥路变成水泥路;两条长 6300 米的供水主管道解决了村民生产生活用水问题;村民房子里原来凹凸不平的泥巴地变成水泥地板,房屋、厨房、厕所均改造得漂漂亮亮……新修的石板路、新扎的竹篾墙、新添的青瓦片、新装的木板房,绘成一幅优美的水墨图。在过去贫困的日子里,十八洞村苗歌更多传唱的是生活的艰辛和无奈:"苗家住在高山坡,坡上芭茅石头多。不通公路水和电,手捧金碗莫奈何。"脱贫攻坚使苗乡发生了翻天覆地的变化,十八洞村苗歌唱出了生活的甜美和喜悦:"吃住不用愁,衣着有讲究;增收门路广,票子进衣兜;天天像赶集,往返人如流;单身娶媳妇,日子乐悠悠。"

精准发展 致富产业

2014 年，十八洞村制定产业发展短期、中期、长期目标，按照"市场带动产业，产业带动能人，能人带动穷人，穷人带动资金"的发展思路，形成苗绣加工、劳务经济、电商销售、乡村旅游、种植业、养殖业六大产业。十八洞村先后成立苗汉子果业有限责任公司、手拉手种养专业合作社、农产品加工专业合作社、苗大姐蜜蜂养殖专业合作社、农旅农民专业合作社等，全村发展了猕猴桃、烤烟、野生蔬菜、油菜、辣木茶、黄金茶、西瓜、蜂蜜等生态农业。

养殖扶贫

2014 年，十八洞村重点发展黄牛、山羊、肉兔、黑猪等养殖业，并利用十八洞村大峡谷良好的植被生态环境发展蜜蜂养殖。成立肉兔养殖专业合作社 1 个；发展重点养牛户 2 户，德农家庭牧场养牛 30 头并产仔 10 余头，成志养牛合作社牛场公路和牛舍建设工程完工，购买黄牛入栏 20 余头；成立木兰乳猪养殖专业合作社，在村里养猪大户龙英足的带领下，有 21 户 81 人从事生猪养殖。

2015 年，大户带动、群众参股的股份合作制养殖得到推广，主要养殖黄牛、生猪，平均每户保持 10 头左右的养殖规模。是年，十八洞村民龙先兰在家里试养了 4 箱土蜜蜂，当年卖了 40 多斤蜂蜜，收入 4800 多元，获得了创业的第一桶金。

2016 年，十八洞村依托养殖专业合作社，发展山羊养殖户 4 户，养殖山羊 800 多只。是年，成立花垣县十八洞村手拉手种养专业合作社，养殖公猪 2 头，母猪 62 头（黑、白母猪各 31 头），年出栏仔猪 1600 多头。全村贫困户散养生猪 97 头，产值近百万元。是年，龙先兰扩大养殖规模，申请 5 万元小额贴息贷款，购买当地的土

蜜蜂，养殖规模达38箱，产出400多斤蜂蜜，收入5万多元；又邀请村中12户农户58人组建十八洞村苗大姐蜜蜂养殖专业合作社，由其负责提供技术指导，蜂蜜产品外观统一设计、包装，统一对外销售。

2017年，全村养牛50余头、山羊300多只、蜜蜂80余箱、母猪60多头，年出栏仔猪1600多头；农户散养生猪100余头，产值150余万元。是年，十八洞村苗大姐蜜蜂养殖专业合作社产蜜1000多斤，产值超过13万元。是年，十八洞村启动畜禽养殖禁养区，关闭退养了一批养殖场，把规模化养殖列入产业准入负面清单，发展生态旅游开发。

2018年，全村农业养殖推行"禁养"政策，牛、猪、羊等养殖合作社走向转型，养猪大户龙英足关闭养猪场，获得79.7万元补偿。是年，十八洞村苗大姐蜜蜂养殖专业合作社被湖南省林业厅评为"林下经济示范基地"，创立了"十八洞村金兰土蜂蜜"品牌，产品通过电商销往全国各地。

2019年，由于发展生态旅游的需要，十八洞村的黄牛、黑猪等规模化养殖完全退出，蜜蜂养殖成为十八洞村的一大特色产业。

黄牛养殖

蜜蜂产业

2020年，十八洞村苗大姐蜜蜂养殖专业合作社带动农户118户562人（其中建档立卡贫困户81户，贫困人口308人），养蜂1146箱，实现产值180余万元，利润100万元，人均增收1000余元。

种植扶贫

十八洞村农耕历史悠久，自精准扶贫实施以来，仍保留着传统的种植和耕作方式，种田不施化肥，庄稼治虫防病不用农药。农耕产品品质生态、绿色、安全，备受市场及大众喜爱。

2014年，十八洞村推进种植扶贫，在当戎寨、飞虫寨打造农旅产业区，种植百亩黄桃、药材、油茶、茶叶、烤烟等，在梨子寨、竹子寨种植小面积蔬菜、油菜、果树等。结合全村耕地少的现状，以"飞地经济"形式，种植猕猴桃，利用湖南湘西国家农业科技园区花垣核心区流转土地1000亩发展猕猴桃产业。针对村内产业实际，实施不同程度的奖助政策，采取村部引导、部门扶持、大户带动措施，由原来的小打小闹走

种植烤烟

向规模种植、订单种植，形成农旅合一的农村休闲观光产业。

2016年，全村主要种植作物包括冬桃和黄桃150亩、猕猴桃1000亩（异地流转）、水稻400亩。其中，在十八洞村大峡谷溪河两岸，发展150亩富硒大米和五彩稻种植，因山高温差较大，所生产的水稻米质优良，出米率近80%，年产优质稻谷近7万千克，收益30万元；采取以奖代补形式鼓励贫困户种植油菜，发展油菜基地46.2亩，收益20万元。

2017年，十八洞村千亩精品猕猴桃挂果，实现港澳直通销售，产量200吨。是年，全村种植水稻247亩、玉米107亩、油菜19亩、西瓜15亩；发展订单蔬菜种植80余亩，农户每亩年均增收3000元以上。2018年，建立黄桃基地，在飞虫寨和竹子寨流转土地种植黄桃300亩。2019年，推行"村社合一"多元发展，全村种植水稻约300亩、玉米120多亩，收益近100万元；引进东西部协作产业帮扶项目，增强产业抗风险能力；以村部引导方式，使产业多元发展，减少产业单一受灾概率，分别引导种植无患子70亩、黄金茶50亩，完成300亩白芨一期种植50亩。

2020年，在飞虫片区新建百亩茶叶基地，在竹子片区打造百亩中药材基地。是年，全村有耕地817亩，其中水田617亩、旱地200亩，种植的传统农作物有水稻、玉米、小米及豆类等，经济作物有猕猴桃、烤烟、野生蔬菜、中药材、油桐、茶叶等。全村种植业中水稻年收入约40万元、玉米年收入约10万元、中药材年收入30多万元、油桐和西瓜年收入各约20万元、野生蔬菜年收入约30万元、黄桃年收入300多万元、猕猴桃年收入约2000万元等。

加工扶贫

2014年，十八洞村依托资源优势，发展榨油、剁辣椒、辣油、果酱、米酒、苗绣等特色加工业。其中，苗绣加工依托十八洞村苗制农产品加工专业合作社，组成苗绣发展团队，与中车集团等签下订单。2020年9月，十八洞村腊肉厂启动建设，该项目集腌制、熏烤、冷藏于一体，于2021年竣工投产，解决60余名村民家门口就业问题，腊肉年产量达10吨。

特色产业

2014年9月，十八洞村在村外以"飞地经济"建设千亩猕猴桃基地。是年，十八洞村发起"11·3"工程，全村每户种上10棵冬桃、10棵黄桃，养殖300尾稻花鱼，将这些桃树的年采摘权放在网上拍卖。每棵桃树采摘权定价为418元/年，其中300元给种植桃树的农户，118元作为村里管理平台的费用。2016年，十八洞村通过"邮三湘"平台成功销售4000余棵桃树的采摘权，筹集资金169万元。2019年，十八洞村在村内规划种植西瓜、花卉、黄桃、菩提果等。全村先后发展各种瓜果基地600多亩，其中黄桃基地300多亩，这给当地村民提供了一条增收渠道。

黄桃产业　2014年，十八洞村飞虫寨第一村民小组村民隆吉龙返乡创业，建立黄桃基地。是年，十八洞村成立黄桃合作社，隆吉龙为理事长。2016年，黄桃产果，产值近20万元。2018年，隆吉龙带领村民扩大黄桃种植面积，达到300亩，

黄桃种植

其中竹子寨产业片100亩、飞虫寨产业片200亩；黄桃合作社有70户（贫困户30户、非贫困户40户），年产黄桃100多万千克。每年3月，黄桃基地黄桃花竞相绽放。黄桃基地春天可看花，秋天可摘果，游客可以分享春种秋收的快乐。

林木基地 十八洞村林木基地即莲台山林场，成立于1971年，始为排碧乡乡办林场。林木面积2000亩，树种以杉木、茶树、枫木等为主。20世纪80年代，林场人数最多时有40多人。2014年，十八洞村对林木基地进行改造扩容，在海拔600米以下沟谷地带建有200亩珍贵家具、装饰用材林和风景园林树种——桢楠、闽楠基地；在海拔超过600米地带建有100余亩珍稀干果和木本油料、庭院观赏树种——香榧基地。春天，林木基地漫山遍野绽放着杜鹃花，还有山叶泡等野果可供采摘。夏天，树木葱茏，云雾缭绕，鸟声回环，是游客消暑的好去处。秋天，一派"霜叶红于二月花"的景象，山中野生猕猴桃等野果果香扑鼻。冬天，银装素裹，分外妖娆，是田园采风的好去处。

庭院经济 十八洞村民利用当地丰富的山地资源，在庭院中编织竹篮、斗笠、箩筐等形式多样的竹篾制品来销售。2014年，随着十八洞村乡村旅游业的快速发展，村民利用房前屋后的空坪隙地，修建牛栏、猪圈、鸡舍等，发展黄牛、黑猪、山羊、鸡、鸭、鹅、肉兔养殖，种植冬桃、黄桃、蔬菜等。2018年，十八洞村推行生态旅游，实施庭院"禁养"政策。2019年，十八洞村开发了野生瓜果、野生蔬菜、苗绣加工、林下养蜂等产业，庭院经济人均收入达3300多元，占人均收入12128元的27.21%。

旅游扶贫

十八洞村山水秀美、林奇谷秀，尤其是德夯大峡谷瀑布和莲台山森林等区域生态环境非常优美。依托丰富的民俗资源、良好的生态环境，十八洞村重点发展精准扶贫教育线、民俗风情体验线与山水风光游览线，基本形成以十八洞村精准扶贫展览厅、红色景点考察、德夯大峡谷、传统苗家民居、莲台山和高名山写生绘画、影视拍摄、民俗体验、美食体验为主题的文化产业，以苗家歌舞、民间体育竞技、民间艺术团队演艺为主题的文化娱乐产业，以捉鱼、摘野果、垂钓、有机植物基地观光等为主题的农

游客参观十八洞村

业休闲文化。十八洞村的乡村旅游呈蓬勃发展之势。

2014年，十八洞村正式启动乡村旅游。旅游工作人员，包括票务员、验票员、讲解员、交通疏导员和保洁人员，人均月工资2000元。讲解员除能拿到1800元的底薪之外，还能从团队讲解服务中拿到一半的服务佣金，达50元/团队，每月总收入达5000元~6000元。2015年，接待游客10万人次，旅游收入达120余万元。2016年，接待游客16万人次，旅游收入达160余万元。2017年，获评国家AAA级旅游景区，接待游客25万人次，旅游收入达240万元。2018年，接待游客超过30万人次，旅游收入近400万元。2019年，十八洞村旅游公司正式运营，入选第一批全国乡村旅游重点村名录，游客量达60万人次以上，中转摆渡游客32万人次，仅中转摆渡收入就达354万元，旅游收益突破600万元。

电商扶贫

2015 年，十八洞村实施电商扶贫，建立微信公众号，开通淘宝店，借助中国邮政"邮三湘"网络平台推出"418 项目"（418 元认领桃树采摘权）。2016 年，率先在湘西州推行电商扶贫。十八洞村电商服务中心与湘西较大电商企业合作，搭建网络平台，对农家乐进行包装，实现线上和线下无缝对接，将苗绣工艺品、农家腊肉等特色产品进行网上推介和销售。2018 年 11 月，村民电商夜校正式开班，培训村民 300 人次。2019 年 11 月 15 日，央视财经"改革开放 40 年"中国电商扶贫行动第一场网络直播走进十八洞村。借助电商的力量，当天全村猕猴桃销量达 2038 盒 36684 颗，销售额近 10 万元。2020 年，全村电商产品种类扩展到 53 个，农副产品通过电商均建立相应品牌，在京东、淘宝上均有相应旗舰店，村电商产业年产值达 2000 多万元，解决就业60 多人，也催生了一批直播带货"网红"。

金融扶贫

金融网点　2016 年，十八洞村梨子寨建立湖南省首批贫困村金融扶贫服务站。是年，五家金融机构分别与村委会、专业合作社、贫困户等签订贷款协议，贷款金额达 2710 万元，用来支持十八洞村开发种植业、养殖业、手工艺加工业以及发展乡村旅游。2017 年，湘西长行村镇银行在十八洞村梨子寨建立村级银行网点。

金融信贷　2014 年，华融湘江银行湘西分行为十八洞村猕猴桃种植基地发放 6年期贷款 1000 万元。2015 年，中国人民银行湘西州中心支行推动出台《十八洞村农村信用体系建设试点方案》，指导金融机构对该村贫困户社会信誉、经济状况、经营能力等基本情况摸清底数，建立"飞地经济""一户一档"信用档案 225 户。十八洞村与县农商行对接、合作，试点金融扶贫模式，给 52 户农户发放小额信贷约 200 万元，由县扶贫开发办负责贴息。是年，十八洞村共发放各类贷款 1300 余万元，是 2013年的 10 余倍。2017 年，湘西长行村镇银行推出小额信贷"十八洞村互助五兴贷"模式，贷款额度 10 万元以下，贷款对象主要是"互助五兴"小组成员、当地村级合作经营组织成员、当地新型农业生产经营主体等，有 25 户农户共申请小额贷款 121.6 万

元。2018年，有86户农户享受到该政策，贷款200万元。2019年，十八洞村举行以乡村振兴为主题的银行卡——"乡村振兴主题卡"湖南省首发仪式，全村72户申请持卡。2020年，十八洞村90户农户申请到银行贴息贷款创业资金约300万元，以发展绿色种植、生态养殖、民宿和农家乐等，20多户农户扩大生产规模，成为绿色种养加工专业户和创业示范户。是年，十八洞村旅游开发有限公司从中国农业发展银行贷款8000万元，用于乡村旅游基础设施建设项目。

集体经济

2016年，村集体通过出租集体用房获得了第一笔7万元的租金收入。2017年，随着湖南步步高集团投资的山泉水厂和与苗汉子公司合作的猕猴桃项目开始分红，村集体收入达到50多万元。2018年，村集体收入达到70万元。2019年，十八洞村旅游开发公司正式投入运营，村集体保底分红30万元，村集体收入达到90万元。

是年 8 月，由村集体投资 90 万元开办的"思源餐厅"正式营业，餐厅月平均营业额 6 万余元。是年，十八洞村农旅农民专业合作社成立，给村集体经济注入了新活力。是年，十八洞村集体经济总收入达到 126.4 万元。2020 年，十八洞村旅游开发有限公司、十八洞村农旅农民专业合作社等村集体经济持续发力，腊肉加工厂启动建设，村集体收入突破 200 万元。

千亩猕猴桃　2014 年 9 月，十八洞村千亩猕猴桃产业园开工建设。产业园位于湖南湘西国家农业科技园区花垣核心区的花垣县花垣镇紫霞村和辽洞村，采取"飞地经济"方式运作。该产业园采取"贫困户 + 企业 + 产业项目"的股份合作模式运作，即由十八洞村全体村民、十八洞村村委会、花垣县苗汉子合作社、十八洞村金梅猕猴桃开发专业合作社，以财政扶持资金入股方式合股成立十八洞村苗汉子果业有限责任公司，注册资金 600 万元。其中，法人代表石志刚出资 306 万元，占 51% 股份；十八洞村出资 294 万元，占 49% 股份。十八洞村的股份由十八洞村民合作社和村集体经济两部分组成。十八洞村金梅猕猴桃开发专业合作社（由全村 92.4% 的农户组成，其中贫困户 127 家、非贫困户 80 家），以村民自筹与政策扶持资金的方式入股，非贫困人口每人出资 100 元，贫困人口每人出资 50 元，政策扶持资金按贫困人口每人 3000 元、非贫困人口每人 1500 元的标准投入，共计入股 197.1 万元，占 33% 的股份；村集体经济申请专项资金 96.9 万元入股，占 16% 的股份。项目总投资 1600 万元，不足部分申请担保贷款解决，由湖南省扶贫开发办给予贴息。该项目实现收益后，十八洞村人均年增收 5000 元以上。

中国科学院武汉植物园为十八洞村猕猴桃开发项目提供规划设计、专利品种、人员培训和技术保障等服务。经过协商，中国科学院武汉植物园将金艳、金桃、东红、金梅、满天红等专利品种授予十八洞村合作企业进行开发，其中金梅是首次授权十八洞村苗汉子果业有限责任公司进行商业开发。2014 年 9 月 1 日，十八洞村猕猴桃产业园举行开工仪式，2015 年，完成实生苗木定植、苗木嫁接任务。

2017 年，十八洞村猕猴桃初挂果，产量 300 吨，当年首次分红达 74.05 万元，建档立卡户人均分红 1000 元，非建档立卡户人均分红 500 元。2018 年 9 月 15 日，十八

洞村举行猕猴桃第一次开园活动，采取线上线下相结合的销售模式，完成猕猴桃产品检验检疫，各项指标全部符合出口标准，实现港澳直通销售。线上销售10万单，销售收入达到782万元，村民获分红88.5万元，建档立卡户人均分红1200元，非建档立卡户人均分红600元。2019年，"飞地"种植的十八洞村猕猴桃进入盛果期，村民获分红118万元，建档立卡户人均分红1500元，非建档立卡户人均分红750元。2020年8月29日，十八洞村猕猴桃举行第二次开园活动，与中国邮政集团有限公司、北京首航超市等现场签订105万箱猕猴桃采购协议。

十八洞村山泉水有限公司 2017 年 4 月，十八洞村与步步高集团达成协议，在本村投资 3000 万元建设十八洞村山泉水有限公司，村集体享受 15％ 的利润分配，并且以"50+N"的模式获得保底分红，即每年保底分红 50 万元，每销售一瓶水再给村集体经济 1 分钱。这种"资源入股 + 保底分红"的模式成为十八洞村发展集体经济的一种重要模式。是年 6 月，十八洞村山泉水有限公司正式成立，注册资金 800 万元。十八洞村山泉水有限公司位于十八洞村夯街大峡谷，是步步高集团与十八洞村共同打造的精准扶贫项目，也是十八洞村的第一个现代化产业经济项目。

2017 年 7 月 23 日，项目开工，分两期工程建设，一期占地 2600 平方米，以生产瓶装水为主，项目总投资 3000 万元；二期工程，生产家庭日常所需的大桶饮用水。是年 10 月 8 日，正式投产，产能为 10000 瓶 / 小时。山泉水水源地溶洞周边为莲台山原生态森林，洞内山泉水经过深山岩层自然过滤、吸附、循环，含有丰富的对人体有益的微量元素和矿物成分，成为泉水喷涌而出。水质为天然弱碱性水，pH 值为 7.6～8.3；天然小分子团水，高渗透性、高溶解性，富含多种微量元素及矿物质。从取水到瓶制作、灌装封盖、标贴、包装等加工过程均在水源地一并完成，无污染。

2018 年 2 月，十八洞村山泉水正式对外出售。3 月，全国"两会"期间，十八洞村山泉水走进人民大会堂湖南厅，成为湖南代表团的专用水；这瓶走出大山的水，也成为十八洞村精准扶贫、脱贫发展的缩影。3 月 22 日，十八洞村山泉水在世界水日正式上市，并与益海嘉里等企业签订销售合同，通过其 130 多万家销售网点售往全国市场。是年，十八洞村山泉水有限公司给村集体分红 50.18 万元。2019 年，十八洞村山泉水有限公司给村集体分红 66.4 万元。

品牌助销

十八洞村地处高山峡谷，气候条件优越，村民历来以生态农耕方式进行传统生产和加工，生产的农副产品均为有机食品。2014 年，十八洞村启动品牌助销活动，创收 121 万元，占全村经济总量的 32％。2019 年，十八洞村品牌助销收入 830 万元，占全村经济总量的 70％。2020 年，十八洞村用"十八洞村"LOGO 注册的商标达到 28 类

十八洞村山泉水厂一角

十八洞村山泉水

56 种，开发的产品有十八洞村香包、十八洞村 T 恤、十八洞村环保袋、十八洞村矿泉水、十八洞村草帽、十八洞村布鞋、十八洞村瓷碗、十八洞村水杯、十八洞村徽章、十八洞村晴雨伞、十八洞村山茶油、十八洞村腊肉、十八洞村米酒、十八洞村蜂蜜、十八洞村无患子洗发水、十八洞村无患子沐浴液、十八洞村无患子洗手液、十八洞村猕猴桃等，品牌包含蔬菜类、粮食类、日用品类、生活类、肉类等。是年，品牌助销市场创收 1010 万元，占全村经济总量的 80％。

人居环境优化

2013—2015 年, 十八洞村投入基础设施建设资金 2804.65 万元, 用于道路、公共设施等建设。2016—2019 年, 基础设施投资达 3600 多万元, 全面完成"三通"即路通、电通、水通,"五改"即房屋、厨房、厕所、浴室、圈养改造,"六到户"即水、电、路、房、通信、环境治理到户工程。村容村貌焕然一新, 全村所有农户解决了人畜饮水问题, 莲台山的泉水主管贯穿全村 4 个村寨, 水渠管道线长 4 千米; 6 个村民小组实现通组路全覆盖, 覆盖线路长达 5 千米, 峡谷溪流沿岸及入户通道均铺上 1.5 米宽的青石板; 村道拓宽硬化 4.8 千米, 升级改造 5 千米, 飞虫寨、当戎寨、竹子寨、梨子寨全部安装太阳能路灯; 新修梨子寨至山泉水厂公路 1.5 千米; 完成危房改造 208户、民居改造 218 户, 实施竹板墙特色改造 204 户、改厕 159 户、改圈 45 户, 新建沼气池 11 口、人饮及消防水池 3 个; 完成 3 千多米消防管道铺设及消防栓安装; 架设高压电缆线 11 千米; 完成 4 处较大地质灾害治理工程、村级民族文化展示中心、飞虫寨和竹子寨停车场、5.16 千米的污水收集管网铺设、4 条总计 6 千米长的机耕道建设。

2020 年 10 月, 投资 1000 万元, 启动梨子寨至张刀村大通道公路建设。是年 12 月 31 日, 十八洞村举行田园综合体重大基础设施扶贫项目奠基仪式, 该项目由广州南粤基金集团有限公司投资建设, 位于当戎—飞虫片区, 总投资约 4.26 亿元, 分两期建设。一期建设北部苗寨片区, 投资约 1.82 亿元, 占地面积 39.37 亩, 拟建会议展览中心、教育培训中心、住宿接待中心和餐厅等, 着力打造集教育培训、学习交流、会议会展、主题民宿等于一体的功能配套体系; 二期拟建设十八洞村中小学综合实践基地, 投资 2.44 亿元。

水利工程建设

完善人饮工程,兴建水源池 3 座,4 个自然寨各修建防火池 1 座。铺设供水管道 15800 米(主管道 2 条,飞虫寨长 3500 米,竹子寨长 2800 米;供水支管 4 条,飞虫寨长 1100 米,竹子寨长 1400 米,自来水管网铺设到户并入厨入厕 7000 米)。修建加压泵房 1 间,装加压泵 1 台,线路 200 米,装变压器 1 台。农田灌溉渠道实行三面防渗,洞优渠道长 200 米,灌溉面积 20 亩;扎高那至邦路荒 650 米,灌溉面积 84 亩;夯绵然渠道长 3200 米,灌溉面积 50 亩;莲台山至巴作渠道长 3600 米,灌溉面积 170 亩。

旅游设施完善

完成村大门升级改造、梨子寨公厕和停车场建设,完善竹子寨和飞虫寨大型停车场建设;完成梨子寨观景台和原生态安全护栏升级建设,兴修全村游步道 4500 米;全面完成农村电网专线升级改造规划设计,4G 网络建设实现村域全覆盖。

文化扶贫

十八洞村拥有丰富的历史文化沉淀，留下了丰富的苗家民居、苗家歌舞、苗家工艺、苗家节庆、苗家婚俗、年俗、农耕文化和信仰民俗等文化遗产，具有很高的旅游开发价值。十八洞村文化扶贫，重点保护和挖掘苗家民居建筑风貌、苗家民间艺术风格、苗家工艺、信仰民俗、传统农耕文化习俗等。

保护苗家民居

2014 年，十八洞村制定了《十八洞村住房建设和风貌保护管理办法》《十八洞村苗家木房子保护村规民约》等。按照传统古村落保护要求，结合农村"五改"措施，十八洞村实施竹板墙特色改造、危房改造，对苗家传统民居飞檐垛脊、扳爪翘角，突出苗家建筑符号，增强人文价值。在入户道路及民居房前屋后铺设青石板 1.5 万平方米，在生产道铺设青石板约 7000 米，建设田园式篱笆 1000 米。对全村百年以上的古建筑进行建档，实行村、组、户保护机制，进村是黄泥竹篾的苗家宅院，地上是古色古香的石板路，苗家韵味十足。

组建歌舞队伍

十八洞村苗家歌舞文化源远流长。2014 年，十八洞村正式成立由 40 多人组成的苗歌队、30 人组成的苗鼓队，以及 30 人组成的傩戏表演团等。该表演团表演的苗歌有酒歌、山歌、情歌、拦门酒歌、迎客歌等，表演的舞蹈有苗鼓、傩舞、接龙舞等。苗家歌舞队可进行旅游有偿演出，时常在村内节庆活动中自娱自乐。至 2020 年，苗家歌舞队参加培训 760 人次，参加表演 1600 余次，收入 200 余万元。

传承苗家工艺

2014年，十八洞村投入400万元，抢救保护苗绣、苗家蜡染、织布、竹篾编织（竹椅竹桌、竹篮、斗笠）等民间工艺；在村里创建苗疆文化博物馆、苗族文化展示中心各1个，对民间工艺品进行展示；在游客服务中心、新村部停车场、梨子寨文化广场等地集中设置民间工艺品售卖中心，设有摊位近200个，每个摊位净收入达100元/天；挖掘民间艺人，举办民间工艺培训班6次150人次。

2014年，十八洞村苗绣合作社成立之初，就与吉首金毕果公司、花垣蚩尤美苗乡民族民间工艺品有限责任公司等签订了订单。是年7月，合作社被农业部和中央农业广播电视学校确定为"中央新型职业农民培训实训基地"。2016年，合作社有贫困户37户、非贫困户16户，发展社员54名。2017年，组织完成花垣县《锦绣湘西》作品60米苗绣长卷。2018年9月，与湖南工业大学、中车株洲电力机车有限公司（中车株机）签订苗绣产业扶贫行动三方协议，其中中车株机负责对点采购与使用。是年

10月，苗绣国家非遗扶贫就业工坊在十八洞村揭牌，该工坊是由央企、高校、政府、合作社联合建立的首个非遗扶贫单位，设有生产区、展示区。2020年，合作社有社员54名，其中县级苗绣非遗传承人有8名，共举办苗绣技能培训班10期，参训社员达320人次，年产值80余万元。

开展农耕体验

2014年，十八洞村开始举办农耕体验活动，在传承古农耕文化的基础上，增加农耕演示、农耕景观、农耕体验等文化活动；结合"荣誉村民"营销活动，开展稻田插秧、捉稻花鱼、摘黄桃等活动；结合民俗文化展览，开展纺纱织布、苗绣刺绣等体验活动；利用村内丰富的山水资源，开展十八洞村大峡谷捞螃蟹、小虾、桃花虫及钓鱼，莲台山寻摘野果等趣味体验活动。

农耕文化节

举办民俗节庆

十八洞村有丰富的农耕节庆、祭祀节会、婚丧习俗等活动，比如"过苗年"、"赶秋节"、六月六、苗歌会、樱桃会、"赶边边场"等。2014 年，十八洞村开始举办民俗节庆活动，有"山歌传情"、上刀梯、踩铧口、定鸡、椎牛、苗鼓表演等丰富的苗家文化展示。2017 年 8 月 7 日，十八洞村举行苗族赶秋大型祭秋仪式暨大型非遗展演活动，表演内容分为迎秋、祭秋、赶秋三部分，上演巴代祭祀、苗族绝技、接龙舞、苗族鼓舞、司刀绺巾舞、都乐舞、八人秋、椎牛、上刀梯、唱苗歌、舞龙、舞狮等多项苗族民间传统文化节目，活动当天有近万人参加。

打造相亲文化。2014 年，十八洞村举办首届相亲文化节。全村 38 名 35 周岁以上的未婚青年，通过相亲文化活动，成功"脱单"3 名。2015 年，"脱单"5 名。2016 年，"脱单"8 名，其中 6 对"脱单"夫妇赴北京参加中央电视台以"伟大旗帜"为主题的庆祝建党 95 周年晚会节目录制。2017 年，全村"脱单"12 名。2018 年 2 月，十八洞村举办"相约十八洞村·牵手奔小康 —— 十八洞村苗年大型相亲会"。150 多名单身

青年通过自我介绍、才艺展示等环节"比武招亲"，近万名游客前往现场观看，逾50万网友通过直播共同感受独特的苗族民俗婚礼，14对青年现场牵手成功，其中十八洞村"脱单"3名。

2019年2月，十八洞村举办以"脱贫脱单共致富·创业就业学非遗"为主题的第三届相亲文化节。活动包括参观十八洞村精准扶贫展厅、创业就业学非遗体验、苗族婚俗体验、民俗表演、才艺展示、集体相亲会、媒妁之言、苗族"八人秋千"体验、男女嘉宾全网直播互动展示自我、苗家长龙宴、篝火晚会等环节。数百名单身男女报名，20位男女嘉宾牵手成功，其中十八洞村3名大龄单身男青年成功"脱单"。各大媒体纷纷对十八洞村的"苗族鹊桥会""苗族民俗婚礼"进行报道，其中即有新华社、中央电视台、人民网、中国新闻网、大公网、凤凰网、湖南日报、新湖南、红网等媒体，也有今日头条、东方头条、百度、网易、搜狐等资讯平台。十八洞村相亲文化节成为以相亲促脱贫的重要文化项目。

开办道德讲堂

2014 年 9 月 23 日, 十八洞村开设第 1 期道德讲堂, 围绕助人为乐、团结互助、遵纪守法等内容, 讲述身边道德模范事迹。是年, 推行"思想道德建设星级化管理模式", 每半年进行一次道德评比, 村民以组为单位互相评分, 当场宣布结果。评分内容包括社会公德、个人品德等 6 个方面, 每户按家庭成员计平均分, 以分数的多少评选明理尚德星级示范户, 评定结果逐户标牌公示。2015 年, 探索文明礼仪、道德宣讲活动进户进家。用身边人讲身边事, 用身边事教育身边人, 火车轮下救人的龙兴刚、拾金不昧的杨秀富、自力更生脱贫的杨进昌等村民, 均先后上台讲述自己的道德故事, 为村民树立看得见、摸得着的榜样。

2017 年, 十八洞村制定《十八洞村思想道德建设手册》, 以文件形式将村规民约确立下来, 并分发到户。是年, 表彰五好标兵家庭 18 户, 优秀村民 35 名。2018 年, 月均评选 50 户村容整洁美丽家庭。至 2020 年, 全村共计开展道德宣讲活动 80 余场次, 3000 余人次参加。村民自愿参加公共设施建设投工投劳 5000 多个。结合"11·3"文

道德讲堂

艺晚会及"11·3"文体活动,表彰推介"最美十八洞村人""五好家庭""'互助五兴'优秀中心户""最美庭院""村企合作先进单位"等先进道德典型60人次。

教育保障

教育资助 2014年,对136户贫困家庭建立扶贫学生资助台账、学生资助登记表及就学登记表,确保适龄儿童全部入学、零辍学。是年,花垣县投入200多万元,对十八洞村竹子小学和排谷美小学进行全面改造,重点对教室、厕所、食堂、操场、校门等基础工程进行改造。是年,发放教育救助资金4万元,救助学生32名。

2015年,十八洞村竹子小学和排谷美小学改造竣工并投入使用。是年,发放教育救助资金72975元,解决全村10名贫困大学生和46名中小学生就学困难问题。

2016年,十八洞村有3~5周岁儿童40人,在园幼儿29人。全村有小学阶段适龄儿童74人,在本村上学13人,占全村适龄儿童的17.6%,其中女童10人,占全村适龄女童的43.5%;在乡镇上学21人,占全村适龄儿童的28.4%,其中女童7人,占全村适龄女童的30.4%;在县城上学15人,占全村适龄儿童的20.3%,其中女童4人,占全村适龄儿童的17.4%;在外地上学25人,占全村适龄儿童的33.8%,其中女童2人,占全村适龄女童的8.7%。全村有中学阶段适龄人口28人,其中女生15人,占53.6%;在乡镇上学20人,占全村适龄人口的71.4%,其中女生10人,占全村适龄女生的66.7%;在县城上学1人,占全村适龄人口的3.6%,占全村适龄女生的6.7%;在外地上学7人,占全村适龄人口的25.0%,其中女生4人,占全村适龄女生的26.7%。是年,有10人参加"雨露计划",落实建档立卡和城乡低保户家庭学生补助政策,全村共发放补助金93500元,其中学前教育阶段补助27500元、义务教育阶段补助41000元、雨露计划20000元、二本助学金5000元。

2017年,发放教育救助资金73250元,救助学生79名。

2018年,发放教育救助资金76000元,救助学生84名。

2019年,十八洞小学开设学前班、一年级、二年级3个班,有教师3名、学生28名,学生来自十八洞村梨子寨、竹子寨;排谷美小学开设有学前班、一年级、二年级、三年

级4个班级，有教师8名、学生120名，其中来自十八洞村飞虫寨、当戎寨的学生50名。两所学校开设有语文、算术、图画、体育、唱歌、舞蹈等课程，校园文化建设、校园数字建设、营养餐设备设施等完善，多媒体课堂等现代化教学手段也进入学校。

2020年3月14日，村民代表大会决议通过《花垣县十八洞村村级集体经济收益分配管理暂行办法》。该办法明确规定：对考取大学及职业院校的学生，凭录取通知书领取一次性奖励，一本3000元、二本2000元、三本1500元，大专及高职、中职1000元；每学年获得校级"三好学生"的中小学生，一次性奖励300元。是年，全村在校学生149名，其中在读大中专院校学生22名（含在读研究生2名）、义务教学和学前教育学生78名、初中生和高中生49名，均按国家扶贫标准享受教育扶贫补贴，义务教育阶段实现"零辍学"。

希望工程　2016年11月，十八洞村惟楚有才教育精准扶贫项目启动。惟楚有才董事长周立新向十八洞村联校代表交付总价值人民币108万元的捐赠物。2018年9月，十八洞村"蓝书包"爱心助学活动启动，即中车株洲电力机车有限公司签下连续5年每年3万件山泉水采购合同，并且每采购一瓶山泉水即自动捐赠出5分钱，所筹资

干净整洁的教室

金全部用于十八洞村贫困学子的"希望工程"贫困助学活动。2019年5月,"蓝书包"爱心助学活动为十八洞村捐赠6000元物资及3万元助学金。

活动场所

梨子寨文化广场 位于梨子寨进寨入口处,占地3350平方米,地面初为泥土地,主要用作举行舞狮子、傩戏、唱山歌等文艺展演、休闲度假及露营基地,始建于20世纪80年代。2014年,投资85万元对广场进行改造,地面改造为统一的青石板路面。广场旁进寨处右侧修一座风雨亭,长约10米,宽约1米,供乘客纳凉和村民兜售土特产之用;广场前侧有一块颜色较为鲜艳的原石,刻有"精准扶贫"四字;广场左侧是夯街峡谷入口处,连接十八洞村山泉水厂路。

精准坪广场 位于梨子寨龙德成、施成富家的院坝处,占地1亩左右,原为农家院坝，始建于 20 世纪 80 年代，2013 年，成为十八洞村的重要红色景点之一。2013 年 11 月 3 日，习近平总书记到十八洞村考察，就坐在龙德成家的院坝里与村民们座谈，龙德成与她的老伴施成富一左一右坐在总书记身边。2014 年，相关部门对施成富家的院坝进行改造，2016 年改造完成，建有梨子寨观景台和原生态安全护栏，地面用传统的青石岩铺设而成，取名"精准坪广场"。广场上立有广场纪念石碑，纪念石碑的设计与十八洞村的故事密切结

合。广场纪念石碑为"千年红"原石，原石上面有 18 个像祥云一般大小不均的石洞，以此纪念 2013 年 11 月 3 日习近平总书记来到十八洞村这一重要的历史时刻，石碑上题有"精准扶贫"四个大字。

精准坪广场设有精准坪广场饭庄，是集十八洞村村级接待、文体活动于一体的重要活动场所。精准坪广场视野开阔，广场观景台可饱览德夯大峡谷的优美风光。

村民服务中心 地处德夯大峡谷沿线，位于梨子寨和竹子寨道路分叉口的一处较为平坦的山坳。2017 年开工建设，2018 年 10 月投入使用。用地中部靠东有一处低矮的小山体，小山体以西的空地作为停车场。新建村部位于小山体与南面山体之间的平地，地势略高于外部道路，东侧面向风景秀美的山谷。中海集团和中建五局负责援建，建筑面积 2009.24 平方米，其中村委会办公区域 562.12 平方米，精准扶贫展示中心

1195.12平方米，内设一楼为便民服务中心、教育培训区和精准扶贫展示中心，二楼为村级组织议事场所和办公室。

村民文化中心主要设置在一楼，有"互助五兴"知识展示区、"互助五兴"积分银行、文化书屋、卫生所等便民场地与设施，而且在建筑功能中融合作为红色教育基地的"'精准扶贫'首倡地——十八洞村精准扶贫之路"展厅和"党员干部培训报告厅"。

"'精准扶贫'首倡地——十八洞村精准扶贫之路"展厅位于新村部东侧，由"总书记来到十八洞村""好日子是干出来的""十八洞村的笑脸""精准扶贫从这里出发"四大部分组成。"党员干部培训报告厅"面积约300平方米，能容纳200人上课；另有40平方米、可供50人同时上课的小会议室和一间10余平方米的办公室。新村部旁设有240平方米的停车场。从十八洞村村口开车5分钟可直达新村部停车场，停车场可停大巴车13辆、小轿车110辆，绿地覆盖率达36.3%。新村部开设有集体

"互助五兴"积分银行为村民兑换日用品

产业"思源餐厅",餐厅面积400平方米,2019年8月1日正式营业,可供300人同时用餐。2020年,十八洞村挂牌命名"全国青少年教育基地",该基地设在新村部。

院坝活动场地 自明清时期,十八洞村民建屋就注重在屋前留有院坝,日常用来晾晒马铃薯、玉米、稻谷等。每年农历六月初六,要把家里所有晾晒的物品全部拿来晾晒一遍,去除雨季里的湿气。宽敞的村民院坝平日里也常用来开展文化活动,如对山歌、敲苗鼓、唱苗歌、跳广场舞等。十八洞村篮球场就建在村民石莲清家院坝下方附近,位于飞虫寨与当戎寨中间。该球场规划标准化,占地约300平方米,于2020年5月开建,2021年投入使用。

帮扶共建

2013—2015 年，十八洞村获财政扶持资金 2804.65 万元。从 2014 年和 2015 年两年扶持资金的支出结构看，扶贫部门扶持的资金主要用于产业发展和乡村人居环境改造等项目支出，占 56%；交通、住建、水利等部门扶持的资金，主要用于道路修建、危房改造、水利工程等基础设施建设的项目支出，占 41%；民宗文旅部门扶持的资金，主要用于民族村寨建设和特色产业支持项目支出，占 3%。

2016—2020 年，花垣县财经建部门累计投入十八洞村资金 4440.13 万元，花垣县农业农村部门累计投入十八洞村资金 4171.29 万元，花垣县财政教科文部门累计投入十八洞村资金 959 万元，花垣县财政外经部门累计投入十八洞村资金 601.3 万元，花垣县财政预算部门累计投入十八洞村资金 1604.32 万元。

驻村扶贫

2014 年年初，花垣县成立以县委书记任组长，县长任第一副组长，其他相关县级领导任副组长的十八洞村精准扶贫工作领导小组，全面负责十八洞村的精准扶贫和建设的领导和协调工作。是年 1 月 23 日，花垣县委组建的 5 人工作队正式进驻十八洞村，龙秀林担任工作队队长，负责十八洞村的精准扶贫和项目建设具体组织、协调和实施工作。是年上半年，指派十八洞村原村主任、排碧乡综治办主任施金通驻村担任第一书记。2017 年 3 月，花垣县财政局干部石登高担任驻村扶贫工作队队长。2019 年 10 月底，十八洞村所在的双龙镇镇长麻辉煌，作为十八洞村第三任扶贫工作队队长驻十八洞村。

2013—2015 年花垣县对十八洞村财政扶持项目资金　　（单位：万元）

项目资金名称	2013 年	2014 年	2015 年	合计
县扶贫办资金	10	714	808	1532
县国土局资金	0	25.50	46	71.50
县交通局资金	57.18	293.73	385.16	736.07
县住建局资金	0	30.50	0	30.50
县水利局资金	0	40	155.58	195.58
县民宗、文旅局资金	20	72	20	112
县以工代赈资金	0	47	80	127
合计	87.18	1222.73	1494.74	2804.65

2014 年花垣县入驻十八洞村工作队人员

姓名	职务	原就职单位及职务	入驻村时间	离村时间
龙秀林	工作队队长、驻村第一书记	县委办副主任、县委宣传部常务副部长	2014 年1 月 23 日	2016 年 6 月
吴式文	工作队队员（2016 年接任工作队队长）	县民政局工会主席	2014 年1 月 23 日	2017 年 10 月
石昊东	工作队队员	县林业局副局长	2014 年1 月 23 日	2015 年 12 月
谭为国	工作队队员	县委统战部工会主席	2014 年1 月 23 日	2016 年 1 月
龙志银	工作队队员	县国土资源局政务服务中心主任	2014 年1 月 23 日	2018 年 7 月
施金通	第一书记	排碧乡综治办主任	2014 年上半年	2017 年 3 月

结对帮扶

2015 年，十八洞村建立一对一结对帮扶机制。花垣县扶贫开发办公室、苗汉子野生蔬菜专业合作社以及驻村工作队的 35 名党员干部结对 4 个贫困户，对其履行帮扶责任，建立帮扶台账。帮扶台账详细列举了 136 户贫困户的致贫原因，其中缺技术的 118 户、缺资金的 25 户、缺劳动力的 12 户、缺土地的 10 户、因病或因残致贫的 9 户、因学致贫的 5 户、缺乏发展理念或思路的 2 户。针对每户贫困户的致贫原因以及发展意愿，帮扶单位和责任人要帮助提供或落实相应的帮扶措施，明确每项帮扶措施的投入情况、预期增收情况、收益年限和脱贫目标。

帮扶措施主要有三类：第一类是普惠性产业增收和人居环境改善项目。通过发展猕猴桃产业等增加收入，通过道路、水电设施建设以及"五改"项目，改善村民生活条件和村居环境。第二类是政策扶持项目。对于低保户、无劳动力、有重大疾病的贫困户，按照政策发放低保金并争取政府和社会帮扶金给予支持，在医疗养老保障上给予倾斜。第三类是针对性帮扶措施。对于缺乏资金的贫困户，帮扶措施除组织村民以土地质押入股、提供劳动力等形式换取产业启动的基本资金解决资金短缺的部分问题，还协调金融部门提供财政支持和金融贷款；对有外出务工意愿但缺乏劳动技能的，采取职业技能培训、与用工企业对接安排务工等措施，增加其就业机会；对于想在家门口创业或就业，且有条件或有能力参与乡村旅游服务的贫困户，从开农家乐、小卖店、苗绣加工、导游讲解、环卫清扫、交通疏导等方面给予支持。

部门扶贫

2011 年 3 月，湖南省民委向十八洞村派驻建整扶贫工作组，先后筹集资金 510 万元，修建长 1 千米、宽 6 米的进村主干道，2 千米的通寨道路硬化，近 3 千米的机耕道，以及两条长计 3.8 千米的引水渠，灌溉面积达 400 亩，并修建了集文化、健身、服务和办公等于一体的多功能村部（老村部）。花垣县交通局投资 1000 多万元，对口支援十八洞村道路改造；县环保局对口支援十八洞村 5.16 千米的污水收集管网铺设；县住建局对口支援十八洞村危房改造工程；县应急管理局对口支援十八洞村消防设施建设；县水利局对口支援十八洞村水渠、饮水工程建设；县工会对口支援十八洞村文体活动设施建设等。湖南省自然资源厅将十八洞村地质灾害重大治理项目纳入专项治理。

合作社扶贫

2018 年 9 月，十八洞村整合全村各类种养合作社，成立十八洞村农旅农民专业合作社。合作社设立理事、监事共 10 人，社员代表 51 人。村里以十八洞村品牌入股，占股 51%；172 户农户入股土地 982.544 亩，占股 49%。合作社利用十八洞村品牌，招商引资、盘活土地，增加收益。2019 年，将十八洞村农旅农民专业合作社整合，成立十八洞村集体经济联合社，实行"两块牌子一套人马"管理，形成由十八洞村集体经济联合社统筹，十八洞村农旅农民专业合作社具体落实实施的发展模式。2020 年，十八洞村旅游开发公司、专业合作社等村集体经济持续发力，腊肉加工厂启动建设。

十八洞供销合作社

社会扶贫

2013年11月3日，习近平总书记视察十八洞村后，社会各界对十八洞村实施精准扶贫。2016年，在国家旅游局旅游规划扶贫公益行动的支持下，四川成都来也旅游发展股份有限公司免费为十八洞村制定了《十八洞村旅游扶贫试点规划》。是年，由花垣县有关部门和民间组织联合发起的十八洞村苗族文化博物馆在十八洞村开工建设。2017年2月，中国邮政在十八洞村设立扶贫便民主题邮局。是年4月，湖南步步高集团在十八洞村投资建设十八洞村山泉水厂。是年6月，湖南地球仓科技有限公司与十八洞村正式签约，共同开发地球仓现代科技酒店。

2018年，中建五局和中海集团在十八洞村投资近2000万元援建集村民服务中心、展览馆、放映厅、图书室和医疗室等综合服务功能于一体的新村部。是年5月，湖南工业大学与十八洞村农民合作社签订苗绣设计创新合作协议。是年10月，中车株洲电力机车有限公司在十八洞村援建苗绣车间，并与十八洞村签订苗绣产业扶贫行动协议；湖南大学设计研究院为十八洞村完成《花垣县十八洞村村庄规划（2018—2035年）》。

2019年，近50家中央和地方企业加入了十八洞村山泉水厂的"爱心品牌大联盟"，企业以消费扶贫的方式承销了相当比重的十八洞村山泉水。2020年，湘西州瑞联公司、县苗疆公司和广州南粤基金成功签订《湘西自治州十八洞村田园综合体项目合作框架协议》，县苗疆公司占股40%、州瑞联公司占股15%、广州南粤基金占股45%，总

十八洞主题邮局信筒

体负责项目的投资、建设和运营的湖南十八洞村田园综合体发展有限责任公司成立。是年12月，十八洞村田园综合体项目奠基，项目总投资约4.26亿元，着重建设一街一园三寨（苗乡风情街，蝴蝶文化园，飞虫寨组团、当戎寨组团和新建组思源寨组团），联动打造十八洞村南北苗寨。田园综合体项目围绕绿色生态、红色文化、古色村落的"三色"资源发展文化旅游产业。

精准脱贫

脱贫方式

2016 年，十八洞村通过务工、旅游发展脱贫的贫困户 107 户，占 78.68％；通过发展特色种养业脱贫的贫困户 8 户，占 5.88％；剩下 21 户通过政府兜底保障脱贫，占 15.44％。

脱贫成果

2013 年，十八洞村贫困户 136 户 542 人，人均纯收入 1668 元。2014 年，全村人均纯收入达 2518 元，增加 850 元，全村 9 户 46 人脱贫，主要是村骨干和组长，人均收入 8956 元。2015 年，全村人均纯收入 3668 元，增加 1150 元，52 户 223 人脱贫，主要是外出务工农户和经商农户，人均纯收入 10635 元。2016 年，全村人均纯收入 8313 元，实现稳定脱贫摘帽，提前退出贫困村行列。贫困发生率由 2013 年年底的 56.76％ 降至 2016 年年底的 1.17％（有兜底贫困户 6 户 11 人）。2017 年，全村人均纯收入 10180 元。2018 年，全村人均纯收入达到 12128 元。2019 年，全村人均纯收入 14668 元，村集体经济收入 100 万余元，建档立卡户 130 户 523 人全部达到"一超过两不愁三保障"稳定脱贫标准。2020 年，全村人均纯收入 18369 元，村集体经济收入突破 200 万元。

收入构成

2016 年，全村 136 户已脱贫的建档立卡户收入构成中，74.5％ 来自务工的工资性收入，13.7％ 来自生产经营性项目收入，10.3％ 来自政策性补贴等转移性收入。

十八洞村贫困户脱贫方式
（单位：户）

寨 名	梨子寨	竹子寨	飞虫寨	当戎寨	合计
经营民居住宿脱贫	—	—	11	—	11
出租房屋（经营民居住宿）获取租金脱贫	—	2	11	11	24
经营苗家乐脱贫	7	5	4	3	19
出租房屋（经营苗家乐）获取租金脱贫	3	2	1	1	7
经营手工艺品脱贫	1	1	2	1	5
经营旅游商品脱贫	2	—	8	1	11
旅游接待服务脱贫	9	19	29	3	60
发展种植、养殖脱贫	1	4	3	—	8
低保补贴脱贫	—	11	7	3	21

务工工资性收入 2014 年，十八洞村脱贫户务工获得的工资性纯收入占当年人均纯收入的 55.2%。2015 年，十八洞村脱贫的原建档立卡贫困户务工获得的工资性纯收入占当年人均纯收入的 81.9%。2016 年，十八洞村通过务工（包含动物防疫员、村干部、打工等）获得的工资性人均纯收入为 6461 元，占全年人均纯收入的 77.6%；原建档立卡贫困户通过务工获得的工资性人均纯收入为 6324 元，占全年人均纯收入的 74.5%。

产业经营性收入 2014 年，十八洞村产业主要是花卉产业和苗绣产业，当年脱贫的建档立卡贫困户生产经营性收入人均达 3026 元，占当年人均收入的 33.8%；2015 年，十八洞村产业主要是花卉产业，当年脱贫的建档立卡贫困户生产经营性收入人均达 1083 元，占当年人均收入的 10.2%；2016 年，十八洞村支柱性产业种类增多，有花卉、养猪、油菜、野生蔬菜、西瓜等多个产业，全村通过产业经营获得的生产经营性纯收入人均达 1089 元，占全年人均纯收入的 13.1%；全部原建档立卡贫困户通过产业经营获得的生产经营性纯收入人均为 1165 元，占全年人均纯收入的 13.7%。

各类补贴性收入 十八洞村民享受的补贴比较稳定，有退耕还林补助、生态公益林补贴、油菜良种和油菜籽补贴、玉米良种补贴、中稻良种补贴等村民普遍享受的农业补贴；有计生奖励扶助补贴、养老金等符合条件村民领取的补贴；有低保补助、民政救助、学生受助（包括特困助学、雨露计划等）、残疾人护理补贴等救助性补贴。2014 年，十八洞村当年脱贫的建档立卡贫困户转移性收入（各类补贴）人均为 985 元，占人均纯收入的 11%。2016 年，十八洞村脱贫的建档立卡贫困户转移性收入（各类补贴）人均为 845 元，占人均纯收入的 7.9%。2015 年，十八洞村转移性收入（各类补贴）人均为 700 元，占人均纯收入的 8.4%；原建档立卡贫困户转移性收入（各类补贴）人均为 873 元，占全年人均纯收入的 10.3%。随着十八洞村务工工资性收入、产业经营性收入种类的增加、来源的稳定，转移性收入（各类补贴）在收入中的占比逐年下降。

家庭财产性收入　2014 年，十八洞村脱贫的原建档立卡贫困户没有家庭财产性收入。2015 年，十八洞村脱贫的原建档立卡贫困户家庭财产性收入占比为 1.1%。2016 年，十八洞村脱贫的原建档立卡贫困户家庭财产性收入占比为 1.9%。是年，全村人均财产性收入为 74 元，占全年人均纯收入的 0.9%；原建档立卡贫困户财产性收入人均为 121 元，占全年人均纯收入的 1.4%。提高家庭财产性收入是十八洞村民提高收入的有效途径。

扶贫经验

十八洞村是国家级深度贫困村，是习近平总书记"精准扶贫"重要论述首倡地。实施精准扶贫以来，十八洞村扶贫脱贫成效突出，成为全国贫困地区精准扶贫、精准脱贫的缩影。通过对十八洞村精准扶贫的调查和研究，总结出多年来精准扶贫的成功经验：在扶贫对象识别上，不搞暗箱操作，注重公开公平与群众满意相结合；在内生动力激发上，不搞空洞说教，注重典型引路与正向激励相结合；在发展扶贫产业上，不搞大包大揽，注重统筹布局与因地制宜相结合；在基础设施建设上，不搞大拆大建，注重留住乡愁与彰显美丽相结合；在攻坚力量统筹上，不搞孤军奋战，注重发挥基层党组织堡垒作用与党员干部先锋作用相结合。

十八洞村作为精准扶贫首倡地，是人们憧憬向往的红色旅游圣地、各级媒体聚焦的主阵地、文人寻找灵感的心灵家园。

　　《人民日报》、新华社、中央广播电视总台等国家级主流媒体及各省级媒体、香港媒体，多年来无数次在重要版面、重要时段聚焦十八洞村。湘西自治州团结报社从2018年11月8日至2020年12月31日，推出《今日十八洞》大型融媒体直播，派2名记者长住村里，天天直播。这是新闻界前无古人的力作，是践行"走转改"活动的生动体现。

　　文艺界以十八洞为题材，推出文学作品、话剧、歌舞剧、电影、音乐情景剧等，把十八洞搬上舞台、搬上银屏。立体式、多层次、全方位的聚焦宣传，使十八洞村走出湖南，走向全国，走向世界。

社会反响

新闻报道

2013 年以来，各级主流媒体主动聚焦十八洞村，形成主流媒体持续发力、重大报道高潮迭起的宣传格局。2015 年春节前后，《人民日报》、新华社、中央电视台等中央媒体密集报道十八洞村实施精准扶贫取得的巨大变化。截至 2020 年，国家级、省级等主流媒体记者 500 余批 2300 余人次到十八洞村采访，刊发各类报道 1000 多篇。

国家级媒体宣传

2015 年 2 月 17 日，《人民日报》第二版《行进中国·精彩故事·加快民族地区发展》栏目刊发通讯《资源贫瘠的湘西花垣县十八洞村：产业扶贫带来"喜事连连"》。当天，《光明日报》第四版《少数民族地区·扶贫攻坚》栏目刊发通讯《精准扶贫，借地生金——湖南省花垣县十八洞村旧貌换新颜》，《经济日报》第三版头条《2015 新春走基层》栏目刊发通讯《湘西穷村十八洞村，犹似"女大十八变"——精准扶贫点亮幸福梦》，《农民日报》头版刊发长篇通讯《精准扶贫别有洞天——解析湖南省湘西自治州十八洞村的脱贫之道》。

2016 年 2 月 13—17 日，中央电视台《新闻联播》连续在头条、次头条位置推出 5 集报道《治国理政新实践 "十八洞村"扶贫故事》，首次在《走基层》节目中使用时政镜头和习近平总书记同期声，将习近平总书记考察十八洞村时的珍贵影像，与十八洞村落实习近平总书记指示所发生的巨大变化创造性地结合，以全新视角和独特表达，呈现了十八洞村精准扶贫背后一个个鲜为人知的故事。每期节目还配发评论，阐释精准扶贫重要思想的精髓。报道采用纪实手法，以微观视角拍摄了多个典型人物和曲折故事，真实反映基层扶贫的复杂性和艰巨性。6 月 13—21 日，十八洞村 6 对脱单夫妇赴北京参加中央电视台以"伟大旗帜"为主题的庆祝建党95周年大型晚会节目录制。

2017年，中央电视台在1月31日和2月1日连续报道《村庄里的中国：苗寨集体婚礼》。7月14日，《焦点访谈》报道《十八洞村脱贫记》，记者以自身所见所闻反映十八洞村的变化，以及十八洞村民开动脑筋创造机会，摸索出了可复制、可推广的扶贫模式。10月17日，中央电视台《新闻30分》播出《今天是第四个扶贫日：歌谣唱响十八洞村，苗寨趟出致富路》；10月17日，《24小时》播出《扶贫五年之变：十八洞村龙先兰养蜂脱贫》；10月21日，《我有传家宝》播出《十八洞村的幸福生活》。2017年10月30日，新华社刊发《"精准扶贫"题材电影〈十八洞村〉受好评：兼具时代主题与艺术深度》。

2018年9月15日，十八洞村举行猕猴桃开园仪式。中央电视台、新华社到场采访，重点报道十八洞村产业扶贫结硕果。9月24日中秋节，梨子寨大龄青年施六金结婚，中央电视台、新华社媒体先后报道，引发网民高度关注，在新华社客户端、融媒体新闻《十八洞汉子施六金："脱贫"又"脱单"》阅读大数据均达50多万次。10月5日，《人民日报》头版专栏《新思想从实践中产生》刊发十八洞村篇《总书记带领我们"精准脱贫"》，深度记录十八洞村精准扶贫的典型经验。10月，CCTV–12《绝不掉队》播出十八洞村合作社专题节目。11月3日，中央电视台《新闻联播》头条播出十八洞村的故事。2018年11月14日，《新华每日电讯》头版刊发《十八洞火塘夜话》。

2019年2月14日，《人民日报》（海外版）报道《十八洞村新年喜事多》；9月16日，《人民日报》第二版刊发《精准扶贫结出"幸福果"（集中连片特困地区贫困村调研行）——湖南花垣县十八洞村脱贫调查》。

2020年10月3日，CCTV–1首播2020"我们的中国梦"文化进万家——中央广播电视总台"心连心"赴湖南省湘西十八洞村慰问演出节目；10月4日，CCTV–3重播中央媒体有关十八洞村的报道目录。

中央电视台有关十八洞村的部分报道

频道	栏目	主题	时间
CCTV–2 财经频道	经济信息联播	聚焦扶贫开发·湖南十八洞村： 贫困户入股 扶贫资金新用法	2015 年 11 月 28 日
CCTV–2 财经频道	第一时间	聚焦扶贫开发·湖南十八洞村： 贫困户入股 扶贫资金新用法	2015 年 11 月 29 日
CCTV–13 新闻频道	共同关注	基层新答卷·十八洞村扶贫纪事： 找准"病根儿"，扶贫先扶"精气神"	2016 年 1 月 16 日
CCTV–13 新闻频道	共同关注	基层新答卷·湖南湘西 十八洞村扶贫纪事：选准产业，脱贫按下快进键	2016 年 1 月 17 日
CCTV–13 新闻频道	共同关注	基层新答卷·湖南湘西 十八洞村扶贫纪事：栽下梧桐树，引得"凤凰"来	2016 年 1 月 18 日
CCTV–13 新闻频道	共同关注	基层新答卷·湖南湘西 十八洞村扶贫纪事：相亲大会在即，紧锣密鼓筹备	2016 年 1 月 19 日
CCTV–13 新闻频道	新闻直播间	湖南湘西： 村庄里的中国，再访十八洞村，苗寨举办集体婚礼	2017 年 1 月 31 日
CCTV–4 中文国际频道	走遍中国	10 集系列片《小康路上》（5）脱单奔小康	2017 年 2 月 24 日
CCTV–2 财经频道	经济信息联播	砥砺奋进的五年·为了总书记的嘱托： 十八洞村脱贫记	2017 年 9 月 20 日
CCTV–3 综艺频道	艺术人生	歌声中的中国·猕猴桃 —— 精准扶贫下的劳动果实	2017 年 9 月 29 日
CCTV–13 新闻频道	新闻直播间	湖南苗族村寨十八洞村的变迁： 脱贫致富，邻近村寨争相"取经"	2017 年 10 月 17 日
CCTV–13 新闻频道	新闻直播间	湖南苗族村寨十八洞村的变迁： 龙先兰：养蜂脱贫生活比蜜甜	2017 年 10 月 17 日
CCTV–13 新闻频道	24 小时	扶贫五年之变： 十八洞村龙先兰养蜂脱贫	2017 年 10 月 17 日
CCTV–13 新闻频道	东方时空	今天是第四个扶贫日·扶贫五年之变： 十八洞村龙先兰养蜂脱贫	2017 年 10 月 17 日

频 道	栏 目	主 题	时 间
CCTV-13 新闻频道	新闻 30 分	今天是第四个扶贫日： 歌谣唱响十八洞村，苗寨趟出致富路	2017 年 10 月 17 日
CCTV-1 综合频道	我有传家宝	十八洞村的 苗绣、腊肉、乡村旅游	2017 年 10 月 21 日
CCTV-3 综艺频道	文化十分	电影《十八洞村》 全国公益巡映活动	2017 年 10 月 24 日
CCTV-2 财经频道	经济信息联播	聚焦中央经济 工作会议·湖南 十八洞村："精准扶贫" 激发乡村生产力	2017 年 12 月 20 日
CCTV-13 新闻频道	24 小时	写给 2035 年的信·十八洞村教师 吴忠碧：学会感恩	2017 年 12 月 28 日
CCTV-4 中文国际频道	中国新闻	启航新时代： 十八洞村精准扶贫的"甜蜜答卷"	2018 年 2 月 16 日
CCTV-1 综合频道	新闻联播	精准扶贫这五年，十八洞村看变迁	2018 年 11 月 3 日

《人民日报》有关十八洞村的部分报道

标 题	时 间	版 面
十八洞村热闹了	2014 年 8 月 25 日	第 20 版
产业扶贫带来"喜事连连"	2015 年 2 月 17 日	第 02 版
十八洞村扶贫记	2015 年 11 月 28 日	第 03 版
图片报道"相亲会"	2015 年 12 月 31 日	第 18 版
湖南邮政为十八洞村脱贫加"邮"	2016 年 5 月 30 日	第 22 版
图片报道"猕猴桃基地"	2017 年 7 月 9 日	第 10 版
图片报道"十八洞村的巨变" 精准扶贫结出"幸福果"	2018 年 3 月 5 日	第 05 版
（集中连片特困地区贫困村调研行） ——湖南花垣县十八洞村脱贫调查	2019 年 9 月 16 日	第 02 版

附录

国家级媒体有关十八洞村的宣传报道选录

2013 年

苗族大妈不识总书记："怎么称呼您？"（新华网 2013 年 11 月 3 日）

习近平在湖南考察时强调：深化改革开放推进创新驱动 实现全年经济社会发展目标（《人民日报》2013 年 11 月 6 日）

2014 年

十八洞热闹了（《人民日报》2014 年 8 月 25 日）

筑就民族团结进步的中国梦（《人民日报》2014 年 9 月 28 日）

甩掉贫困帽子 造福各族群众（《人民日报》2014 年 11 月 13 日）

2015 年

习近平的两会时间：扶贫军令状 怎么去完成？（新华网 2015 年 3 月 9 日）

花垣县十八洞村扶贫记（《人民日报》2015 年 11 月 28 日）

2016 年

总书记见过他们之后，他们的生活有啥变化？（新华网 2016 年 1 月 4 日）

习近平再谈精准扶贫：我正式提出就是在十八洞村（人民网 2016 年 3 月 8 日）

习近平讲述"精准扶贫"背后的故事（新华社 2016 年 3 月 9 日）

总书记情牵"十八洞村"老乡的恤民情怀（央视网 2016 年 3 月 9 日）

看得见的变化：细说十八洞村民的"美丽乡村梦"（新华网 2016 月 9 月 2 日）

湖南省花垣县十八洞村精准扶贫信心足（《人民日报》2016 年 10 月 8 日）

2017 年

"总书记为俺家算清了脱贫账"……村庄里的中国：苗寨集体婚礼喜庆又充满希望（央视网 2017 年 2 月 1 日）

湖南代表团开放日——点赞精准扶贫（人民网 2017 年 10 月 20 日）

这五年 精准扶贫改变了他们的命运（央视网 2017 年 9 月 27 日）

十八洞村龙先兰养蜂脱贫（央视网 2017 年 10 月 17 日 ）

那天总书记来我家：精准扶贫情暖万家（央视网 2017 年 10 月 22 日）

《十八洞村》等国产电影在全国集中展映（央视网 2017 年 10 月 22 日）

2018 年

十八洞村精准扶贫的"甜蜜答卷"（央视网 2018 年 2 月 16 日）

老挝人民革命党中央总书记国家主席本扬到湖南省花垣县十八洞村考察扶贫工作（央视网 2018 年 6 月 26 日）

总书记带领我们"精准脱贫"（《人民日报》2018 年 10 月 5 日）

总书记提出"精准扶贫"这五年 十八洞村看变迁（央视网 2018 年 11 月 3 日 ）

十八洞村的今天（《人民日报》2018 年 11 月 12 日）

湘西花垣十八洞村：健康扶贫取得新成效（央视网 2018 年 12 月 1 日）

十八洞的健康扶贫新举措（央视网 2017 年 12 月 21 日）

2019 年

栽下梧桐树引凤凰 十八洞村三年脱贫摘帽（央视网 2019 年 1 月 14 日）

扶贫走新路 春雨润湘西（人民网/《人民日报》2019 年 3 月 31 日）

十八洞村春来早（《经济日报》2019 年 3 月 29 日）

精准扶贫从这里出发十八洞村大变样（央视网 2019 年 4 月 2 日）

老挝国家主席本扬给湘西村民回信：十八洞村提供了宝贵经验（中国新闻网 2019 年 6 月 5 日）

2020 年

总书记来过我们家，致富奔小康的心气足足的（《人民日报》2020 年 1 月 12 日）

致富奔小康 心气格外足——回访湖南花垣县排碧乡十八洞村石拔哑家（总书记来过我们家）（人民网 2020 年 1 月 13 日）

总书记惦记的家常事 十八洞村里的十八般变化（人民网 2020 年 2 月 2 日）

十八洞硕士的返乡扶志路（新华网 2020 年 4 月 11 日）

腾飞的十八洞村（决胜 2020）（《人民日报》2020 年 5 月 6 日）

我是十八洞村，为中国加油！（新华社2020年5月25日）

十八洞村三任扶贫队长的"接力棒"（新华社2020年6月2日）

班子引路、党员引领"精准扶贫"开花又结果（《光明E报》2020年6月30日）

焦点访谈：从"要我脱贫"到"我要脱贫"，十八洞村经历了什么？（央视网2020年8月21日）

精准扶贫首倡地 湖南十八洞村的特色脱贫之路（央视网2020年9月9日）

走向我们的小康生活|十八洞村的返乡创客（央视网2020年7月11日）

湖南花垣县十八洞村：脱贫又脱单 生活如蜜甜（经济日报2020年7月11日）

湘西苗寨十八洞村：回得去的家乡，望得见的未来（中国新闻网2020年7月11日）

走向我们的小康生活|十八洞村发展按下"快进键"返乡创业收获新生活（环球网2020年7月11日）

十八洞村：年轻人回来了（《光明日报》2020年7月11日）

走向我们的小康生活 —— 十八洞村的脱贫路（央视网2020年7月12日）

那山，那人，那苗寨 —— 十八洞村三代人的奋斗史（新华社2020年7月12日）

十八洞村的脱贫（央视总台2020年7月12日）

中国精准扶贫"首倡地"的"小康答卷"（新华社2020年7月14日）

按下发展"快进键"十八洞人返乡创业带领乡亲走上致富路（央视网2020年7月20日）

看！我们脱贫后的新生活（新华社2020年7月21日）

"甜蜜"的十八洞村（脱贫故事绘·自强篇）（《人民日报》2020年8月10日）

脱贫奋斗新起点！2020"我们的中国梦"文化进万家 —— "心连心"慰问演出及主题党日活动走进湖南湘西十八洞村（央视网2020年8月28日）

百村脱贫记 湖南湘西十八洞村：精准扶贫结硕果 深山苗寨焕新颜（央视网2020年9月10日）

再现十八洞村暖心场景（决胜图景）（人民网2020年9月17日）

《大幕开启》第三期将播《大地颂歌》脱贫攻坚非凡历程"圈粉"观众（央视网2020年10月6日）

《大幕开启》第三期 解码十八洞村"变化"（人民网2020年10月7日）

四大特产进城助力精准扶贫 十八洞村农副产品在长沙推介（人民网2020年10月21日）

习近平总书记关切事|精准扶贫7年，十八洞村"长"出10余种新职业（新华社2020年

11 月 3 日）

精准扶贫七年 十八洞村人的幸福心声（新华社 2020 年 11 月 3 日）

舞台上的十八洞村：大地与时代的颂歌（新华每日电讯 2020 年 11 月 8 日）

什么是"精准扶贫"？这个小村带你看懂（新华视点 2020 年 11 月 8 日）

十八洞村首任扶贫队长龙秀林：感恩这伟大的时代（《人民日报》2020 年 11 月 24 日）

2021 年

在十八洞村，读懂中国"精准扶贫"（新华社 2021 年 2 月 6 日）

十八洞村 从贫困苗乡到小康村寨（中央电视台 2021 年 2 月 25 日）

"精准扶贫"首倡地十八洞村：可持续发展 打造乡村振兴典范（中国新闻网 2021 年 2 月 27 日）

湖南十八洞村，致富路上步履不停（中国新闻网 2021 年 4 月 25 日）

坚持精准的科学方法、落实精准的工作要求 —— 精准扶贫是打赢脱贫攻坚战的制胜法宝（专题深思）（《人民日报》2021 年 4 月 28 日）

"人间奇迹"启航之地：湖南千年苗寨十八洞村（中新社 2021 年 4 月 29 日）

湖南湘西花垣县十八洞村 —— 精准扶贫引领山村巨变（党的创新理论实践典型案例）（《人民日报》2021 年 5 月 7 日）

沿着高速看中国｜湖南十八洞村：踏上致富的"高速路"（新华社 2021 年 6 月 15 日）

十八洞村路宽了（新华社 身边的小康故事 2021 年 7 月 20 日）

湖南省首个县级乡村发展基金会在花垣县十八洞村成立（《人民日报》2021 年 11 月 3 日）

2022 年

巩固拓展脱贫攻坚成果 数易其稿的乡村规划背后 —— "精准扶贫"首倡地十八洞村再出发（新华社 2022 年 1 月 1 日）

精准扶贫首倡地的乡村振兴新路 —— 从十八洞村"洞见"乡村发展图景（《光明日报》2022 年 1 月 26 日）

十八洞村景象秀美 生机勃发（《人民日报》2022 年 5 月 21 日）

走进传统村落⑫

十八洞村

景象秀美　生机勃发

本报记者　孙超

苗绣：指尖上的传承

本报记者　孙超

精准扶贫　成果丰硕

苗寨风情　活态呈现

传统民居　现代治理

游览贴士

图①：十八洞村梁子苗风光。
资料图片

图②：身穿苗族服饰的村民在自家门口小憩，露出灿烂的笑容。
资料图片

图③：在竹寨工作的村民杨超文回村开起了农家乐。
李 健（人民视觉）

图④：杨成武是村里最年轻的共产党员，如今在从事乡村建设。
李罗庚（人民视觉）

图⑤：村里的绣娘在绣场制作传统作品。
资料图片

图⑥：村民龙国海参加了"夏 壹 菜蔬"合作社，过上幸福新的生活。
李 健（人民视觉）

图⑦：在村里的果园中采摘橙橘的小女孩。
资料图片

李 健（人民视觉）

本版策划：孟 扬　肖 遥
唐中科　曹怡晴
版式设计：蔡华伟

2022年5月21日《人民日报》"假日生活"对十八洞村的整版报道

省级媒体宣传

主要是《湖南日报》、湖南卫视、《新湘评论》、红网等的宣传报道。《湖南日报》关于十八洞村的报道相对较多，除了介绍十八洞村的扶贫工作进程和经验外，还对当地的旅游、活动、人物等进行了报道。2017年春节期间，《湖南日报》联合新湖南、华声在线等派出"新春走基层·走进十八洞村"特别报道组，深入花垣县十八洞村进行采访。通过"报、网、端"一体联动、合成作战的新模式，前后无缝对接，报纸与新媒体联合作战，以文图、视频、直播等传统媒体与新媒体相结合的传播手段，展示精准扶贫3年多来十八洞村翻天覆地的变化。

2017年1月23日至2月2日，《湖南日报》在头版重要位置，图文并茂推出10篇重要报道，分别是《"十八洞"的甜蜜婚礼》《"十八洞"的"老当家"》《"十八洞"的"新一代"》《"十八洞"的忙年》《"十八洞"的苗家年》《"新当家"透露好消息》《火塘边，热议小舅子"脱单"》《"十八洞"的形象大使》《"十八洞村"，你是那么美》《十八洞村民的小心愿》。新湖南客户端、华声在线各发稿数百篇，从腊月二十到大年初四，连续15天对十八洞村进行融媒体图、文、视频同步直播，如"习总书记关心的十八洞村这样过大年""十八洞村幸福愿景：好日子还在后头"等。单篇点击量最高超过20万人次，总点击量超过2400万人次。

2018年3月9日，《湖南日报》报道《把十八洞村打造成乡村振兴样板 中国坂科院与花垣县达成乡村振兴战略合作》；4月25日，《湖南日报》报道《湘西十八洞村：从深度贫困村到全国文明村的逆袭》；11月4日，《湖南日报》报道《艳阳天里的十八洞村》。

2019年5月29日，《湖南日报》报道《卸任村支书 重拾绣花针——记省劳动模范、花垣县十八洞村苗绣特产农民专业合作社理事长石顺莲》；11月2日，报道《十八洞村脱贫之后的日子》。《湖南日报》的系列报道经华声在线网络平台二次传播推广，被人民网、新华网等中央新闻网站，新浪、搜狐、腾讯、网易、凤凰等主要门户网站，以及东方网、大河网等省级重点网站转载，迅速形成网络热点，在全国范围内形成广泛的影响力。百度搜索"新春走基层·走进十八洞村"，总计有相关页面2万多个。2020年12月26—30日，湖南卫视播出大型电视专题片《从十八洞村出发》，引起社会广泛关注。

湖南卫视《湖南新闻联播》对十八洞村部分报道

主 题	时 间
十八洞村苗绣合作社挂牌成立	2014 年 6 月 3 日
湘西——习总书记视察过的十八洞村大变样： 湘西探索"可复制"的精准扶贫模式	2014 年 9 月 28 日
湘西十八洞村	2014 年 10 月 25 日
湘西花垣十八洞村，大户带小户，集体加个人，扶贫共发展	2014 年 9 月 12 日
湖南花垣：十八洞村旅游业初见成效	2015 年 10 月 6 日
湘西花垣十八洞村苗族青年情定情人节，牵手奔小康	2016 年 2 月 14 日
十八洞村扶贫故事（1）：找准"病根儿"，扶贫先扶"精气神"	2016 年 2 月 14 日
十八洞村扶贫故事（2）：选准产业，脱贫按下"快进键"	2016 年 2 月 15 日
十八洞村扶贫故事（3）：栽下梧桐树，引得"凤凰"来	2016 年 2 月 16 日
十八洞村扶贫故事（4）：扶贫经验可复制，活学活用奔小康	2016 年 2 月 17 日
十八洞村扶贫故事（5）：苗寨相亲携手，脱贫见曙光	2016 年 2 月 18 日
研讨班学员热议：推广、复制十八洞村精准扶贫经验	2016 年 2 月 18 日
湘西探索"可复制"的精准扶贫模式 "十八洞村"精准扶贫模式引各地关注	2016 年 2 月 20 日
学习十八洞村精准扶贫经验，选准产业突破口，格桑花带火黄岩旅游	2016 年 2 月 29 日
"送戏曲进万村，送书画进万家"活动在十八洞村启动	2016 年 2 月 29 日
热议十八洞村故事，希望听到更多扶贫好声音	2016 年 3 月 3 日
湖南花垣十八洞村变化多	2016 年 3 月 8 日
十八洞村去年有七名大龄青年告别单身	2016 年 3 月 9 日
十八洞村导游培训班开课了	2016 年 3 月 10 日
热点话题谈心录：十八洞村传喜讯	2016 年 5 月 23 日
十八洞村深入开展"两学一做"学习教育：以党建工作引领精准扶贫	2016 年 6 月 7 日
花垣：十八洞村精心准备迎"十一"	2016 年 9 月 28 日
十八洞村火红迎国庆黄金周	2016 年 10 月 1 日
十八洞村今天游客突破两千人	2016 年 10 月 3 日
湖南花垣：湖南"少年君子"文化教育扶贫工程在十八洞村启动	2016 年 11 月 6 日
湖南日报社新春走基层，聚焦十八洞村"精准扶贫"新变化	2017 年 1 月 30 日
十八洞村脱贫了	2017 年 2 月 22 日
花垣十八洞村：家庭医生签约服务手机用户 App 运行	2017 年 8 月 6 日

主　题	时　间
苗族赶秋节在十八洞村举行	2017 年 8 月 7 日
十八洞村迎来首家银行，村民创业三天可获贷	2017 年 9 月 18 日
湘西花垣十八洞村：农家乐生意火爆	2017 年 10 月 3 日
十八洞村全体党员和村民代表集体收看十九大开幕式	2017 年 10 月 18 日
十八洞村民纪念“精准扶贫”四周年	2017 年 11 月 3 日
回访湘西花垣县十八洞村	2018 年 1 月 11 日
湘西十八洞村举行第二届苗年相亲会	2018 年 2 月 4 日
第六届湖南艺术节：话剧《十八洞村》在长沙展演	2018 年 10 月 13 日
十八洞村这五年	2018 年 11 月 3 日
精准扶贫“十六字”方针助推十八洞村巨变	2019 年 8 月 10 日
全国“五个一工程”获奖作品展 电影《十八洞村》铭记文艺初心	2019 年 8 月 22 日
档案见证脱贫路 十八洞村：施老记的脱贫密码	2020 年 6 月 10 日
中央广播电视总台“心连心”慰问演出走进十八洞村	2020 年 8 月 28 日

附录

省级媒体有关十八洞村的宣传报道选录

2013 年

习近平在湖南考察时强调：深化改革开放推进创新驱动 实现全年经济社会发展（《湖南日报》2013 年 11 月 6 日）

2014 年

以十八洞村为试点探索精准扶贫（《新湘评论》2014 第 23 期）

2015 年

十八洞村扶贫记（《湖南日报》2015 年 11 月 29 日）

十八洞村推行“11·3”工程（《湖南日报》2015 年 12 月 1 日）

2016 年

央视推广十八洞村精准扶贫经验（《湖南日报》2016 年 2 月 17 日）

由看到干　民力无穷——十八洞村精准扶贫启示录（上）（《湖南日报》2016年2月22日）

脱贫摘帽　群众认账——十八洞村精准扶贫启示录（中）（《湖南日报》2016年2月23日）

风起苗寨　十八洞开——十八洞村精准扶贫启示录（下）（《湖南日报》2016年2月24日）

金融服务进村入户　十八洞村金融扶贫服务站挂牌（《湖南日报》2016年3月19日）

2017年

遇见·改变——走笔"十八洞"（《湖南日报》2017年1月28日）

十八洞脱贫记（《湖南日报》2017年2月22日）

十八洞村，可持续可复制的脱贫样本（《湖南日报》2017年3月17日）

十八洞村加快旅游设施建设（《湖南日报》2017年3月20日）

十八洞村的特殊辅导课（《湖南日报》2017年7月5日11版）

十八洞村党建引领脱贫见成效（《湖南日报》2017年7月17日）

健康扶贫走进十八洞村——自治州首个"家庭医生"签约运行（《湖南日报》2017年7月31日）

"我们跟着总书记又上电视了"——十八洞村现场见闻（《湖南日报》2017年10月8日）

十八洞村山泉水厂正式建成投产（《湖南日报》2017年10月9日）

十八洞的19张笑脸（《湖南日报》2017年10月10日）

文化扶贫助力十八洞村（《湖南日报》2017年10月30日）

"精准扶贫"的背后是人与土地的关系——专访《十八洞村》导演苗月（新湖南客户端2017年10月11日）

十八洞村旅游扶贫项目启动（《湖南日报》2017年11月12日）

全面小康，一个不能少（《湖南日报》2017年11月15日）

十八洞村等7单位被命名为"全国民族团结进步创建示范区"（《湖南日报》2017年12月28日）

2018年

把十八洞村打造成乡村振兴样板（《湖南日报》2018年3月9日）

让"十八洞"成为更多贫困村的"脱贫水"（《湖南日报》2018年3月14日）

打造十八洞产业扶贫品牌（《湖南日报》2018年3月23日）

十八洞村民喜领产业收益金（《湖南日报》2018 年 3 月 29 日）

十八洞村猕猴桃丰收在望（《湖南日报》2018 年 6 月 8 日）

校地合作助力十八洞村发展（《湖南日报》2018 年 7 月 12 日）

十八洞村率先推行驻村规划师制度——将陆续在全省推广（《湖南日报》2018 年 10 月 1 日）

总书记带领我们"精准脱贫"（《湖南日报》2018 年 10 月 5 日）

十八洞，换了人间（《湖南日报》2018 年 10 月 28 日）

十八洞村的今天（《湖南日报》2018 年 11 月 12 日）

十八洞村的故事：施金通的临场演讲（《湖南日报》2018 年 11 月 16 日）

十八洞村：精准扶贫的样本（《湖南日报》2018 年 12 月 14 日）

2019 年

扶贫走新路春雨润湘西（《湖南日报》2019 年 3 月 31 日）

精准扶贫的湘西经验（《湖南日报》2019 年 3 月 31 日）

十八洞村有了村级办税服务点（《湖南日报》2019 年 4 月 18 日）

"精准扶贫首倡地" 牵手"中国扶贫第一村"（《湖南日报》2019 年 6 月 19 日）

2020 年

十八洞村：守护苗寨，拥抱春天（《湖南日报》2020 年 2 月 18 日）

三任扶贫队长接力（《湖南日报》2020 年 3 月 30 日）

擂鼓迎客十八洞（《湖南日报》2020 年 5 月 2 日）

习近平的扶贫故事（《湖南日报》2020 年 5 月 20 日）

聚焦"精准扶贫"首倡地 描绘小康湖南新画卷（《湖南日报》2020 年 7 月 12 日）

大型史诗歌舞剧《大地颂歌》9 月 27 日长沙首演（《湖南日报》2020 年 9 月 14 日 01 版）

美哉十八洞（《湖南日报》2020 年 9 月 17 日）

奋力书写精准扶贫时代答卷（《湖南日报》2020 年 10 月 17 日）

小村里的精准扶贫大画卷（《湖南日报》2020 年 11 月 8 日）

苗岭唱给北京的颂歌（《湖南日报》2020 年 11 月 9 日）

大型史诗歌舞剧《大地颂歌》晋京展演（《湖南日报》2020 年 11 月 17 日）

电视专题片《从十八洞出发》正式开播（《湖南日报》2020 年 12 月 27 日）

2021 年

十八洞启航：精准扶贫视域下的乡村叙事范本（《湖南日报》2021 年 1 月 1 日）

"我们有信心把十八洞建设得更美好"（《湖南日报》2021 年 1 月 2 日）

从十八洞出发：故事里的理论传播创新（《湖南日报》2021 年 1 月 15 日）

十八洞村：饮水思源，自立自强（《湖南日报》2021 年 2 月 10 日）

精准扶贫，三湘壮歌（《湖南日报》2021 年 2 月 25 日头版）

十八洞村荣获"全国脱贫攻坚楷模"荣誉称号（《湖南日报》2021 年 2 月 26 日）

立此存照：十八洞村精准扶贫档案实录（《湖南日报》2021 年 2 月 27 日）

风起十八洞 脱贫攻坚颂（《湖南日报》2021 年 3 月 27 日）

十八洞村，闪烁初心使命的时代光芒（《湖南日报》2021 年 4 月 14 日）

十八洞村：一进一出，都是幸福的味道（《湖南日报》2021 年 5 月 9 日）

《十八洞村：走上幸福大道》亮相脱贫攻坚成就展（《湖南日报》2021 年 5 月 10 日）

精准扶贫的优异答卷（《湖南日报》2021 年 5 月 25 日）

矮寨·十八洞·德夯大峡谷景区：晋升"AAAAA"（《湖南日报》2021 年 6 月 12 日）

本扬·沃拉吉致十八洞村的一封信："精准扶贫"经验走向世界（《湖南日报》2021 年 6 月 22 日）

继续书写"矮寨不矮，时代标高"的精彩篇章（《湖南日报》2021 年 7 月 8 日）

十八洞村民话心声道期盼（《湖南日报》2021 年 11 月 3 日）

十八洞村这八年（《湖南日报》2021 年 11 月 3 日）

十八洞村里"赶大集"线上线下热腾腾（《湖南日报》2021 年 11 月 4 日）

十八洞乡村发展基金会成立（《湖南日报》2021 年 11 月 4 日 03 版）

谱写"精准扶贫"的沉浸式史诗（《湖南日报》2021 年 11 月 11 日）

告别贫困乡村振兴阔步前行（《湖南日报》2021 年 11 月 22 日）

以更加昂扬的斗志创造更美好的生活（《湖南日报》2021 年 11 月 30 日）

2022 年

精准扶贫首倡地的乡村振兴新路——从十八洞村"洞见"乡村发展图景（《湖南日报》2022 年 1 月 27 日）

"十八洞返岗专列"启程（《湖南日报》2022 年 2 月 14 日）

大力弘扬"十八洞精神"（《湖南日报》2022 年 3 月 10 日）

大道向前·沿着总书记足迹｜十八洞村：春风千万重（《湖南日报》2022 年 4 月 11 日）

十八洞村 5 年 38 名青年脱单 "湘恋十八洞"全省乡村振兴婚恋系列活动举行（《湖南日报》2022 年 5 月 21 日）

十八洞村"云端邂逅"南部非洲（《湖南日报》2022 年 6 月 1 日）

网络媒体宣传

十八洞村的网络报道主要来自人民网、新华网、央视网、光明网、凤凰网等主流媒体，还有新浪、搜狐、网易、腾讯四大门户网站。相关报道有《湘西十八洞村：岁岁都是好年景 再盼总书记来看看》《湖南十八洞村不负期望 精准扶贫 成功脱贫》《湘西花垣十八洞村积极探索精准扶贫经验 带动周边贫困地区》《自力更生脱贫致富湘西花垣县十八洞村用三年时间实现脱贫摘帽》《十八洞村两代教师的"强国梦"》《十八洞村的猕猴桃熟了 十八洞村的村民笑了》等。2019 年 7 月，在百度搜索获取的与"十八洞村"相关的新闻资讯数量达 10 万篇；2020 年 12 月，与"十八洞村"相关的网络媒体新闻资讯数量近 12 万篇。

文艺创作

2013 年 11 月，十八洞村成为"精准扶贫"首倡地以来，以"十八洞村"为题材，编创以脱贫攻坚为主题的小品 40 多个、苗歌山歌 600 余首、小剧目 20 多台。2019 年 2 月，在十八洞村拍摄的全球首部苗语版《我和我的祖国》快闪 MV，引起社会主流媒体的广泛关注。

话剧《十八洞村》

话剧《十八洞村》由湖南省话剧院精心组织，历时一年多，荟萃了国内一大批优秀创作人才。该剧取材于十八洞村，以喜剧形式展现了村民在"精准扶贫"攻坚战中改变贫困面貌，过上小康生活，以及思想观念发生的深刻变化，是一部以当代中国社会精准扶贫工作为主要表现对象的现实主义话剧。该剧 2016 年 11 月在长沙首演，2017 年 12 月 11—12 日晚在中国国家话剧院大剧场演出。话剧《十八洞村》创作演出至今，获第十五届中国人口文化奖戏剧类三等奖、第十三届湖南省精神文明创建"五个一工程"优秀作品奖、第六届湖南艺术节"田汉新剧目"奖等剧目集体奖项，以及第六届湖南艺术节编剧、导演、舞美、表演等多个田汉单项奖。

歌舞剧《大地颂歌》

2020 年 9 月 27 日晚，史诗级歌舞剧《大地颂歌》在长沙公演。2020 年 11 月 6 日，《大地颂歌》在北京国家大剧院惊艳亮相。《大地颂歌》由中共湖南省委宣传部主办，入选中宣部、文旅部、中国文联、国务院扶贫办共同主办的全国脱贫攻坚舞台艺术优秀剧目展演，并入选"庆祝中国共产党成立 100 周年舞台艺术精品创作工程"重点扶持作品名单。《大地颂歌》以十八洞村为原型，对扶贫路上涌现出的真实人物和典型事例进行艺术创作，以湘西之事讲湖南、以湖南之事讲全国，创排了大型史诗歌舞剧。该剧以湖南优秀演艺力量为主，立足全国，组建了强大的创作团队。剧作以扶贫日记的形式，采用"6+2"（6个故事＋序言＋尾声）的结构模式，通过序曲《浏阳河》、第1幕《风起十八洞村》、第2幕《奋斗》、第3幕《夜空中最亮的星》、第4幕《一步千年》、第5幕《幸福山歌》、第6幕《大地赤子》、尾声《在灿烂阳光下》，全面、立体、真实地展现精准扶贫的重大成效、先进典型和伟大精神。该剧打破常规艺术表现手法，运用集成式、创新式的表现形式，打造了歌、舞、音乐等多种舞台形式的集合体。

电影《十八洞村》

2017年4月，由潇湘电影集团和峨眉电影集团联合制作、取材于十八洞村"精准扶贫"实践的纪实影片《十八洞村》正式开机。是年10月13日，电影《十八洞村》在全国院线上映。电影《十八洞村》是由苗月导演，王学圻、陈瑾领衔主演的剧情片。影片以十八洞村的真实故事为原型，讲述了退伍军人杨英俊在扶贫工作队的帮扶下，带领杨家兄弟立志、立身、立行，打赢一场扶贫攻坚战的故事。电影《十八洞村》反映了贫困地区群众在贫困面前不等不靠、自力更生的精气神。《十八洞村》与以往农村题材影片的最大不同，是用散文化的电影语言抒写出当下乡村内心世界。相对于外在的世界变化，《十八洞村》更关心人内在的情感张力。由此，影片散发出清新、质朴、唯美的文艺气质，塑造了一个充满了浪漫与诗性的十八洞村。《十八洞村》影片送审后，被中宣部和国家新闻出版广电总局列为向十九大献礼的重点影片和优秀作品，得到各院线的重点推荐，上映10日的累计票房收入达1.06亿元。

音乐与音乐情景剧

2016年3月10日，全国"两会"期间，《人民政协报》大篇幅报道湘西州政协助推精准扶贫，并着力推广了《十八洞村的月光》《因为您》《您的深情》"湘西精准扶贫三部曲"。《十八洞村的月光》传颂了习近平总书记的亲民闪光点，讴歌了党和政府对贫困群众的关怀;《因为您》续写十八洞村在党委政府的带领下,取得脱贫攻坚的系列成果,表达了感恩党中央、国务院和习近平总书记的绵绵之情;《您的深情》通过描述习近平总书记在湘西访贫问苦探民生,嘘寒问暖道关怀,播撒种子寄希望,道出了湘西儿女对实现中国梦湘西篇章的坚定信心。

2018年1月20日,全国32家城市电视台联袂打造的"中华民族一家亲·同心共筑中国梦" 2018中国少数民族迎春大联欢晚会在银川举行并完成录制,《十八洞村今天变了样》音乐情景剧成为该晚会的一大亮点。是年2月18日,该晚会在全国32个城市电视台同步播出,并在全国近百家地市、县电视台、网络媒体以及香港卫视、澳大利亚、新西兰华语电视台播出。

《精准扶贫》纪念邮票

2019年11月,由国家邮政局批准、中国邮政集团公司发行《精准扶贫》纪念邮票。《精准扶贫》纪念邮票1套6枚,全套邮票面值为7.2元。由李志宏设计,北京邮票厂影写版工艺印制。邮票采用电脑手绘表现手法,画面精致细腻、色彩清新自然,充满蓬勃生机和鲜明地方色彩,体现精准扶贫工作里程碑意义,展现精准扶贫工作重大成就。其中,第三枚邮票图案为湖南花垣县十八洞村,展现湘西苗寨新面貌和新气象。11月29日,《精准扶贫》纪念邮票首发仪式在十八洞村举行。

李迪书写十八洞村

李迪（1950—2020），北京人，祖籍河北滦南，中共党员，中国作家协会会员。1968 年毕业于北京师范大学附中，后赴云南当知青，历任云南某师文化科创作员、人民文学出版社现代部编辑、《商品与质量》周刊总编辑。著有长篇小说《遥远的槟榔寨》《野蜂出没的山谷》，中篇小说《这里是恐怖的森林》《悲怆的最后一个乐章》等。2019 年初冬，李迪拖着行李住进了十八洞村的苗寨吊脚楼里，他在 10 天时间里，冒着毛毛细雨，踏着青石板路，爬山串寨，穿梭行走在十八洞村，或帮着村民卖菜吆喝，或陪着老乡种地聊天，或钻进饭店后厨给老板当助手，遇见谁就饶有兴致地听对方说说村里脱贫攻坚的故事。很快，李迪的到来就成了十八洞村人尽皆知的新鲜事，老乡们都说："这个从北京来的李老师，没什么派头！"他们把李老师当成了拉家常、话脱贫的老朋友。2020 年 6 月 29 日 9 时 38 分，71 岁的李迪病逝。弥留之际，他在病榻上完成了最后一本书——《十八洞村的十八个故事》。该书作为中国作家协会"脱贫攻坚题材报告文学创作工程"之一，被列为中宣部 2020 年主题出版重点出版物，也是作家出版社关注现实题材、以精品奉献人民的重要举措之一。

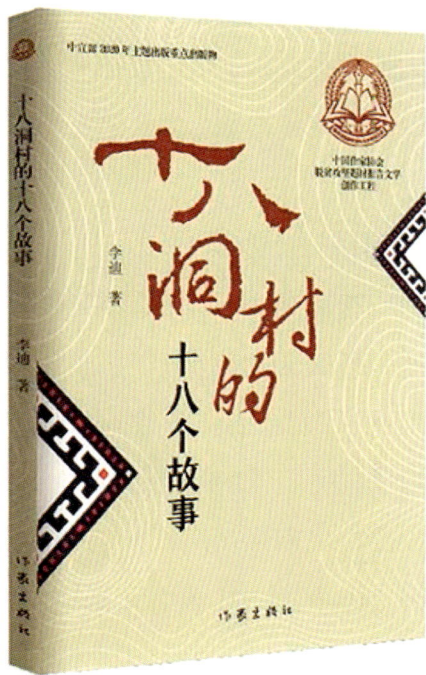

彭学明深情写十八洞村

彭学明，1964 年 11 月 11 日生，土家族，湖南湘西人，著名学者、作家和文学批评家，主要代表作有轰动全国的长篇纪实散文《娘》（全本）及散文集《我的湘西》《祖先歌舞》等。2018 年 11 月，彭学明力作《人间正是艳阳天 —— 湖南湘西十八洞村的故事》首发仪式在十八洞村举行。该书全景式聚焦习近平总书记精准扶贫首倡地十八洞村，真实展现了十八洞村百姓在党的领导下脱贫致富的生动故事，是彭学明 5 年 8 次深入十八洞村采访写成的长篇纪实文学。全书 18 万字，装帧精美、恢宏大气。《人间正是艳阳天》书稿最先发表在《人民文学》2017 年第十期头条，好评如潮，被誉为接地气、入人心、具美感的优秀报告文学，2018 年 1 月被《新华文摘》全文转载，2018 年 11 月底由广东人民出版社出版。彭学明在谈到他的创作历程时说道："在这本书里，读者可以看到以习近平同志为核心的党中央的政策是多么地深入民心；可以看到一群基层干部是如何尽忠职守；可以看到党对人民的情感、人民对党的情意，领袖对百姓的关心、百姓对领袖的亲情。我的每一个文字，都是骨髓里的深情。"

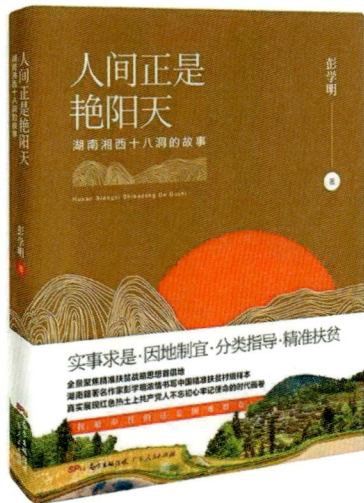

凌鹰讲述十八洞村

2018 年 10 月，由中共湖南省委宣传部组织编写，中国作家协会会员、湖南省散文学会副会长、永州市作协副主席凌鹰著，湖南人民出版社出版的《我的十八洞村》面市。为了完成创作任务，凌鹰多次深入十八洞村，获取了大量第一手资料，他敏锐地抓取了村民们思想转变过程中的个人典型，书写了发展产业遇到的瓶颈，记录了在外打工的村民们经历周折打定主意回乡创业的故事，讲述了十八洞村"蝶变"历程。本书以一个个生动活泼而又真实的小故事，深刻地反映了一个苗族小村在短短几年中脱贫致富的"中国奇迹"。

《我的十八洞村》全书 9 万字、18 篇章, 图文结合, 图片精美, 以诗意般的语言, 揭开十八洞村往日贫穷的面纱, 叙述 2013 年 11 月以来该村精准扶贫的具体实践, 用散文的笔触展示十八洞村紧紧围绕精准扶贫, 转变思路, 推进乡村建设, 探索产业发展模式, 实现村民回乡创业、老少安居乐业的脱贫奔小康的真实场景。该书有很强的"在场感", 极富感染力, 是反映精准扶贫、全面脱贫的优秀作品。2019 年 6 月, 该书获湖南省第十四届精神文明建设"五个一工程"奖。

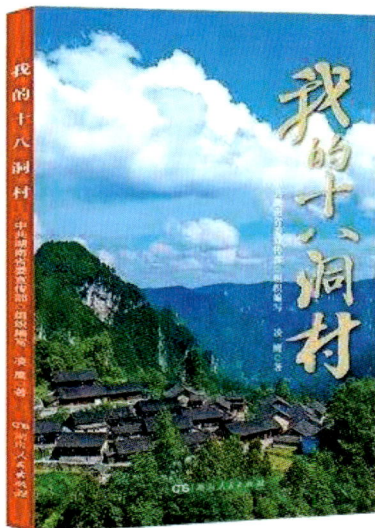

谭云明探索十八洞村

2018 年 10 月, 中央财经大学新闻系主任、教授、硕士生导师谭云明参与创作的《探路: 产业扶贫十八洞村思考》出版。本书通过对"精准扶贫"首倡地十八洞村开展的产业扶贫调研, 讲述十八洞村脱贫摘帽的艰辛历程, 总结了十八洞村"精准扶贫"的成功经验, 意在形成可复制的扶贫模式向全国推广, 以惠及贫困百姓。从成功脱贫到乡村振兴, 十八洞村在不断践行着"实事求是, 因地制宜, 分类指导, 精准扶贫"的"十六字"方针。该书承载着记录产业扶贫的使命, 欲为读者描绘出贫困村的致富之路, 以及由此引发的思考。

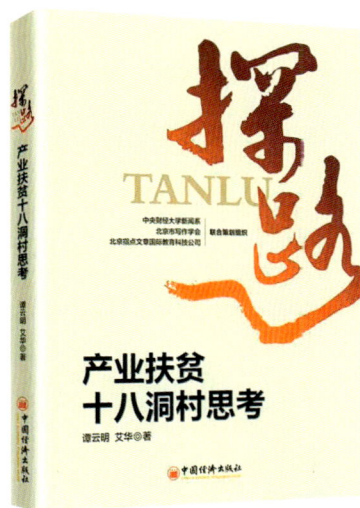

美术音乐作品

肖玉元、韩波画十八洞村

2019 年，由中国美术家协会会员、中国水墨画院专职画家肖玉元和韩波创作的美术作品《十八洞村》入选第十三届全国美术展览。该作品尺寸为 240 cm×200 cm。全国美术展览每 5 年举办一次，是中国最高规格、最大规模的国家级美术作品展览。

肖玉元、韩波画作《十八洞村》

麻丽平唱十八洞村

　　《十八洞今天变了样》音乐电视由中央民族歌舞团花垣籍著名歌唱家麻丽平演唱。该音乐电视由湘西州广播电视台首德文化演艺公司编排创作，以十八洞村精准扶贫工作为主题，在当地及周边精心取景拍摄，通过宣传、展示十八洞村风貌变化，弘扬十八洞村脱贫攻坚精神。

麻丽平演唱《十八洞今天变了样》

十八洞村自然资源丰富，生态田园、溶洞峡谷、溪流飞瀑、山地森林相融一体，四季都是一幅瑰丽的山水画。

一丘丘稻田规则不一、大小不等、呈梯次分布，形成一道道农耕景观。古朴的寨落或依山就势而栖，或点缀在密林深处。山峦起伏叠翠，莲台山高耸挺拔，像观音坐莲。德夯大峡谷是典型的喀斯特地貌，溪流飞瀑，溶洞众多，洞洞相连，洞中有洞，错综复杂，神秘莫测，核心溶洞——夜郎十八洞尤为著名，是湘西世界地质公园的组成部分，有如来神掌、鬼洞、天洞、黄马岩、天生桥、夯街梯田、夜郎野人谷等地质景点，被称为"小张家界"。村境有茂密的原始次生林和杉木场，是一座天然氧吧。

"全国文明村""全国乡村旅游示范村""全国少数民族特色村寨""中国传统村落""中国美丽休闲乡村"等品牌，融进了十八洞的风光。

村寨风光

山峦

　　十八洞村 4 个自然寨分布于莲台山群山之中，自东北向西南以高名山为界，各分布 2 个寨。莲台山形似飞龙环抱着十八洞村，高名山又似巨大屏障，将十八洞村稳稳地护住。莲台山和高名山西北两翼连成一体，地理形态上呈现出一只蝴蝶的形状，恰似苗族传统文化里"蝴蝶妈妈"的形象，形成独特的地形地貌和优美的山水风光。

莲台山

　　莲台山位于十八洞村与吉卫镇双排村，麻栗场镇溜豆村、沙坪村和广车村，双龙镇马鞍村、张刀村，矮寨镇吉龙村的接壤处，是十八洞村山峰中最高最长最大的山脉，海拔 400 ~ 1059 米，平均海拔 760 米，呈南北走势，南高北低，全长约 13 千米。莲台山森林植被丰富，有原始次生林群落，十八洞村莲台山林场位于其中。森林覆盖率高，生态环境优良，是十八洞村的生态涵养区和水源保护地，也是十八洞村民的水源点和备用水源地。莲台山山脉连绵，山峦之间分布着多级台地与沟壑，景观资源丰富，拥有森林、湿地、峡谷、梯田、砂岩神泉等自然景观，还拥有历史文化记载的三十六湾古

远眺莲台山

栈道。莲台山由南向北，像一条长龙环抱着十八洞村，高耸挺拔，林木葱茏，山巅常年云雾缭绕，是理想的避暑之地。

莲台山的可进入性较好，从竹子寨至莲台山修有约 4 米宽的行车道。此外，从竹子寨有一碎石步道可至莲台山。2020 年，十八洞村在莲台山中推进空中漫步、森林漫步、森林营地和游客休息观景设施建设，建设云杉漫步森林公园、知青之家、民宿客栈、自行车道等。

高名山

高名山位于十八洞村中东部，德夯大峡谷北面，飞虫寨与当戎寨的南面，是十八洞村与德夯大峡谷景区的衔接点，是峡谷公园的北部入口。高名山山峰连绵不断，平均海拔 740 米，最高海拔 1020 米，东南高西北低，全长约 10 千米。高名山风光优美，气候湿润，阳光充沛，野生猕猴桃、野生梨树、八月瓜、木瓜、桃树等植被生长茂盛，拥有茂密的原始次生林。高名山为梯级地貌，地势较为开阔平缓，西面与莲台山相连相望，主要以高名洞、梯田、林地为主要景观。

峡谷

德夯大峡谷

德夯大峡谷贯穿于高名山、莲台山群山峻岭之间，青山溪水弯弯曲曲环绕村中，将竹子寨、梨子寨、飞虫寨、当戎寨 4 个苗寨连接起来。这里环境优美，气候舒适，空气清新，空气质量常年为国家一级标准。

德夯大峡谷北以高名山为入口、南至黄马岩、西至竹子寨、东至举人山（莲台山的一支，因清朝末期举人石板塘路过此地，故得名举人山）。峡谷两侧，举人山绝壁高约120 米，峡谷宽约 20 ～ 100 米，长约 7 千米，其中竹子寨到梨子寨约 1.5 千米，梨子寨到十八洞村洞口约 2.5 千米。德夯大谷峡是典型的喀斯特地貌，沿线峰丛、独峰、石柱、绝壁、褶皱、节理、天生桥、溶洞、暗河等地质景观十分丰富，景色优美，被赞誉为"小张家界"。德夯大峡谷入口共有 4 处，高名山入口有 2 处，竹子寨、梨子寨入口各有 1 处。其中，高名山进入通道为 3 米宽的泥石路，可开发峡谷观光、梯田观光、地质科普教育、溯溪、探洞、攀岩、峡谷穿越、徒步登山、露营等户外运动项目。

夯街峡谷

夯街峡谷意为峡谷的尽头。夯街峡谷西至莲台山山脚，东连吉首市小龙村，一直贯通至吉首市桐油坪村。夯街峡谷呈南北走向，北接梨子寨为入口，南至鬼洞天生桥，全长约 3 千米。

峡谷清泉

德夯大峡谷两边山上林木葱郁，峡谷山间终年山泉潺潺。尤其是夯街峡谷较为

德夯大峡谷绝壁

德夯大峡谷

平缓，跌水潺潺、瀑布坠落。在长约 6 千米的秀色大峡谷中，有大小清泉 20 多处，主要分布在天洞、鬼洞、地洞等大小溶洞处，常年清溪流淌，泉水悠悠，浅水深潭，大鲵、石斑鱼、小虾、螃蟹、甲鱼等徜徉其间。

黄马岩

黄马岩（又名黄马崖），是德夯大峡谷的典型景点之一，因岩壁上有一金黄色印记，形似一匹金黄色的骏马，而被称为黄马岩。黄马岩距梨子寨文化广场（停车场）约 300 米，岩石印记高约 20 米、宽约 8 米。关于黄马岩，当地有两个传说。传说一：姜子牙西征，在德夯大峡谷住了一晚，因为峡谷风光优美，姜子牙的神马就站在崖壁上观景，在霞光的照耀下，神马的影子就留在了绝壁上，得名黄马岩。传说二：清乾嘉苗民起义领袖、湖南花垣人石三保高举"苗王"大旗反清，多次沉重打击清军。起义受挫后被俘，被押往北京，凌迟处死。石三保被处死后，他的黄色战马向家里飞奔，悲愤地撞死在德夯大峡谷的崖壁上，故而得名黄马岩。

飞天黄马岩

如来神掌

如来神掌位于梨子寨的正东面,距梨子寨文化广场(停车场)约350米,形似如来神掌,比黄马岩矮一些,远远望去如三根矗立的石柱,又名撑天柱。撑天柱三座山峰呈"一"字形排列,高度不齐,似三名昂立的大将守卫着十八洞村。撑天柱三座山峰岩壁上有少数树木,青藤爬壁,树枝相连,垂挂下落,甚是壮美。据说,撑天柱以前比黄马岩高很多,1976年8月,它的最高峰掉落下来半截,因此现在要比黄马岩矮一些。

乌龙一线天

乌龙一线天位于德夯大峡谷东部,有一处深潭,长约200米,宽处不足丈,窄处不过米,岩壁高近百丈。深潭两壁树木枝叶相连,形似绿色拱桥。晴朗天气,有影影绰绰的一缕光落下来,形似一条飞舞的乌龙,故称"乌龙一线天"。

如来神掌

背儿山

背儿山位于德夯大峡谷中部，在梨子寨精准坪广场对面。从精准坪广场远眺，距离 400 米处一山峰似一位肩上背着一个小孩的母亲，故称背儿山。该山海拔 990 米，山中溪流密布，山下谷深幽静，自然奇观美不胜收。

溶洞

在十八洞村不足 10 平方千米范围内，莲台山、高名山上以及德夯大峡谷里有横洞、竖洞、落水洞、潜流洞、溶道等多种类型溶洞景观。洞内景观多样，拥有巨型洞穴、石柱群、钟乳石、石笋、石花、石幔、石帘、石梯、莲花台、地下河等多种喀斯特地貌景观。数百年来，当地流传着众多关于夜郎古国和夜郎十八洞的传说，这些传说赋予十八洞村溶洞群神秘性。2013 年前，十八洞村在全国探洞圈里小有名气，是全国探洞爱好者的向往之地。

十八洞核心溶洞

十八洞村溶洞群的核心溶洞是夜郎十八洞，也是溶岩洞穴发育比较成熟的一个典型景观。夜郎十八洞洞系庞大而繁杂，洞内形态纷纭，水文丰富。夜郎十八洞有 4 个洞口，唯有高名山上的洞口最奇特。洞口位于高名山半山腰，入口极小，仅能容 1 人进入，一进入就是一个六七米的竖井，洞内呈 30 度左右下倾，深入 500 米左右便是大厅，高约 14 米，直径约 20 米，犹如大礼堂。大厅内的钟乳石美丽壮观，有一个十分炫白的沉积岩壁，上面有许多小颗粒晶面的方解石磷光闪闪，十分绚丽。从大厅再深入有两个分支洞穴，洞内的钟乳石、石笋、石花、石幔、石帘、石梯、莲花台可谓千姿百态。其中一处被当地人称为"高射炮打飞机"的石柱群景观十分奇特，十多根石柱拔地而起，仰向天空，犹如一门门高射炮正在保卫自己的领空。洞里有丰富的地下溪水，水声潺潺，水潭颇多。夜郎十八洞中还有一种生长在地下黑暗环境中的发光虫，它们是蕈蚊的幼虫，对环境要求极为苛刻。这种发光虫分泌的黏液在洞穴中会形成垂丝。

鬼洞

在"天生桥"洞内，岩石受强烈挤压而扭曲变形，诡异怪诞，故名鬼洞。鬼洞位于莲台山山脉之上，梨子寨西南部，距梨子寨文化广场约4千米。沿梨子寨夯街峡口入口处进入，沿路下坡过十八洞村山泉水厂，有一深洞。跨洞有座天生桥，为先期形成的溶洞在地壳抬升作用下，洞顶坍塌而成。桥拱高约20米，拱跨约30米。成景岩石为距今约5亿年前的寒武系清墟洞组类型的灰岩。洞内绿树映洞，芳草铺桥，两面悬崖峭壁，瀑布挂在洞壁上，形同白练，现为十八洞村山泉水厂水源保护地。

天洞

位于夯街峡谷入口的东南部，距梨子寨文化广场直线距离约150米。天洞在高名山悬崖之上，有2个洞口，分上下洞口。上部洞口仅容一人通行，下部洞口稍大，高约3米，宽约1米。洞内有3个小广场，其中最宽阔的广场面积约60平方米。天洞的高度在6～11米，最高处可达15米，而最窄的通道宽不到2米、高不过1米。洞内石塔、石林、石柱、石钟、石峰较多，造型奇特，形状各异，或大或小，或立或匍。大者参天挺立，气势雄峻，小者纤巧精致，娇柔如花。洞内水源丰富，气候宜人，是避暑避寒的佳境。

冬水田

　　十八洞村冬水田，成形于清朝，是当地农家为了生存，引来山泉水和地下水灌溉蓄水形成的一个个大小不等、又不规则的水田，冬天蓄水以预防来年整田无水。长期以来，形成常年有水、四季不干的水田。十八洞村冬水田主要分布在当戎寨、飞虫寨的南部，竹子寨的北部和梨子寨夯街峡谷处，总面积约 11200 平方米。十八洞村冬水田养有稻花鱼、泥鳅、黄鳝、鹅、鸭等。十八洞村这一农耕方式传承数百年，逐渐形成一道农耕景观。日出朝霞，落日余晖，晴空万里，蓝天白云，不同时刻不同的光线，让注满水的冬水田如同万花筒，色彩斑斓。农舍耕牛，弯弯冬水田，构成十八洞村一幅幅田园风光画。

冬水田

梯田

　　十八洞村梯田成形于明清时期。崇山峻岭连绵不断，峡谷交错，山脊脉络清晰，构成十八洞村苗寨古村梯田的基本骨架。十八洞村勤劳的苗族乡亲因地制宜，在坡缓的地方开垦出大片土地，在坡陡的地方开垦出小块田地，就连沟边、石隙也没有放过。为防止水土流失，每开垦一片就在田地周围砌起田埂，层层叠加起来，形成满布山坡、形如彩带般曼妙的层层梯田景观。

　　十八洞村梯田主要分布在以下三处：张刀公路进村主干道东侧高狮子处，梯田紧

邻德夯大峡谷，风景优美，为多级台地形成的梯田景观，每级台地宽约 6～9 米，每两级台地高差 4～6 米，种植玉米、蔬菜等，面积 9100 平方米；高名山中部，该地块为梯级地貌，主要种植有机蔬菜、水稻、玉米、黄桃等，面积 41200 平方米；梨子寨和竹子寨的游步道结合处与夯街峡谷处，主要种植有机蔬菜、水稻、桃树、迷迭香、中草药等，两处面积 25400 平方米。十八洞村梯田似"翡翠宝石"镶嵌在山野之中，翠绿迷人眼，有的似绿色波浪，一浪逐一浪，美丽如画。

十八洞村的风俗属于苗族悠久历史文化的一部分,地域上体现了"花垣苗"的特质。苗族服饰以大为美,苗族银饰叮当作响,苗绣产品活灵活现;农耕习俗古朴,传统器具生产与手工雕琢相结合;建筑民居为黑瓦盖顶,木屋板壁,选址多依山就势;苗族节日庆典、婚嫁、生育、丧葬、民间信仰和禁忌等风俗,内容丰富,形式多样,形成一系列的民俗文化。

　　曾经囿于地势,交通不便,这里开发时间较晚,至今还保留许多原生态的风俗。开发乡村游以来,十八洞村形神兼备的乡土风俗原生态地呈现在国内外游客面前,并与其他民族的先进文化交流互鉴,既继承传统,又创新发展。

苗寨风俗

十八洞村志

民间信仰

祭祀蚩尤

苗族人把蚩尤当作自己的祖先。明朝末期，十八洞村民就对传说中的始祖蚩尤有着强烈的认同和崇拜感。祭祖仪式中的椎猪、椎牛等大型祭祀活动，均与祭祀始祖蚩尤有关。村中祭祖有村寨大祭、以户祭祖两种，其中前者就是祭祀蚩尤。

祭祀蚩尤的村寨大祭有"椎牛""吃猪""接龙"仪式，其中以"椎牛"仪式最为隆重。"椎牛"古称"农聂包落"，意为"吃牛合鼓"，即"吃牛"。苗族先民历尽千辛万苦，把楚地开辟成很好的地方，子孙繁衍如鱼如虾，收货堆积如山。女的戴金戴银，男的穿绸穿缎，大家开始商量着要制鼓集会用来祭祖，举行规模盛大的祭祖盛会，就是"吃牛合鼓"。后来，人口越来越多，又因战乱而居住得越来越分散，便分宗族或以村寨为单位祭祖，习称"分鼓"。明、清王朝以武力开发苗疆，"椎牛祭祖"受到禁止。而一些边远寨落，就以户举行祭祖仪式，亲族资助，亲友庆贺。

村寨"椎牛"的具体仪式为，在一阵壮烈的苗鼓声中，大家牵来一头水牛套在将军柱上，把牛角和鼻子捆在篾环上。巴代（苗法师）们手执竹筒和铃铛，围着牛边敲边念地做法事，4个健壮的苗族后生着红色斜襟长衣，红帕裹头，白布绑腿，手执梭镖，精神抖擞地站立一旁。法事毕，随着法师的手朝空中一劈，后生们持枪冲进场内追赶水牛，直到将牛刺死。立时笙箫齐奏，鼓锣齐鸣，欢呼声中，炸响一片土铳和鞭炮，热闹非凡。"椎牛"目的在于祈祷祖先，保佑苗民后代。

祭祀本家祖先

十八洞村民每当吃年饭时都要先酹酒、掐一点肉菜抛于地上，以示敬祭本家祖

先。村内各家火塘上方位是敬奉祖先的地方，留给家里年长或尊贵客人坐，年轻人一般不能坐。祭祖仪式主要是以户祭祖，有掬食祭祖、合亲祭祖、猎物祭祖、挂清祭祖等多种形式，旨在祈求祖先消灾解厄。杀猪还愿、丧葬习俗中的打绕棺、"送饭"等皆属于敬祭祖先。

祭祀土地神

十八洞村民认为他们的先祖历经磨难来到这里，是"土地神"的庇护，才使得子孙后代繁衍生息。"土地神"分为天门、城隍、桥梁、山林、田垄、当坊土地 6 种，其中常年祭祀的有山林、田垄、当坊土地 3 种。旧时，苗家各山寨均立有土地堂或土地殿，大的殿堂立有"土地公公""土地婆婆"神像。每月初一、十五，逢年过节，要杀猪宰羊敬奉。尤其是二月初二这天，相传为土地神生日，祭祀更隆重，各家各户都去土地庙前点烛烧香，摆上酒菜，叩头礼拜，给土地神做生日，以求家境顺利、风调雨顺、五谷丰登。

枫木崇拜

十八洞村民认为枫树是蚩尤的化身，称为其"图迷"，即为"母亲树""聪明树"。逢年过节，苗族人会在枫树脚下燃香焚纸，或在枫树干上贴上滴有牲血的纸钱，或将枫木粉制作为苗家神香，或用枫木作为染布的原料，醡酒掐肉于地，即为祭祖，枫树已成为祖宗的代名词。巴代则通过枫木与苗族先祖和天上的神灵进行沟通联系，传达苗民心中的祈祷与愿望。

蝴蝶妈妈崇拜

蝴蝶妈妈是苗族神话传说《苗族古歌》里所有苗族人共司的祖先，苗族称为"妹榜妹留"。《苗族古歌》中的《妹榜妹留》《蝶母歌》是祭祀祖歌，巫师会在 13 年一次的祭祖仪式上吟唱。十八洞村苗族人将对蝴蝶妈妈的崇拜融入日常生活，苗衣、苗绣、银饰等都有蝴蝶的装饰图案。十八洞村 4 个寨子之一的飞虫寨，是苗语"npauj npaim"的音译，也意为蝴蝶。

龙崇拜

明末清初，此俗渐兴。十八洞村 4 个寨子中的当戎寨，是苗语"reaxrongx"的音译，意为接龙。祭祀仪式中的接龙舞就是典型的写照，古苗语称"惹戎惹筶"，直译为"喊龙喊夔"。接龙的目的是向龙祈求风调雨顺、五谷丰登、家道兴隆、人畜兴旺、普泽万民。村民在建房时，也会请巴代做"安龙"仪式，即在堂屋中央安放由酒和朱砂制成的"龙眼"，用以镇宅。在安龙之前还要到河边请龙，用以祭拜土地里的地龙，保佑全家平安健康幸福。

太阳崇拜

在苗族鼓舞、史诗、迁徙古歌和民间风俗中均保留着苗族人对太阳崇拜的踪迹。当地的老人认为，太阳鼓能避邪驱魔，保佑寨子人丁兴旺、五谷丰登，给人们带来祥和平安，只有祭祖、过苗年和重大节日以及某些特定的场合才能敲击。苗族史诗《铸日造月》中说远古时候从天上落下来 5 把火，人间才开始有了火；苗族的第五次迁徙中，苗人被迫"朝着太阳落坡的地方"逃迁。十八洞村苗家女子发髻正面花朵即是太阳，发髻后端梳子即是月亮。苗族称妈妈为"Nai"，即太阳的意思，是对母亲的尊敬，也是对太阳的崇拜。

巴代

　　苗族称巫师为"巴代雄"，汉语叫苗老司。巴代的主要职责就是主持苗族祭祀仪式，如当地的祈雨仪式、还傩愿等仪式，多为父子相承或师徒相传。他们以口头相传的方式，传承咒语、秘诀、巫歌与技能，在群众中享有颇高的声誉。十八洞村现有巴代文化传承人 10 余人。巴代主要主持"椎牛""吃猪""接龙"三大传统的祭祀活动，和一些对自然神灵的祭祀活动，如"祭雷神""祭风神""祭雨神""祭药神""跳香""烧龙""还傩愿"等仪式。常用的法器有竹筒、抒、铜铃、绺巾、宝剑、令牌、柝、锣、笛、钹、鼓、二胡。举行仪式时，巴代身着土布衣物，头戴黛青色丝质头帕，脚穿麻织草鞋，小腿扎裹脚（绑腿）；法器一般用"竹柝"（直径 10 厘米以上、长约 30 厘米的竹节，顺长度镂空一条缝隙，用竹节击打，发出悦耳节拍声）、"抒"（把水牛角尖上端等分切开并制成两块，长约 10 厘米，成月牙状，弧形一面阴刻有 5、7 或 9 朵祥云）等。

信仰禁忌

十八洞村民屋内火塘被视为神灵的化身，任何人都不能随意用脚去踩踏或者跨越。当地人忌在土地神、山神、石神、泉源、水井、河流边大小便。正月间未谢土之前，忌动土，以免得罪地脉龙神而致厄运。

语言禁忌

十八洞村民忌讳人死了直接说"死"，忌在长辈面前说粗话，忌在父母、姊妹面前讲情话，忌大年初一说"没有、死、病、痛"等不祥之言，忌儿媳妇提及公公的名字，忌小辈直呼长辈的名字，忌在众人面前说"拉屎拉尿"。

生产禁忌

十八洞村民忌春季乱伐树木、乱采草药；忌不合时令乱捕鱼，否则会触怒水神，从而给人们带来灾难；忌犁、耙乱放或者夹在木柴内，在田间劳作时中途休息，犁、耙都要平放在地上，让工具也同人们一样休息，要善待劳动工具；忌乱挎刀、镰、斧、锄等生产用具。正月初一至初三不能动土，十五不能动刀。初一早上忌扫地，免得把一年的财气都扫走。

生育禁忌

十八洞村一带苗族地区的孕产妇忌参与祭祀有关的事情，否则会被认为冲撞神灵。孕妇怀孕期间禁吃蛇肉、狗肉、鸡爪，以免生出畸形婴儿。产妇生产未满三日，不能下床；未满七日，不能到厨房做饭；未满月，不能沾冷水等等。

丧葬禁忌

在给亡者穿寿衣时，忌从死者袖口或裤管口伸手进去拉死者的手或脚；给死者系腰带、拴头巾、扎绑腿时，布条端忌打死结。家里养猫的人家，办丧事时要把猫送走，忌猫进灵堂；做法事的时候，禁止孕妇、蛊婆到场。发丧的时候，忌棺材落地或中途受阻；出殡后，忌将抬棺工具拿回家，以免"丧回原家"。

婚姻禁忌

十八洞村民遵从"姑表不婚""姨表不婚""同宗同姓不婚"的古训。当地青年男女在初次见面唱歌谈情说爱时必须先问宗姓，再决定歌是否能够继续唱，爱情是否能够继续谈。比如当地苗族青年第一次对歌就谨慎地唱道："吃水要问水源头，喝酒要问酒来历，问妹家住哪个寨，或是姓张或姓李？若是同姓莫相恋，莫坏家规坏族规。若不同姓快接歌，放开喉咙唱一夜。"

生活禁忌

十八洞村民忌将别人刚吃完饭或喝光酒的碗和杯子倒扣，否则会被认为对别人特别不敬；忌他人称自己为"苗子"；忌不互相帮助；忌不勤劳、不善良勤俭、不尊老爱幼；忌贪图私利、不知羞耻、不讲仁义；忌晚辈对长辈讲话不注意用语；忌当着别人面吐痰；忌吃饭夹菜来回挑拣等；忌坐人家大门槛；忌夜间梳头；忌吃饭时竖插筷子于饭上。

苗族男装

十八洞村苗族男子头缠布帕，身穿对襟衣，衣袖长，裤筒宽，喜包青色裹脚。头帕有青帕和花帕两种，帕长1丈以上，多至3丈，缠戴时多成斜十字形，大如斗笠。衣服颜色有花格、花条、全青、全蓝等，多为花格布衣。20世纪60年代，苗族男装逐渐发展到满襟衣、长衫衣、对胸衣，衣扣为布扣，一般为7对，衣服外层只扣最下边一对纽扣，第二层扣下面两对纽扣……以此类推，直到扣完最里层的7对纽扣为止。

苗族女装

十八洞村苗族妇女多穿盛装，上衣是花衣，用缎面布料作里，无领，腰大而长，左右两侧开岔放摆，前后两面边缘制绣和挖云钩，袖口大尺许，袖长齐背，胸前、袖口绲边绣花，安钉布扣5对，系刺绣围腰或花腰裙，也有系红、绿、黄色的绸绢帕，两端吊悬于右方。裤长齐脚踝，裤脚稍大且绲绣花边或数绣纱边。礼裙长而宽，齐脚背，裙缝成折叠，下摆边沿绣满花纹，缀花瓣五颜六色，鲜艳美观。衣外面套着"背褂"(bibguax)，双语称"背心"，背褂胸前绲花镶边，挖有云钩。妇女所戴丝帕，折叠极多，长7米以上。老年妇女多戴青色布帕或丝帕。20世纪50年代后，苗族女装逐步发展为胸襟式，领口为"大转角"。穿着时，头部用黑帕拧成盘状，平整压眉，土花布或青黑布包裹，上装为围领大襟衣，无围肩饰花，衣袖翻卷以露出挑花绣套为饰。腰系绣花或挑花围腰，下穿宽脚花裤或直筒长裤，脚穿绣花鞋。衣襟、肩围、衣袖、衣摆、裤脚等为花纹装饰，有较少银饰。苗家姑娘还喜欢穿绣花边的衣裤。衣服的前胸、袖管和裤脚均绣上龙凤花草花边，花纹设计图案丰富多样、舒展大方、规整对称。花边衣是苗家姑娘一针一线挑绣而成的。

苗族服饰

苗绣

苗族银饰

　　银饰是十八洞苗寨服饰中最有特色的。苗寨姑娘要戴耳环（有单勾、金瓜花、吊牌花耳环）、项圈（有成套花片、成套吊勾、绞纹独项圈）、手圈（有空心花手圈、龙头绞纹大手圈等）、戒指（有单股、双股、印花、印章、花纹戒指等），胸前吊有银花。做一套完整的妇女银饰至少要用银三四斤，盛装银饰绣各种花边图案。腰带用丝织品，染成绿色或蓝色。上衣与花衣用藏青色的缎子作面，布作里，两袖和衣下摆绣有彩色花纹图案。下摆用1寸宽的缎子做底，上绣彩色花、鸟、虫等纹样。佩戴者举手投足，银饰微微颤动，各种银花轻轻碰击，叮当作响。

苗族银饰

儿童帽饰

旧时十八洞苗寨的儿童帽饰有凉帽、虎头帽等。帽饰丰富多彩，工艺精湛，造型逼真，多以银饰造型为主，上有栩栩如生的蝴蝶、虾、鱼、花草、罗汉等物。20 世纪 50 年代后，帽饰逐步简单化，很少配银饰，多以绣工为主。

苗族童帽

苗寨食俗

宴席座礼

十八洞村沿袭不变的待客程序是请贵客上座。主人请客吃饭的时候，按照"右高左低"的顺序来安排客人的座位，一般视右边为上座，左边为下座。在屋里，主人方位必是主家神位方向。若是亲戚之间宴请，"右高左低"座次的排列，主要是按照辈分大小，娘亲舅大。俗话讲，来人都是客。客人进屋，不论主人辈分大小，也不论客人辈分大小，主人全家都应起身迎接。

吃长龙宴

十八洞村苗家长龙宴又叫长桌宴，每逢传统重要节日或逢喜庆事时，在村子中心地段，几十米的百来张桌子长龙般地摆放一起，端上美酒佳肴，全族人齐齐围坐，大碗喝酒大口吃肉，共饮同乐。苗家长桌宴是苗族宴席的最高形式和待客礼仪，苗族同胞在过苗年、接亲嫁女以及村寨联谊宴饮活动时，最高的待客规格就是长桌宴，最长的宴席可同时容纳近千人，故名千人长桌宴。吃长桌宴的传统源于清朝。据说，当时梨子寨龙家有个亲朋好友翻山越岭来到这里，寨子主事的为了表示热情，就想到一个办法，让每家做上自己的拿手好菜，统一摆放到寨子里开阔的地方，按顺序一路摆下去，让宾客享用，于是就有了长桌宴。长桌宴上的菜品主要是当地苗族的传统佳肴，有腊香肠、黄牛肉、黑毛猪腊肉、酸汤鱼、土鸡、炒土蛋、炒蕨菜、米豆腐等。

苞谷酒待客

十八洞村苗家历来好客，来了客人总要以酒相待，这里的苗家山寨家家有酒，多为

自酿，以甜酒、苞谷酒最为普遍。平日酒里加少许凉开水解渴，上山挖地，下田打谷，互相敬献，不辞路人。苞谷酒是苗家常备的饮品，每逢重大节日活动，不论三月三、四月八、赶秋节，还是清明节、吃新节、跳香节、苗年，苗族农家往往以苞谷酒助兴，把节日欢乐氛围推向高潮。不管认识与否，好客的苗家人都乐于拉客至家，拿出家里自酿的苞谷酒招待。

姊妹饭

十八洞村苗族妇女每年农历三月十五，均要吃姊妹饭。吃姊妹饭这天，苗寨中的姑娘们或新嫁出去回娘家的妇女，会三五成群地选择一位姑娘作为领头人，相邀着去坡上采摘野生蔬菜等各色花草树叶制成染料，和着糯米浸泡，蒸做五彩姊妹饭，下田捕鱼捞虾，筹钱购置鸡、鸭、蛋、肉等，在领头姑娘家"阿嘎良"（意思是打平伙、聚餐）。晚上，姑娘们会带上花糯米饭外出游玩。苗族后生（男青年）成群结队来"挠嘎良"（意思是讨要姊妹饭吃），和姑娘们自由自在地对唱情歌，谈情说爱，跳木鼓舞。此时，染色的姊妹饭便成为交往的媒介。相传吃了姊妹饭，可避蚊虫叮咬，因此讨姊妹饭便成为非常有趣的习俗。

农耕习俗

　　在苗历中，农历十月被定为岁首，这时候稻谷已经丰收进仓，苗家人就开始举行一系列的祭祀和庆祝活动祈求来年农事顺利、稻谷满仓。秋收后，进入农闲时节，村寨中的社会交往活动比较集中，有的年份可一直持续到来年农历四月，这个时间段为冷季。从农历四月开始到农历十月为暖季，是农忙时节，农事活动有序开展。

农耕器具

　　犁　十八洞村使用的犁为铁木结构，铁质部分为犁锌，长34厘米，宽31厘米；铁垫板，长33厘米，宽23厘米。木质部分有扶手、犁辕、犁托等，长度分别为22厘米、132厘米、122厘米。整架犁重量约为10千克。一般由一牛套轭牵引，用一根硬弯木，在其两头各穿一孔，各系一绳（竹、麻、藤、牛皮等）于两端孔上，绳长1.7～2.1米，在硬木的正中刻一浅槽，用一绳连接于犁头"绳钩"上，可日耕0.14公顷农田。

　　耙　十八洞村用于耙平水田、翻耕泥坯的工具，由耙梁、耙齿、耙杆和扶手等组成。耙齿数与耙梁长度有关，一般为7～14齿。9齿耙，耙梁长95厘米，耙杆高50厘米，耙齿长23厘米，扶手柄长53厘米。常以一牛牵引，耙碎土垡、平土。钉耙，在铁钉箱上用硬木穿梭固定，木柄长1米左右，用于牲畜圈厩类的挖掘、堆、拌等，还用于挖土豆和撒种荞子和燕麦时耙地。木耙，用三丫或两

犁、耙

耕垦

丫的松树枝做成，用于抓灌木叶、松针。每当冬季过年后，人们就会扛着木耙带着绳子去树林里抓树叶背回来，堆放于牛羊圈旁边以备垫圈用。铁耙，用细铁丝和木柄组成，铁丝一般 4～5 根，也是用于抓灌木叶和松针。

砍刀 十八洞村民使用的砍刀铁质部分长约 45 厘米，宽约 6 厘米，刀柄长 30～70 厘米。民国时期，苗民上山狩猎、下田劳作或者外出，往往携带一把砍刀，既可防身，也可用来砍木柴。现在多用作砍木柴。

锄头 十八洞村农家最常用的工具之一，长柄农具，锄为铁，柄为木，锄面长 26～30 厘米、宽 13～18 厘米，柄长 75～160 厘米。收获、挖穴、做垄、耕垦、盖土、除草、碎土、中耕、培土皆可使用。十八洞村农家在农耕劳作中多使用板锄和条锄。板锄有四角形和三角形，锄刃有月牙形、齐口形。月牙形锄头用作除草、挖坑种菜等，齐口形板锄用作铲埂壁、埂角及挖深土。使用时以两手握柄，做回转冲击运动。

镰刀 十八洞村使用的镰刀为铁木结构，有刀口型和锯齿型，用于割猪草、牛草、玉米稻秆。镰刀为月牙形。月牙形刀刃用作打猪菜、割苞谷秆和割草。

农耕器具

碓马 十八洞村农家碓马是以 14 ～ 20 厘米直径的杉木或枫木做成的,长约 2 ～ 2.6 米。主体头端,中间凿孔约 6 平方厘米,装一条将近 1 米长的方形柱,上面露出一些,其余都垂向下面,末端装一个生铁锥叫"碓嘴",恰好对准石臼底部中心。主体小头端约 40 ～ 60 厘米处,从上下两面砍出 9 厘米厚的平面,再把一段约 67 厘米长的木头,中间凿 19 厘米长、7 厘米宽的空洞,把碓马主体小头部分安装到小段杂木里,两翼安放在两边的石头支架上。看上去就像一个不规则的"十"字,前面重后面轻。石臼就是用石头凿成上面大如茶盘,下面比拳头还小的圆锥形孔。碓马通常安装在屋檐下靠墙壁的走廊里。碓米时,脚踩碓马大头一端,小头(马头)就自然伸出石臼;一松脚,"碓嘴"就落在碓马凹中,循环往复,把谷物冲碎。

石磨 十八洞村农家的石磨,主要用于推"合渣"(方言,有的地方叫菜豆腐、懒豆腐)、磨苞谷和小麦粉等。石磨由两块尺寸相同的圆石块和磨盘构成。圆石块 20 ～ 30 厘米厚,分为上扇和下扇。两扇磨之间有磨芯,主要起固定作用,防止上扇在转动时掉下来。两扇相合以后,下扇固定,上扇可以绕轴转动。两扇磨的接触面叫磨膛,膛的外周都錾有一起一伏、排列整齐的磨齿,用以磨碎谷物。除了石磨主体,还有一个重要工具,就是用于推动石磨上扇的磨钩,磨钩呈"T"字形,长 2 米,顶端是一个弯钩。

石磨

风车 十八洞村木质器具，用手摇动手柄，借助风力将稻谷（或米粒）从瘪谷或糠粒中分离出来，以达到谷物分离的目的。风车一般配合石磨、米筛等使用。

风车

农事农耕

十八洞村的男性主要是从事耙地、收割、割草、挑粪、追肥等需要较大体力的劳动，女性主要是负责做饭、洗衣、种菜、刺绣以及日常的田间管理等只需较轻体力的劳动，但是界限并不是很明确。

积肥 十八洞村苗寨农家很注重积肥。每年夏季青草茂盛的两三个月内，每户都会去山上和田坎上割牛草，往牛圈里放，形成很好的厩肥。稻草和玉米秆堆起来，放到牛羊圈里喂牲畜。将厩肥挖到圈外面堆起来，等到二、三月播种时把这些肥料挑到田地里施用。为使田土肥沃，人们用火炕和灶房烧草木形成的草木灰来增加肥力。

犁田与耙田 十八洞村农家在浸种之前必须对稻田进行精耕细作,每年犁耙田的次数一般分3次,第一次冬末春初,称为犁冬田,避免杂草长大;第二次为来年三四月,平整土壤;第三次是在插秧之前,松动土壤。

犁田

浸种 十八洞村农家在年前选择水稻种子,单独晾晒和储藏,在来年三月初到清明期间浸种,种子在水中浸泡7~8天,待谷种长出白芽再撒播到秧田里。20世纪70年代,十八洞村引进优良品种并开始双季栽植水稻。2000年推广杂交水稻,育苗移栽,多为一季中稻。

育秧 育秧时,选择阳光充足、土壤肥沃、水源充足的好田进行育秧,在种芽长出约5厘米进行大田移栽。

插秧 十八洞村农历4月,由男人们挑秧抛秧,妇女们多负责插秧。一般从早上开始,到天快黑才收工。插秧有带肥插和不带肥插两种。

薅秧 插秧之后一个月就要薅秧、追肥、除草、杀虫。不带肥插的秧,追肥也叫作包蔸,包蔸时需要用比较碎的农家肥,用手抓一把,然后插到秧苗的根部。除草和杀虫最早是用草木灰，或者直接用耙除草，对害虫也直接用手抓。这期间要看田是否缺水，如果缺水，要及时补充水分。

治虫害 十八洞村民在长期的农耕实践活动中，积累了许多防治病虫害的经验。旧时利用草木灰灭虫，将柴草烧成的草木灰均匀地撒在被虫蛀的农作物身上，草木灰具有消毒、灭虫的功能，这种方法能有效地防治病虫害。家家户户都有火塘，每个夜晚都要在火塘里燃火，久而久之，屋顶的房梁上和瓦片上就有厚厚的烟灰，还有铁锅烧火煮饭也有烟灰。他们就把这些烟灰刮进瓢里兑水洒于有害虫的植株上以灭虫，也会把火塘里的燃灰用水调稀或者直接将灰撒于植株上。

收割 收割稻谷时，常留10厘米茎秆在田里，来年作肥料用。水浑的垞块，要放掉一些水方便捉鱼。打完谷子的稻秆打捆草头，堆放在田埂边，等稻谷全部收割完后，将这些稻秆放在田边，过后堆成一个立体锥形草堆。这些稻秆晒干后可以垫牛圈、猪圈，最终变成厩肥。

储藏 稻谷收割回来后晒干放在粮仓中，谓之"上仓"。十八洞村粮仓为木质结构，每个能装纳3000～4000千克谷物。

稻谷收割

居住习俗

传统民居

十八洞村小台地较多，建筑多为"一"字形穿斗式木结构。青瓦房，主要包括三柱四挂、五柱六挂、五柱七挂、五柱八挂、五柱九挂等，多为横开三间，也有多间连开的。建筑面积多以 3 开间为主，部分为 4 ~ 5 个开间，每个开间宽约 4 米，进深约 7 ~ 9 米，面积在 90 ~ 120 平方米之间。房屋多以木或竹作为墙面，房顶盖手工青瓦片，建筑底部垒石以防水。屋前多用青石板砌成坪场，也有部分为水泥地面。坪场主要用于休息和晾晒谷物。

房屋的方位有一定规矩。一般三间（榢）房中，中间的一间叫堂屋，苗语为"mongx bloux"，汉语译音为"曹邺"。曹邺的东西两间（榢）分别为"夯果"（hangd ghot）与"芭贝"（blab bloud），方位由主人定。如果主人家的夯果是在东面，那么西面就是芭贝。夯果中的"夯"是方位和谷的译音，"果"是老的译音，连起来的意思是祖先的方位，夯果在苗族房屋中是最神圣的位置。夯果一般都铺有地楼板，地楼板苗语为"zongx"，汉语译音为"宗"，又名"jib zongx"，汉语译音为"吉宗"，又可以叫"jdejx"。夯果的对面为芭贝，"芭"即尾部或末端，"贝"的意思是房屋，连起来的意思是房屋的尾部或末端，苗语为" jib zot"，汉语译音为"吉左"。

苗家火塘

十八洞村深居高山，终年气温低于同纬度地带，空气湿度较大，自古就有"向火"的习俗，"向火"的地方汉语译音为"库吉道"，是火塘或火坑的意思。火塘呈方形，四边有石条镶边，石条的厚度约 13 厘米，宽约 20 厘米，一部分埋进土里，大部分露在外面使火塘呈口形。地楼沿方石铺设，略低火坑石2厘米。

十八洞村民家中的火塘多保持与堂屋的联系，起着"第二客厅"的作用，接待客人或烤火聊天均可在此进行。火塘上部置有铁架或木架悬于梁上，可悬挂食材、熏制腊肉。火塘中央，一般放置铁制三脚架、鼎罐、铁锅，用于炊事，还兼具照明功能。傍晚一家人围火而坐，休息取暖时可进行简单的家庭劳作，如缝补和编织衣物等，无须另掌灯耗油。

十八洞村不同姓氏家的火塘在房间的位置不同，隆、龙、施姓人家的火塘位置在正屋右侧，而石姓人家的火塘位置在正屋左侧。

苗家堂屋

堂屋是苗家人起居生活和对外交往的中心，其大门位于房屋中间，是房屋采光、换气和家庭成员出入的主要通道。堂屋内侧的墙壁以实墙为主。凡有红白喜事，一切祭祀活动均在堂屋举行。

夯果

在火塘的东面或西面是夯果，夯果以中柱为核心，中柱离火塘约1.5米。中柱南北各1.5米的范围是夯果的核心区域。在这个区域，除了放置灯座照明外，还放有3个碗，用以表示祖先牌位。夯果是主人家祖先神灵的牌位，夯果所在的座位是老人和长辈坐的，年轻人（辈分在祖辈者除外）是不允许坐的。家庭中的女性祖辈可以坐此，但母辈不能坐在此处。

仁不

火塘的北面，苗语为"renx bul"，汉语译音为"仁不"，是尊贵客人的座位。仁不的北面隔出的房间，这个房间是主人父母的卧室。如果主人的双亲辞世了，这间房就是主人的卧室。

杯宗

火塘靠曹邺(堂屋)的那一面,苗语为"beid zongx",汉语译音为"杯宗",是主人家的座位和活动的地方。

芭格

火塘上空 1.7 米高处,悬挂有一个木架子,苗语为"biab gies",汉语译音为"芭格",是炕晾物品的地方。

库灶

在房屋的尾部,一间(樘)房的南面屋壁中开有一扇窗户,灶房如果是在屋内,就安设在这个地方,苗语为"khud zaob",汉语译音为"库灶",是灶房的意思。的牛栏如果在屋里,就设置在灶房的北面。如灶房和牛栏都不安放在正屋,灶房往往是沿着夯果向外架一偏棚,其形如撇之形,而牛栏和厕所,往往是沿着芭贝架一偏棚,猪栏架设在厕所之上。这两个偏棚苗语为"piand qangt",汉语译音为"偏墙"。

排斗

正房的南面,一般都有一块平地,用以晾晒谷物,苗语为"banx deis"或"pat nes doux",汉语译音为"排斗"或"帕能斗"。有条件的人家,在正房的前面修厢房,使这三栋房子成"品"字形。

坡屋顶

坡屋顶是十八洞村苗族民居的一大特点。苗族民居一般采用歇山式或悬山式的屋顶,坡屋不大,但出檐较深,屋面屋脊有举折、生起向心、落腰等做法,曲线十分流畅,而且彼此相互呼应,使屋顶成为建筑造型最富有表现力的部分。房屋屋脊大多以小青瓦垒脊,两端加厚微翘,中花多以瓦垒砌。特别引人注意的是在中花及两侧饰以灰泥塑雀鸟,或者涂以白色,点缀在屋面,逼真动人。

畜舍

20世纪50年代前，当地苗家专门修建猪圈、牛栏的较少见，多为简易搭建的木质结构。20世纪80年代，十八洞村基本家家都饲养猪、牛，养猪用来做腊肉，养牛用来帮助生产劳动，户户都建有猪圈、牛栏。猪圈、牛栏常做成三柱二骑或四柱三骑的三列二间双坡顶穿斗式木构建筑。在正房前院坝一侧，屋脊与正房屋脊延伸线垂直，不得相连。同时屋脊高度一定低于正房，以免出现"奴欺主"。畜舍既有完全独立的，也有与正房转角房连接形似厢房的。既有做一层的，也有做两层的。两层的畜舍常带有挑廊或转廊，一层为猪圈、牛栏，二层可堆放杂物。柴火常常倚靠猪圈、牛栏的围护结构外侧堆放。猪圈、牛栏区别于居住用房的明显特征是围护结构的处理。居住用房木板壁竖向安装，争取严丝合缝不漏风；猪圈、牛栏的围护结构通常是横向安放的粗制木板或木棒，可调整其疏密与高度，控制不同时节的通风程度，保证猪、牛健康。居住用房建筑尺寸多以"八"结尾，而猪圈、牛栏建筑尺寸以"六"结尾，取"六畜兴旺"之意。猪圈常用三尺六，牛栏常用六尺六。2014年，十八洞村推进生态旅游发展，改善基础设施建设，推进民居改造，加之养殖业转型，至2018年，农家传统猪圈、牛栏建筑已少见。

节庆习俗

十八洞村的历史文化很大程度上是通过节日习俗活动耳濡目染、口传身教、世代继承的，相关节会时有举行。

挂社

十八洞村对新亡祖先前三年的祭奠不在清明节完成，而在寿礼日，称为挂社。立春后第五个戊日叫社日。这天，凡有新亡祖先的，儿女都要上山采新鲜的酱菜（苗语为"夜山务"）和野葫葱（苗语为"光"），洗净切碎，揉去苦水，加盐炒，拌和浸泡过的粳、糯米各半，加上腊肉丁、花生米、红枣、冬笋、豆腐干、猪油等煮成社饭拿去新丧祖坟祭奠。满三年的不再挂社，改在清明节祭奠。

樱桃会

苗语为"liud bid wab"（汉语音译为"榴比哇"），是未婚青年男女社交的节日。樱桃会是由祝融所创的三月街节演变而来的。20世纪80年代前，十八洞村苗家山上长有许多樱桃树，这种活动用汉语直译，意思是"摘樱桃"。

苗歌会

农历三月三，又称"挑葱节"、三月会、情人节、定情节，是从苗族古老的男女青年恋爱节日演化而来的。古时这天，男女以挖野葱为名，汇集在山坡上，边挖野葱边说话边唱苗歌。苗族姑娘都换上节日盛装，年轻的小伙子成群结队来到歌场，在人群中寻找心上人。2013年以来，这里的"三月三"演变成大型节日盛会，附近七乡八寨的人们都身着节日盛装，银饰琳琅，头冠巍峨，一路踏歌而来，汇集到梨子寨，参与属于苗族的情人节盛会。这天，苗族同胞还有煮"社饭"和用"地地菜"水煮鸡蛋的传统。

四月八

四月八，是苗族人民传统的祭祖节。十八洞村的人们把四月初八定为牛的生日。每年四月初八一到，无论农活多忙，都要让牛休息一天，并为其煮上最好食料，以示慰劳和庆贺。2011年，苗族"四月八"被收入第三批国家级非物质文化遗产名录。从2014年开始，十八洞村着重打造"四月八"节庆活动，活动期间会举办文艺表演，包括苗族跳花跳月、苗歌大合唱、苗歌独唱、苗歌对唱、打花鼓、苗族传统武术表演、吹唢呐、苗族银饰服饰展演等节目，并与扶贫产业推广会、文旅民俗舞台、旅游商品展销等活动相互融合，成为展示十八洞村新时代精神风貌的重要平台。

六月六

十八洞村在农历六月六进入初伏天，会举行盛大节庆。这天是晒龙袍的好日子，家家户户把所有的棉织衣物、被子等拿出来晒。据说这一天晒的衣物，一年四季不发霉，也不会被虫蛀，冬天也更加暖和，相习成俗。

赶秋节

赶秋节是十八洞村最古老、最原生态的传统节日，时间是每年"二十四节气"之立秋日。这一天，逢哪一个地方赶场，哪个地方就是这一年的秋场。此日，苗族群众穿上盛装，成群结伴在秋场上欢聚，坐秋千、上刀梯、舞狮、打猴儿鼓，参加或观看各种传统民俗活动。赶秋场有打八人秋千，这种秋千，外形像纺车，高约8米，可以转动，设8个座位。一个座位可坐单人也可坐双人，用人力转动，停下时谁在最高处，谁就要唱歌，如果不唱，摇秋千的人就不放他下来。秋场上，人们祈求五谷丰登、生活幸福，青年男女则在赶秋节上以歌传情，寻觅佳人。

赶秋场之打八人秋千

赶秋节

苗年

苗历的年之首，苗族人称"能央"，是苗族人民最隆重的传统节日之一，是苗族依照苗历法设定的民族传统年节。过苗年很讲究吃"团年饭"，全家人必须到齐，特忌外人在吃年饭时串门，若外人进屋"踩年饭"，就预兆一年全家不得安宁。吃完"团年饭"后，要特意给家里的狗、猪、牛、羊、鸡准备吃食，寓意动物与人兴衰与共，也应该过一个幸福年。然后用干柴苑烧旺火，据传，古时祖先是用火战胜各种凶猛的野兽来保护自己的。这一晚，一家大小都不能睡。睡了就是不尊重祖先，没有守住年，迎接新岁不诚心，别人就会嗤笑是懒人，将来定是一个无出息的人。除夕晚上要洗好脚。传说很久以前苗人的祖先就总结出热水洗脚能解疲止乏，预示来年消灾免祸、添福添寿，有言"大年三十洗好脚，出门处处有着落"。苗年一般持续 5 ~ 20 天，其间还会举行舞狮、舞龙、苗歌演唱等活动。

吃新节

十八洞村的一个比较隆重的节日，苗语为"nong xanb"，汉语音译为"浓现"。每年六月，小暑节气后的卯日便是吃新节。为了庆贺节新，家家户户都要聚一餐。吃新节采用旧米拌新粮的形式，通常是嫩苞谷一棒、稻谷禾胎苞三穗和白米一起煮，再加上四五样新鲜蔬菜，如瓜、豆、茄、辣子等。新饭煮好后，先敬家先，即祖先，然后是全家团聚尝新。

赶边边场

康熙年间《红苗归流图》记载，"赶边边场"日期一般定于农历三月三、四月八、六月六和七月七这四天，分别举行几次青年男女集体轮流坡会活动（当地苗族人称"旧波"）。凡苗族青年男女年满 18 岁，都参加过"赶边边场"活动。18 ～ 20 岁的青年男女最为活跃。每逢赶场集市，黛帕们（姑娘们）穿上花衣，戴上银饰，打扮得体地去集市赶场，青年男女在集市边的溪畔、竹林、坡上公开地或悄悄地互相攀谈对唱，通过吟唱显示才艺，袒露心声，以歌代言，以歌传情，畅谈理想，自择婚配。

对歌相识

对歌是苗族青年男女谈情说爱必不可少的一个程序，它没有特定的时间，也没有特定的地点。春夏秋冬、清晨黄昏、晴日月夜，乡场上、歌堂中、山野里，时时处处都可以对歌的形式向对方礼貌地试探、询问，而后用火辣辣的情歌互诉爱慕之情。十八洞村提倡男女婚姻自由，双方从认识到结合往往不是通过父母之命、媒妁之言，而是以歌为媒。

十八洞村青年男女在初次相会时，皆以群体活动为主，男女通报家门（各自所属宗支）以免误会。对唱的内容包括相见、讨糖、问姓氏、催请、赞美、定情、分离等方面，多以赞美为主。传统上，苗族同姓不婚。当地有两首歌曲这样唱道：

男：

歌声美妙赛天仙，

听到歌声随你来。

苗家自古为一家，

换作表妹是正当。

有缘碰上妹散场，

我跟后面讨东西。

随妹脚步走回乡，

只盼分我几口尝。

女：

小伙说话美动听，

天色不早想回家。

阿弟讨歌非不肯，

天色不早没办法。

好马没有尖尖角，

好象没有美髯须。

师傅就在身后走，

教唱那是第一流。

草标幽会

草标，苗族人称几排抽（jidbeal ucoul），扯黄茅草挽结而成。别看草标简单，却是苗族先人自远古传承下来的无字标码，神圣而神秘。

恋爱中的青年男女幽会时，只要在所幽会的山林前插个草标，所有的苗族人碰见了都会自觉绕道而行，让出这片山林给幽会者作为谈情说爱的自由天地，让他们在这里尽情地相拥相抱，情话缠绵，不用担心有人撞见，坏了好心情。同时，草标对于幽会者而言，还有另一层爱情信息。幽会时，不管哪一方先到，都会打一个草标。草标上的疙瘩结在草尖上，草根指向幽会的山林，放在路口边，暗示自己先到，示意快来幽会。后者看到了这个草标，必须又留一个草标，草标上的疙瘩结在中部，横放在第一

草标幽会

个草标上，疙瘩对着第一个草标的中间。这两个重叠的草标是暗示路人：此山林中有人幽会，请绕行别处。如果对方因其他原因不能按时赴约，先到的一方就会伤心离开，离去时不会忘记在草标上面压上一块石头，谴责对方失约，告诉对方自己已经来过山林，也许二人关系就此断绝，不再往来。

交换信物

在赶边边场的过程中，十八洞村的男女通过对歌接触，如双方有意，此后便常常幽会。经过多次幽会谈心，加深了解，加深感情，到一定程度时，彼此确实情深意笃，便交换信物（手帕、鸳鸯荷包、手镯、戒指、花带等），以物定情，互定终身，禀报父母。若在正式结婚之前，一方或双方感情有变化，不愿结合，信物可互相退还。

提亲

也叫讨亲，苗语为"Jid sat qub"。男方家看上某家女子，请媒人先到女方家"讨口风"。媒人到女方家后，女方家如果非常高兴热情，便说明女方家有意，媒人便将此情形回告男方家。隔几天，媒人又前往央求，正式提及婚事。央求次数越多越好，俗称"亲要多求为贵"。女方家若有心将女儿许配别人，必须经过众族人的赞同，才算有效。十八洞村提亲有两种情况。一是自主自由式婚不提亲。因双方已交换信物，互定终身，暗地已择定结婚日期，确定接亲人等。有的为了双方老人皆喜，也可通过妯娌、兄嫂等渠道征求父母央媒为之讨婚、提亲。二是说合自由式与说合古典式婚，即关系婚和姑舅婚，需要提亲。说合式的关系婚，是男方家认为有适合与自家儿子为婚的姑娘，就请家中老人健在、儿女双全、善于辞令，并与女方家有些关系的中老年妇女为媒，到女方家去踩门提亲，介绍男方家的情况和未来女婿的人品。开始时，女方家长不轻易放口允诺，需要征求舅家和房族的意见。经男方家多次请提亲人反复说亲，才肯答应。这一过程，俗称"三媒六证"。

讨庚

苗语为"Jid sat dangl qub"。十八洞村一带有讨庚仪式。讨庚即讨要女方出生日期及时辰（也称生辰八字），以便男方家请算命先生推算两人是否相配或相配后推算结婚的吉日。

订婚

苗语为"jiang qub"。汉译为"将巧"。订婚过程中的礼品有猪半只，酒一坛，戒指、项圈、手镯各一只，服装两套，红色大蜡烛一对，香三炷及祭祀纸钱等。参与订婚仪式的人员有男方家庭代表和女方家亲戚，双方各备礼郎。饭前需要先烧香、纸钱祭祀祖宗，然后由双方礼郎诵读礼词。礼词多是一些互相赞美、谦让的话，但正是双方礼郎的一唱一和，将整个订婚仪式推向高潮。吃了"放口酒"，就算正式订婚。

择吉日

订婚后，男方家选择吉日，向女方家过礼，叫作认亲、"送亲酒"，苗语为"Zhut jid iioux qub"。过礼前一个月，先由媒人通知女方家，女方家又通知族人届时前来吃酒。男方所过礼物，主要是糯米粑粑、茶叶、食盐、米酒、猪肉、糖等。男家的亲族，每家要去一人帮忙抬礼品，走到女方家住的村头时，要放鞭炮。女方家听到鞭炮声，立即出来迎接，主客双方互相道贺。客人到家后，主人便取甜酒、阴米请客人吃。若有能歌唱的青年男女，可在早餐、晚餐时互相唱和，以为娱乐。一共要两天三晚才散客。自由式婚恋，不再择日，双方在互定终身时已自行商定迎娶日期。婚期决定后，双方家庭即分别准备结婚事宜，如喂猪、酿酒、准备嫁衣等。说合式自由婚的婚期由男女父母双方共同商量决定，俗称"择吉日"。

娶亲

过礼后，便可选择佳期娶亲。苗族人接亲，新郎不去新娘家接亲，而是从家族里选一位擅长社交的兄长，提着马灯，去把新娘接回，这个角色叫"官亲郎"。官亲郎是代表新郎去的，此时，新娘有什么要求他都要担下来。迎亲的队伍进入新娘家寨子的时候，女方家的长辈们要在寨口、新娘家的院门口以及屋门口各放上一张桌子拦门，由新娘家族中能说会道的长辈及兄弟们拦在桌子前讲拦门话，一问一答，说事论理，考官亲郎的本事。如果官亲郎赢了，拦门的桌子就会被搬开，让迎亲队伍走着进去；如果官亲郎输了，迎亲队伍就只能从桌子下钻进去了。

进了新娘家，官亲郎还要经历一次考验，那就是画官亲，这是自古传下来的习俗。据说把官亲郎画得越黑、越丑、越怪，喜事就会办得百事如意，称画发画。画官亲的材料一般是锅烟灰，但也有些调皮搞怪的姑娘在锅烟灰中拌上猪油甚至蘸着棉竹笋壳上的毛毛，擦在人的脸上后抹不掉、洗不净，而且笋壳毛毛嵌在脸上辣痛辣痒的，让人难受得直想跺脚。但官亲郎即使忍不住也要忍，还要装出一副大度的样子把自家兄（弟）媳妇接回家中。

在接新娘的迎亲队伍中，除了请兄长做官亲郎，还要请一位未出嫁的年轻女子提

娶亲仪式

灯引路。这位提马灯的女子，也必须是寨里边出类拔萃的人物，既要聪明伶俐，又要心灵手巧。这种人通常福气好，会给新娘带来好运。

新娘坐轿去男方家，除亲属陪同外，还要有若干朋友伴嫁。特别要请两个儿女满堂的妇女做"引亲娘"。引亲娘手拿布伞，走在前面，开路驱邪。另外还要请歌师、歌手一同前往，作为娘家的代表参加赛歌。

抬嫁妆

十八洞村苗家女儿的嫁妆讲究实用性，新娘嫁到男方家后，即使马上分家出去另立门户，其家庭所需家具也一应俱全，不用另行置办。嫁妆中大件的东西主要是木质家具，有衣柜、碗柜、书柜、堂屋八仙桌、火炉房吃饭的桌子、梳妆台、木箱，另外就是被褥、衣服等。嫁妆数量用"抬"来计算，在女儿出嫁时，由男方接亲的队伍来抬嫁妆，把两根竹竿子绑扎在嫁妆的两边做成抬架子，竹竿前后各有一人抬着上路，此为一抬。也有小件的东西用箩筐挑，叫"抬里面"。嫁妆的抬数往往是娘家人显耀新娘身份的象征，抬数越多说明嫁女儿家越风光，越有脸面。嫁妆随女儿出嫁时忌里面空空荡荡的，女方家往往在木柜、木箱内装一些稻谷，由于稻谷是金色的，有一定重量，放在柜子、箱子里显示嫁妆的贵重。其他不能装稻谷的小木质物件里面要放一张四方红纸垫底，外面要贴上红双喜字，寓意女儿出嫁后未来生活红红火火。

迎亲

娶亲人和送亲人走到男方家村边开始燃放鞭炮，一直燃放到新郎家门口。新郎的妹妹或堂姐妹为迎亲主体，加上寨子的姐妹和亲族打开大门，把新娘迎进家来。接亲的主要仪式是接伞。接伞的人必须是新郎的小妹或堂妹，无亲妹、堂妹则由新郎父母指定一位与新郎同辈份的小姑娘去接。

进门

新娘走至大门，即由新郎的妹妹跨出门外迎接新嫂子，新嫂子用左手把雨伞递给接伞的妹妹，然后用左脚跨进屋内，以示今后成为新家庭的主妇。新娘进屋前，男方家门口必须烧旺火一堆，象征吉祥兴旺。随即由接伞妹妹携新娘手迎入新房，送亲妇女们陆续进入新房休息。说合式自由婚则由女方父母决定彩礼多少，男方送完彩礼后，再举行婚礼。新娘进入堂屋后，由新郎的两个妹妹领至正堂东屋，一左一右地陪着当中的新娘，三人都朝陈设祭品坐着，同时，三人的腿上各覆盖着新毛巾，用以接礼品。

摆酒

新娘踏筛进屋休息好后，便被请到地楼火塘边面朝内坐下。主婚人便筛两碗酒放在桌上，斟酒一杯、肉一片，送新郎新娘共饮共吃，表示二人合好不分彼此。吃过肉、喝过酒后，用草药煮过的水洗脸。洗毕，主婚人唱"合事歌"一首，祝愿新郎。歌词大意是：夫妻合好，地久天长。女是太阴，男是太阳，日月同明，诸事吉祥。口合口，心合心，夫妻相合齐眉同到老，百子千孙福寿荣华……唱毕，新郎家举行酒宴。送亲人的酒宴设在新郎家堂屋中，当中是长条桌，两边坐人，宾主对面畅饮对歌，桌上摆满佳肴，大家尽情地吃喝。另外，主人家还把从新娘家带来的"新娘饭"散给每人一坨，同时在每人面前放一坨四四方方的熟猪肉。这些礼物，客人都不能吃，要带回家去，让人们知道主人家喜事隆重、礼节周到。

撵脚酒

十八洞村一带的苗族姑娘出嫁这天，女方家把同族兄弟姐妹或亲戚一同邀去新郎家，叫吃"撵脚酒"，意为随新娘去新郎家做客。新郎家把这些客人尊称为"正客"而奉为上宾，而把自己的亲戚称为"副客"。新郎家对"正客"招待倍加殷勤、周到，"正客"一般都要留宿三至五晚以上；而"副客"住上一晚，第二天就各自回家。"副客"并不因主人厚彼薄此而闹意见，反而认为这种有"级别"的接待方式是天经地义的。

排家饭

结婚完毕，男方的亲族为表示盛情，常常留客吃饭，一家一餐，苗族人称"农列上"或"农列高"，意思是吃"排村饭"，一般说成"排家饭"。客人一天要吃七八餐饭，常常是这边刚放碗下桌，那边又喊吃饭喝酒，应接不暇。"排家饭"越多，客人停留的日子越长，娘家就越满意。

戴花酒

十八洞村一带的苗族女子出嫁前一天娘家须办"戴花酒"，也叫"离娘席"，款待女儿。《永绥厅志》载：男子求婚，央媒妁至女家说合，即以火炮、酒肉送女家，谓之插香。这里的插香是"戴花酒"的准备，五更娘家须办"离娘酒"款待女儿，出嫁时的拦门礼，也是以酒相敬；至婆家，男方须办"拜堂酒"款待各路亲朋。新婚之夜不得合卺，须燃放篝火，男女双方的歌师举行"酒歌"，青年男女则闹"掀酒"，将婚礼推至高潮。

回门

旧时,十八洞村民婚娶,新郎新娘三晚不同宿。姑娘出嫁之日,四邻姐妹相聚一堂,高唱苗歌,抒发离别之情。男方迎亲时,由女方"高亲"(男女各一直系亲属)送姑娘到男方,从侧门进入洞房。三日内由女方"高亲"朝夕相陪,足不出新房,茶食均在房内。三日后,拜父母姑嫂,新郎新娘双双到娘家,称"回门"。"回门"返回后,请苗老司(巫师)安家先,并在本宗表中写上新媳妇的名字,表示新娘已是本宗族的人。当晚,新郎新娘方可同宿。还有一说,婚礼当天散客后,新娘要回娘家住夜,叫作"回门";第二天由女家派族人或同胞兄弟护送回男方家,这天晚上,才是新郎新娘洞房花烛成婚的日子。按照习惯,新娘先入新房去睡,新郎要等客人和全家睡下之后,才入新房与新娘同宿。

生育习俗

接生

旧时，十八洞村产妇分娩时，多在自家生产。当孕妇感觉肚子痛时，就会告诉自家的婆婆（或告诉自己丈夫，找有接生经验的妇女），以做好接生的准备。在床边把枕头稍微垫高，让产妇斜躺在床边生产，或在床前铺上草垫，在草垫上铺上柔软的布块或毯子，让产妇在草垫上生产。当新生儿落地时，婆婆就用事先准备好的一根麻线将脐带扎紧，挽一个结，再用剪刀剪去脐带，然后用温水将小孩洗净。婴儿由家人用温开水洗澡。洗澡后需用软布包好婴儿，放到产妇身边。生产时，丈夫一般在隔壁，当听到小孩哭声时，才进入产房内帮助接生。20世纪90年代后，产妇多到附近医院分娩。

报喜

苗族人民重礼节，为人处世都讲究礼貌。当妻子生下婴孩之后，丈夫必须马上到岳父岳母家报喜，如有特殊情况不能亲自去，就必须请家族兄弟去，不管生的是男孩女孩，都必须是男的去报喜，表示对产妇娘家的尊重。报喜的人，必须带两样礼品，当然多则不限。两样礼品包括一只鸡、一瓶酒。其余的糖果、肉鱼可带可不带，带上更好。酒，表示外公外婆得了外孙，有喜酒吃，喜事；生男孩就拿一只大公鸡，生女孩就拿一只大母鸡。报喜人走到岳父岳母家大门前，一只手提着一个酒瓶，一只手抱着鸡，大声喊道："岳父岳母在家吗？报喜来了！"这时岳父岳母在家听到报喜人喊声出来接客，看报喜人手里的鸡就知道是男是女。娘家接到报喜后，产妇的母亲就要马上跟着报喜人去看望自己女儿和小外孙，带的东西主要是给产妇的食品、补品和婴儿用品，其中有一件特殊礼物就是鸡,这只鸡按双方的习俗而定,报喜人带的是公鸡,娘家送回去必须配以母鸡,报喜人带母鸡,娘家必须配以公鸡,表示配对成双,这次生男,下次生女,有男有女,男女齐全,全家幸福;也表示代代联姻,成为老亲老戚。产妇的母亲护理产妇及幼婴五天或七天,至产妇能自由行动后,就回家备办吃喜酒的各种礼品。

起名

十八洞村妇女产后三朝,即产后第三天(又称"三日")就要吃三朝起名饭,为生下的婴儿起名祝贺,不论生男生女都一样。早上,家人宰杀一公一母刚长成的鸡,邀请家族内老人们和新生儿的公婆前来"吃三朝酒"。早晨"辰时",婴儿的父亲要抱着幼婴,从后门或者侧门轻轻出去,到正大门前转一转,表示一视天光,立即从大门进来,家族中老人用饭和鸡肉在门口祭献,再在祖堂台前祭献,然后大家商量为孩子取名,并为取了名的孩子叫魂,给小孩穿上衣服,小孩堂堂正正成了某某家正式成员。之后,大家同桌吃饭,共祝孩子身体健康,日后福财两旺。苗家人起名,由在座的长辈中之贤者提议,或者婴儿的爷爷、父亲先提,大家讨论决定。这个名叫作"乳名"或者"奶名""苗名",长大读书时老师还要起个"学名"或者"汉名"。起乳名不一定按字辈,它的特点是男孩子一般带"大""老""巴",如"大哥""老二""巴三",或者"大业(意为水牛)""老牛""巴山""巴岩"等;女孩子大多数用"黛""阿""帕"等,如"黛雅""阿花""帕香""黛花""阿英""帕梅"等。苗家人大都有两个名字,即苗名和汉名。和汉族人或其他不懂苗语的民族人交往用汉名,同本民族交往用苗名。但有一个礼貌的规矩,晚辈不能直呼长辈名,否则就要被长辈视为"无家教、不懂礼貌",重则被长辈骂几句,教训一番。

看月酒

即吃祝米酒,十八洞村苗语称"格德亚"(看月里娃娃)。苗家请吃看月酒确定在生育后的 7 天到 10 天之间,最迟不能超过 15 天。在月里看月(探望产妇),对产妇的精神安慰和营养补充都是适时的。看月"女看男不看",就是看月时大多数是女的去,男的只是当抬贺礼的挑夫，把贺礼送到后吃夜饭就转家。看月的日子，由夫家择定后通知娘家和亲戚朋友，主家要招待各方客人。作为产妇的娘家，又称为"客家"，要准备很多礼品，如鸡、鸭、鱼、蛋、摇篮和婴儿的各种用品，要做很多甜酒，要装满在主家接亲时送来的"盼子坛"，连坛子一起送回，表示两家成亲成戚，见子见孙。看月当天晚饭后，主人烧起大火，主客两家的歌师唱祝福婴孩健康成长、产妇夫妻幸福、感谢岳父岳母和姻亲歌、古老歌、族谱歌等。

满月走亲

苗家人在生子育女满一个月后，要马上去拜外公外婆、舅父舅母等长辈。有的地方叫"转儿脚"，这是新生儿女第一次去拜见母亲家的长辈，是一次重要的礼节活动。走到外公外婆家大门口，不能立刻进屋，新生儿父母要喊："外公！舅父！来拜见你们了哩！"等外公、外婆出来迎接，婴儿母亲背着婴儿行参拜礼，外公送见面礼并请进屋后才能进屋。新生婴儿及其父母亲进屋后，外公家的房族人等，男女老少，都来看望新外孙，每家每户送给一件礼品。打这以后，再来就不送东西了。当天晚上，新生婴儿随同父母在外公外婆家住下并停留两三天，最多五天后回家。回家时，外公外婆必须送给外孙衣服、裤子各 1 套、袜子 1 双、帽子 1 顶，还要送钱、送银饰等，表示对外孙的喜爱和重视。外公家要请亲族、亲友吃一餐祝贺饭，表示庆贺新外孙的到来。

继物

把儿女过继给山水土木，叫继物，也是算命先生推算而定。测定认为，新生儿女在五行中缺一种物质，只怕生成难全，必须补充其生命中所需的某种物质成分，巩固生命中的物质基础。如缺水又缺木，必须选择过继给水井旁的大古树。过继时父母带着婴儿，背着香纸和酒肉等祭品，或请苗祭师，或叫地理先生，在井水旁大古树根部，用石块起个小土地庙门，带着婴儿烧香烧纸，敬酒敬肉，三拜九吊后，苗祭师为新生儿女起名(有自己去拜，自己起名的)，依据树名起个继树名字如"树子""椿妹""椿生"等。其余如金、水、火、土的，都是如此。

丧葬习俗

灵堂

灵堂是丧家供奉灵柩或死者灵位以供吊唁的厅堂。灵堂前设灵位，用墨笔在红纸上（若死者的父母在世则用白纸黑字书写）书写死者牌位，从右至左分三竖行，首行写死者生年、月、日、时，中间行写死者姓名及主人对死者之尊称，末行写死者卒年、月、日、时，末行位最低，中间行位最高，首行位次之，写成后，将纸贴在长方形木板上，此即灵牌。灵牌立于大桌正中，大桌放在棺前。桌上放米、猪头和果品菜肴，点香烛。灵牌两旁扎松、竹、纸门，贴丧联，用白布挂"吊"，挂贴各种佛像、八仙图、花鸟之类。灵位前铺垫草、席、被，供孝子和祭吊者叩拜用。主家大门上贴"当大事"三个大字，门两旁贴丧联（用大毛笔书写）。

出殡

数日后出殡，时辰快到时，大家将灵柩抬出正堂停放在屋外坪场的两张长凳上，灵柩不着地。"巴代雄"要在门外做一堂法事，告诉死者从此阴阳两隔，在阴间好好保佑子孙后代。时辰一到，众人抬起灵柩，由"巴代雄"把桌子掀倒，再抬灵柩走出。出殡队伍有先后顺序，母舅手拿一把点燃的竹把，背一个背篓，里面放有酒、肉、碗筷和香纸，边走边撒钱纸开路，众孝子披麻戴孝跟随，由主家长子手拿招魂旗和亡人牌位在灵柩前引路，安葬人员由八人抬灵柩，其余在旁帮扶。爬坡时，大批人员在前用绳索拉扯，遇陡峭险路，孝子磕头跪拜祈祷平安。一路敲锣打鼓，鞭炮声连天。队伍出村口时，人们把死者咽气时垫在床底的稻草烧掉。

挖三锄

　　孝女及送丧的客人都回去了，留下的就是抬丧的和诸位孝男，抬丧的人拿一把挖锄交与当家孝子，请其先挖三锄。当家孝子（单腿）跪于棺材之上，顺前挖一锄并哭喊着阿嗲（妈）杠梦豆削豆且（热土之意）！如此反复三锄放下后，缠戴孝帕悲痛回转，泪如雨下。抬丧人众七手八脚以岩砌围，以土壅盖，名为"下井"，其实是平整坟场，搁棺砌岩，壅土为墓。这与苗乡山野土薄岩多的地质有关。

出复山

　　一般在老人埋葬后的第三天，表家及亲属要进行复山，由于出殡当天一切都很匆忙，死者的坟墓等某些方面做得不是很如意，需要通过复山把死者坟墓修葺整理，让别人看到死者后继有人，同时也是对死者的再一次道别。复山的人员主要是死者的直系亲属如子女、兄弟姐妹和婿媳。

守孝

　　父母亡故，儿女守孝。清朝至民国时期，孝子守孝三年，结庐守墓，未婚者满三年方可结婚。20世纪50年代后，守孝者蓄发百日，守孝一年后方可结婚。

十八洞村苗族文化源远流长，民间艺术底蕴深厚，门类繁多。民间传说、苗族鼓舞、苗族戏剧、歌曲、民俗信仰、传统手工产品和民间工艺等，强烈地彰显着独特的文化色彩、鲜明的地域特征、鲜活的民俗魅力。生活中，多用古歌颂唱农耕农事活动，曲调高亢，豪迈奔放，余音绕山梁；以鼓舞传情，击鼓传花，其动作多模拟劳动生产及生活场景，充满热烈的情感体验与神秘互渗的原始意向，内容包罗万象，无所不及。

其中，苗族古歌、苗族接龙舞、苗族赶秋、苗绣、苗族歌谣等被列入省级及以上非物质文化遗产名录。

民间艺术

十八洞村志

民间传说

夜郎十八洞

据苗族民间长篇史诗《古老话》记载，夜郎国的第一个国都在武陵山中的夜郎坪。夜郎坪多云雾天，很少有艳阳，天迟亮早黑，整天云缠雾绕。明朝皇帝的妹妹朱仕芳下嫁给崇山卫指挥使杨二后到过夜郎坪。她曾感叹说："那里乌沉乌沉不见天，通油不通盐，通水不通船，三斤嫩牛肉难下一餐掺子饭。"考古学家发现莲台山上有远古濮人的第一座悬棺遗址濮人憧洞以及多个濮人遗址，于是认为有一支夜郎国部落曾迁移到如今的十八洞村繁衍生息。加之，莲台山上有许多小湖泊，常年碧波清澈，流水潺潺，它们汇集于深山峡谷中变为溪流进入小龙洞河，流经之处形成了数十个溶洞，其中上规模、有特色的溶洞有 18 个，故又得名夜郎十八洞。

祝融洞

位于十八洞村高名山中，传说是祝融氏族居住过的地方，故名"祝融洞"。据说旧时，曾有寨民上山砍柴，误入此洞，发现洞中有一白发老者在此参禅修行。老者告诉寨民，他本祝融，因看好这里的山水便在此洞修仙，一心参悟、深得佛法。老者带寨民游览此洞，游览毕，便见佛光普照，气象万千，老者化仙而去。洞内祝融潭波光粼粼，传说祝融在这里游泳。洞顶、洞壁两侧、地面，大小钟乳石鳞次栉比，怪石嶙峋、千姿百态、绚丽多彩、宏伟壮观，呈现出丰富的色彩和姿态。石笋栩栩如生，长短大小不同，一步一景，使人仿佛置身于神话般的世界。

莲台山古庙与石板塘

清朝时，十八洞村莲台山山巅有一座庙，有和尚吟诵经文，并给人卜卦，十分灵验，前来祈福求愿和朝拜卜卦的人络绎不绝。据说，石板塘 10 岁时曾到过此地，遇古庙的一仙人道长。该仙人道长端详了石板塘一阵，大为惊讶，并预言他日后肯定有一番文字造诣。果不其然，石板塘 15 岁便考上了秀才，成为当时湘西最年轻的苗秀才。石板塘几乎把《十三经》《二十四史》中的故事和《西游记》《三国演义》《水浒传》等小说内容都编成苗歌，就其种类来说，有《开天辟地歌》《和事歌》《历史歌》等 17 个种类，并创制了"板塘苗文"，编著《苗文字典》。石板塘功成名就之时，重回十八洞村莲台山古庙，寻找仙人道长，可惜早已经人去庙空。

苗语苗文

苗语

十八洞村是湘西地区典型的苗族聚居区，村内男女老少皆会讲苗语，苗语世代相传，属中国苗语支东部方言中的西部次方言区域。

苗语是十八洞村人交往的常用语，在湘鄂渝交界地区使用的苗语中，花垣县苗语特别是十八洞村苗语使用和保留程度最为完好，属汉藏语系苗瑶语族苗语支东部方言中的西部次方言，并在花垣县形成独特的代表性苗语吉卫话，其苗语声调有6个。讲湘西苗语西部次方言的苗族人中，十八洞村民为隆、龙、施、杨、石、刘6个姓氏。根据姓氏不同，当地苗族语言可分为"仡跷""仡芈""仡骦""仡轲""仡扁""仡恺""仡荣"七大系："仡跷"（ghacb xot），此系属吴姓；仡芈（ghaob micl），此系属隆、龙姓；"仡骦"（ghaob ghueas），此系属石姓、廖姓；"仡恺"（ghaob kheat），此系属杨姓等。

苗文

1956年12月，在贵阳召开的"苗族语言文字问题科学讨论会"上，国家确定以湘西州花垣县吉卫镇腊乙村（今夜郎坪村）的苗语为标准语，创立苗语东部方言的苗族文字。这套苗族文字以拉丁字母为书写符号，用于十八洞村苗族语言。十八洞村的苗语和吉卫腊乙的苗语有较大区别。20世纪90年代，湘西州民委提供苗文教材，在排碧乡组织开办苗文学习班，飞虫寨、竹子寨有村民10余人参加。因没有长期学习运用，十八洞村村内至今无人会写苗文。

十八洞村常用苗语基本称谓

汉语	苗语音	汉语	苗语音
祖父	阿谱	雨	侬
祖母	阿酿	夫	帮
父亲	阿巴	妻	屋
母亲	阿乃	子	得代
伯	马龙	女	代帕
叔叔	马要	小官	外贵
兄	阿拿	大官	聊贵
弟	阿己	兄妹	牙苟
姐姊	阿伢	耳朵	仲谋
女婿	阿委	媳	能
老爷爷	剖共	老奶奶	剖酿
谢谢	就克	阿姨	阿哆

民间谚语

生活谚语

  手脚勤，不受贫。

  人无理讲蛮话，牛无力拖横耙。

  寒天不冻勤织人，荒年不饿苦耕人。

  只要根苗正，不怕枝叶斜。

  应该算了吃，不该吃了算。

  细水长流，吃穿不愁。

  家有良田百亩，不如技艺在身。

  天天省一把，三年买匹马。

  家里没文化，发家致富门难找。

  会攒的攒八月，不会攒的攒腊月。

  吃饭要吃米，讲话要讲理。

  一年四季勤，不进药铺门。

生产谚语

  清明要明，谷雨要淋。

  水牛见不得浑水塘。

  十二月南风狗进灶。

  小满不满，芒种不管。

  庄稼一枝花，全靠肥当家。

春耕深一寸，如同施只粪。

过了惊蛰节，种田人没气歇。

天气谚语

初一、十五天不好，这月晴天一定少。

泥鳅跳，风雨到。

东边一朵云，西边黑沉沉，必定下大雨，功夫做不成。

天早云下山，饭后天大晴。

五月五，冻死老牛牯；六月六，冻得哭。

天上鲤鱼斑，明日晒谷不用翻。

小暑吃园，大暑吃田。

早晨下雨半天工，午间下雨两头空。

秋分天气白云朵，处处欢歌好晚禾。

久雨刮南风，天气将转晴。

立春晴一日，农户不用力耕田。

苗族舞蹈

苗族鼓舞

　　源于明末清初，由今吉首市矮寨镇一带传入飞虫寨。当时，在表演场地、场面、服饰和道具上，比较单一。表演以单人为主，多是自娱自乐，动作粗放、散乱。民国时期，逐步发展到以家庭为单位，以单人、双人鼓舞为主，内容增加和丰富了犁田、插秧、打谷、纺织、推磨、妇女梳头等农耕动作。

　　中华人民共和国成立后，苗鼓形式走向多样化，有《女子单人鼓舞》《女子双人鼓舞》《双人花鼓舞》《男子徒手鼓舞》《单人猴儿鼓舞》《三人猴儿鼓舞》《四人跳鼓舞》《团圆鼓舞》等。在演奏方法上，一人打鼓面，一人打鼓边，鼓面的鼓点为主奏，

苗族鼓舞

鼓边为伴奏，打鼓面和打鼓边是鼓点和鼓边相互配合。2005年以后，十八洞村加大旅游开发力度，着力培养苗族鼓舞队伍，村里的一批职业苗鼓手逐步发展出了"梭步、麻花步、碎步、移踏步、矮蹲步"等舞步，创新性地继承和发展了"内外花击鼓、绕花击鼓、缠花击鼓、抡臂击鼓、交替击鼓、平击鼓"等击鼓方法，鼓舞表演者也由便装发展到节日盛装演出。演出时，男子上穿合身满襟短衣，无领，胸部及下边滚花边，下着长花裙（巴裙）或大口花裤，脚穿男式船头花鞋，夏天多穿麻草鞋，头戴丝绒大黑头帕或花帕，耳挂碗口大小银耳环，颈部配1～3根银项圈，手戴银手镯。女子更为隆重，头戴银帽或重叠大黑头帕或花帕，耳挂龙头耳环、瓜子耳环，颈部配3～8根银花项圈，手戴2～4副银手镯，胸挂银链、银花、银牙签、银铃、银蝴蝶、银牌、银披肩等装饰品，身穿镶花大肩衣，下穿百褶裙或镶花大花裤，腰系绣花围腰，脚穿女式绣花鞋。

苗族盾牌舞

民国时期，由今马鞍村一带隆氏兄弟传入。据说盾牌舞源于湘西苗族祖先持械战斗或徒手格斗的经验。表演时舞者左手执盾牌，右手握长或短的兵器。盾牌形状有圆、椭圆、燕尾、长方等，牌面绘制的图案大多是各种动物，呈威武恐怖之貌。制作盾牌的材料因地制宜，多为竹、藤编扎，蒙上兽皮后更加坚固。整个表演是在锣鼓、音乐、战马长嘶中进入状态。风格特点为动作幅度小、频率快，表演时要掌握"挂、挡、搭、架、逼、闪、跌、滚"八字诀。

苗族接龙舞

源于明末清初。"接龙"苗语称"然戎""让戎""染戎"，源于湘西苗族人世代相传的祭祀习俗，是苗族人将"龙"接至家中以求祛病消灾、逢凶化吉的一种民间祭祀仪式。据宋大文《苗家接龙》一文说，清代湘黔苗民起义后，清廷深恐苗家会出"真龙天子"，于是派人到湘、黔、川边境"劈山斩龙"，至今还保留着某些"斩龙"的痕迹。苗族为了永葆"龙脉不断"，便举行接龙仪式，逐渐形成一种接龙舞。在十八洞村一带，关于"接龙"的历史与起源还流传着一个民间传说。相传苗乡有座太阳山，山

苗族接龙舞

上有48条"真龙"，受其护佑，每年风调雨顺、五谷丰登、人畜兴旺。后来被"真龙天子"皇帝知道了，便派兵出征苗疆，将"真龙"赶到洞庭湖中，于是苗乡年年受灾，瘟疫不断。后在高人指点下，苗民齐心协力，拿着碗和伞，去河边、井中舀水，将龙从洞庭湖中接回来，于是苗乡又恢复了往日的安宁。"接龙"一般在每年的春耕和秋收后，为时1～3天，以此祈求除灾祛病、风调雨顺、人畜兴旺。"接龙"分接村龙和接户龙二种，由于接村龙耗费巨大，参与户头广，人数多，难以负担和组织，现实中已难得一见，现在人们所说的接龙实际上指的是接户龙。

　　接龙舞分为闹龙、请亲、设坛、敬祖先、敬龙神、接龙、安龙等环节，其中最热闹的当属接龙。接龙队伍由龙公（主人担当）、龙母（也称龙娘，由主妇担当）带领，同族中的妇女、姑娘组成长长的接龙队，个个衣着华丽、神采奕奕。一少年执龙旗引路在前，老司及接龙队紧随其后，锣鼓齐鸣，号声震天，所经路途，围观者夹道，接龙队伍沿路插五色小旗。到井边，老司念请龙咒，龙公龙母合取井水一罐，象征龙已接到，打伞而归。接龙队沿神坛绕行三周，之后大家合跳接龙舞，舞毕，插龙头于堂屋后壁，主人分糍粑于众人，表示酬谢。最后苗法师念词，宰杀祭猪，煮熟五脏，以祭家龙，并献龙神酒，请五方神龙归位。

苗族舞狮

　　源于明末清初，经历代演变，有雄狮飞天、金狮献宝等表演形式。在十八洞村的习俗中，舞狮能够为本寨（家）驱邪保平安，能够与祖先交流，是神灵的化身。舞狮活动通常在下列3种时间进行：一是固定的传统节日，如农历春节期间、过苗年期间、四月八、六月六等，在寨中完成出演前的仪式后，由"狮子头"率领，在较大的集市或广场进行展示型表演，各乡寨的狮子会集中到一起进行比试表演，这种表演是无人邀请的、无报酬的；二是在祭祀仪式中，如端午节、中元节，在固定的祭祀场所进行；三是节庆活动受邀请出演，地点是在邀请方提供的院子或空地。在演出过程中，两头"狮子"会不期而遇，这时"狮子头"会通过协商在就近的、宽敞的地方圈堂子进行比试。

苗族舞狮

苗族跳香舞

始于民国时期，由麻栗场一带隆氏探亲传入十八洞村。一般在农历十月举行，个别地方在十一月举行，少则一天一夜，多则三天三夜。跳香一般在家中举行，参与的人往往是同宗族成员。如谁不参加，会受到排挤和歧视，带有宗族祭祀的痕迹。跳香的程序一般为上香—立坛—发兵—跳香—大团圆。跳香仪式开始，一巫师头戴五福冠，插小旗，穿法衣，右手拿师刀，左手执排印，在香坛前念咒、舞蹈，名曰"踏九洲"；另一巫师吹牛角，鼓手击鼓鸣锣，似发兵模样，此为请神安神。

十八洞村隆、龙、施、杨、石、刘姓氏的跳香舞略有不同。杨、石、刘姓苗族跳香，有香主1人，一般由谙熟整个跳香活动的宗族男长辈担任，负责安排整个活动；有跳香师2人，负责跳香舞；鼓手1人，专司打鼓，需由外寨他姓男性担任。而隆、龙、施姓苗族跳香，则需12个跳香师。

苗族跳仙舞

跳仙舞时，男的用木刀雨伞，女的手持两尺多长的白色毛巾，男女均备有2寸宽9寸多长的大红布为标记，每人背插三面小红旗，"大将"多插一面。每支队伍中有大旗一面引路，旗上写着"洞中有力，神圣同心"八个大字。其主要动作有大将拳、练功、冲锋、作揖、双穿花、碰脚、左右相互拜、拜大将、浇仙水、接酒、喝酒、摔杯、登仙、舞旗、舞刀、走圆场等。整个舞蹈从始到终贯穿着强烈的战斗气氛，有鲜明的时代感和民族特色。伴奏有大锣、大鼓、大钹、牛角、海螺，还有管乐和弦乐，比较复杂。

苗族先锋舞

又名"建设舞"，原是苗老司死时跳的舞蹈，过去苗族人缺医少药，有了病痛只能请苗老司化水吟咒，医治病痛。当地人们认为苗老司是最善良的，所以流传着"一代老司九代官"的谚语。其意是苗老司在世时没有当官，死后祝他上天当上大官。当了大官后就有人前呼后拥，走在前面的即为"先锋"，其任务是开路启程、安营扎寨。这种舞蹈即表示苗老司已上天当了大官。参加打先锋的人数不够，凡属苗老司的徒弟都可以参加，参加的人数越多说明他的官职越大。舞者每人手持一根 3 尺长、两头缠上红绸的竹棍或木棒，由一个领头，众人尾随起舞。舞蹈形式有两种，一种是绕棺材转大圈，另一种在棺材头前绕小圈起舞，主要动作有平地基、架纤、立柱、架脚、盖瓦、安炮、拉箭、太公钓鱼、拾犁、仙人背箭、仙鹅抱蛋、褂甲、利箭挖耳、立四门等。

苗族茶盘舞

茶盘舞是"椎牛"盛会舞蹈之一，内容丰富，形式多样。"椎牛"是一个歌舞活动集中的日子。茶盘舞是"椎牛"中描写盛装打扮的苗族妇女迎接后辈舅亲来时献茶送礼这一主题的舞蹈，分四大段。第一，盛装打扮参加椎牛集会，动作有梳头、照镜、整装、拉鞋等。第二，放礼炮，端茶盘出门迎接后辈舅亲，有献茶、献礼等动作。第三，互相敬酒、献杯，情人们通过酒来倾诉爱情，有喝酒、打鼓、对歌等歌舞形式，在狂舞情绪中进行。第四，男女感情发展到一定程度，出现激情的双人鼓舞，击鼓比赛。最后，用一场最激烈的双人鼓舞结束。

苗族踩鼓舞

踩鼓舞的苗语叫"都革都郎"。它是一种较缓慢的大型集体抒情歌舞，也是"椎牛"盛会舞蹈之一，苗族"椎牛"盛会是隆重的祭祀礼仪。数日前上山打百鸟，悬挂于堂屋四周，堂屋中央放置一大鼓，鼓的四周是五彩缤纷的丝线和花带牵成为宝塔形状，上面张灯结彩（四角方灯），灯火辉煌。歌声、鼓声、牛角声、芦笙声交织在一起。

苗族傩愿舞

傩愿舞是苗族傩愿戏或堂戏中的一个部分，是表演者戴着各种不同性格人物的面具跳的一种舞蹈，在苗族地区广为流传，主要分绺巾舞、雪服舞、八郎舞、开山舞、土地舞、踩九州舞等。

苗族戏剧

傩愿戏

十八洞村傩愿戏兴起于清朝咸丰年间。苗语称为"腔龙","腔"即"演","龙"即"傩戏""傩祭"。每当家中有灾难病痛时,人们便会向傩坛许愿,病痛消除之后,还会请苗族法师上门唱戏还愿。傩愿戏的演员,除少数临时搭班客串的外,绝大部分都是职业法师,他们必须掌握"写、画、雕、扎、剪、吹、打、舞、诵、唱、自然"十一种功力方能为主家还愿。还傩愿仪式的时间一般为一天一夜至五天五夜不等,其中歌、舞、乐穿插于仪式中进行。"还傩愿"所祀之神傩公傩娘(苗族始祖神)并无庙宇,人们往往在家中设神坛进行祭祀,安神像,时间多在秋冬季节(农历十月最多)。其祀典仪程由设农坛、发鼓、拜圣、请客上熟、送神5部分组成。祭祀时,在房屋中厅桌上设宝坛,供奉傩公傩娘神位,下面摆着香米、醴酒、鸡、鸭、猪、羊、鱼等祭品。法师身穿红法衣,头戴帕冠叉,左手执师旗,右手执师刀,请神下降,献茶奠酒。拜圣时,法师迎銮接驾,抛傩劝酒,唱《傩神起源歌》(苗族古歌之一)。最后,送神。

十八洞村有12人的傩戏班子,带头人为飞虫寨的龙文典。2017年,龙文典被评为花垣县"苗族还傩愿"非物质文化遗产传承人。凡有大型节庆,一般都有傩戏表演。

土地戏

清朝康熙年间,土地戏由麻栗场一带传入飞虫寨,开始为民间草台戏,后发展到步入公堂、衙门唱堂会演出。表演时,乐器最初由表演者自打自敲,后发展到有专门幕后乐队。土地戏表演者一般都戴木质假面进行表演,但自清代"改土归流"之后,受汉剧、阳戏等影响,也有土地戏表演者改用油彩化妆表演。表演内容大多是庆贺祝寿、农耕劳作、夫妻恩爱、苗家礼仪、民间故事等。土地戏是傩愿戏中法师扮成土地公、土地婆，直接与观众对话进行演出演唱的一场折子戏。

阳戏

十八洞村阳戏兴起于民国时期，由现吉卫镇赴飞虫寨探亲的龙氏传入。阳戏多与傩戏同班演出。傩戏为娱乐鬼神而演，故称"阴戏"。阳戏演出时，在庭前扎台，主要是娱人，故称"阳戏"。"阳戏"在流传中，与当地的苗族情歌、山歌、傩戏等互相交融。如阳戏移植傩戏剧目，吸收傩戏唱腔；傩戏借鉴阳戏脸谱化妆，去掉脸子壳。当地一些阳戏老艺人会演傩戏的《打求财》《扛扬公》等剧目，傩堂戏的"三女戏"《孟姜女》《龙王女》《庞氏女》，也为阳戏剧团表演至今。

民间乐器

唢呐

兴起于清末，由现吉卫镇传入十八洞村。民国时期，称吹唢呐的艺人为吹鼓手，在红白喜事中比较常见。20 世纪 80 年代，因西洋器乐传入，唢呐逐渐退出市场，偶尔在红白喜事中见到。

木叶

十八洞村苗家人吹木叶传承已久。不少男女都可以用木叶吹出好听的山歌，而且可以与他人对吹，声音悠扬，高亢动听。民国时期，这里的人民就用吹木叶方式狩猎。吹奏时，将叶子横放于唇下，用手指扯住叶子的两端，开着上唇吹奏，能发出清脆悦耳、优美动听的音调，用以伴奏山歌或独奏各种乐曲。村寨里有吹木叶求偶的习俗，歌词是："满山木叶堆成堆，问郎会吹不会吹。有朝一日学会了，只用山歌不用媒。""我吹木叶你回声，你是姑娘是后生？要是姑娘回山歌，要是后生莫作声。"

苗鼓

源于明末清初，当时苗鼓由掏空的树干和竹帮制作而成，后由鼓框、鼓皮、鼓钉、鼓槌等部件构成，框是用杉木树干制成，皮是牛皮，钉是铁钉，槌是杉木干。后来又发展为铜鼓和用兽皮作响器，最终才产生了现代融入多元素制作的苗鼓。十八洞村有很多会打苗鼓的人，村苗鼓队就有 20 多人。

情歌

　　十八洞村苗家人爱歌，以歌传情一直是苗族的一大特色。这里所指的"情"不光是爱情，还有亲情、友情等能够表达出来的感情，苗族同胞们都能用歌声去表达自己的情感。20 世纪 80 年代以前，每逢赶集日（赶边边场）或三月三、四月八等重大节庆日。苗家姑娘都会把自己打扮得漂漂亮亮，着盛装去赶场或活动。若苗族年轻小伙子看上姑娘，就会向姑娘讨糖。十八洞村苗族姑娘要是也有心示好，就会跟小伙子对歌，以对唱情歌的方式来了解对方。胆子稍微大点的小伙子还会轻轻扯姑娘的衣角，以此示好，唱道：

> 今年出门到处闯，四面八方到处玩。
>
> 出门巧遇小龙女，粉红脸蛋笑开颜。
>
> 如同中举好文章，过了考官来检验。
>
> 好比昔日昭君美，番王看见心喜欢。
>
> 天生你像小龙女，除了皇帝就是你。
>
> 把歌唱给歌师娘，我本是个单身汉。
>
> 相逢把歌唱一唱，事后记情在心间。

　　在这样淳朴又浪漫的场景下，若双方有意，便开始在田野间、树下、山坡上谈情说爱，用歌词表达心扉，慢慢了解对方。

　　约会男女双方互相表达爱意，要分别时依依不舍，唱道：

> 夜夜睡觉难入眠，手蒙眼睛来入睡。

三更想到四更夜，酉时想到了卯时。

苦想阿妹数星星，数着星星错指头。

日夜不眠想阿妹，想坏身体更加愁。

世人见我都来问，哪家女子把情留。

留情害你犯相思，留情留义让你想。

相逢把歌唱一阵，约妹山上手拉手。

结婚以后夫妻也有唱情歌的，只是对唱情歌时不会像年轻的未婚男女青年那样光明正大，会在家里或一个较隐蔽或远一些的地方唱情歌。婚后唱的情歌大致描述了男女双方婚后的生活，比如妻子会唱：

家有贤妻盖世上，好比东海龙母生。

不用点灯屋里亮，不用烧火屋里明。

丈夫回唱：

儿女情长事莫讲，情场儿女事莫提。

草一根来人一个，上天方待怄死人。

十八洞村大力发展旅游，为了展示当地苗族的风情，苗族情歌的表现场景已不再局限在苗族男女青年谈恋爱时，在节庆活动或旅游演出场所中也经常出现。

酒歌

酒歌，是在酒席上宾主相互祝贺或相互问候时所唱，不论红白喜事，不论节庆日子，逢席必唱酒歌。十八洞村苗族人喜欢喝自家酿制的苞谷酒，更喜欢在喝酒的时候唱助兴的酒歌。如婚礼酒歌里对媒人的感谢，"这杯酒来清又清，感谢媒人操了心。天寒地冻你要走，日晒雨淋你要行……双手端杯酬谢酒，谢天谢地谢媒人"。

十八洞村苗族人的婚恋观体现在用酒歌对新人的教导上。比如，对新娘唱道："钱粮用度要节俭，逐步要学把家当……行动礼貌有规矩，人人都夸你善良。双方老人当敬养，能让父母宽心肠……共同奋斗创家业，一家恩爱百年长。"也对新郎唱道："……有话要跟父母讲，多多安慰你爹娘。弟妹面前做榜样，父母才得宽心肠。团结和睦搞生产，多收经济多打粮。新郎饮干这杯酒，一家恩爱百年长。"

丧葬歌

在十八洞村，丧礼也是比较隆重的习俗。在逝者家中，白天黑夜都有人在守灵，用歌声哭述逝者，缅怀故人，歌词多是对逝者的怀念、回忆，年长者的演唱也有对后人的教导和晚辈对长辈的感恩之情。还有一些歌词是对一些事物的批评和劝人从善。丧葬歌是对老年人正常死亡的一种悼曲，曲调悲戚，词意凄楚。歌者唱到悲恸时，常常声泪俱下，听者往往泪如泉涌。

山歌

十八洞村苗族先民生活在高山密林中，以狩猎为主。山高林密，原始封闭，歌声成为他们相互沟通联系的桥梁和纽带，用唱山歌进行娱乐，农忙农闲时，山林田野随处可听到山歌。每当遇到婚嫁喜庆、重大节日时，山寨的男男女女甚至相邻山寨的村民都聚在一起，进行山歌对唱或山歌联唱，短则几个小时，长则通宵达旦。山歌里最多尤数"采茶歌""薅秧歌""撮虾歌""拗石号子""拖木号子"等，每逢农历三月采茶、四月插秧、八月割谷子的时候，田间、地头总有悠扬的山歌传来。

唱山歌　（2015 年）

男：

隔山喊你隔山应，

哪时喊你哪时来，

隔山隔水你都走，

隔村隔寨你也来。

唱山歌

女：

天上只有紫微星，
山中只有树木青，
田中只有水为贵，
寨中只有哥有情。

男：

要上山来山又高，
要过河来河又深，
要讲文才不如人，
要讲口才嘴又笨。

女：

山高也有人引路，
水深也有渡船人，
山高打鼓响声大，
沙地红苕根底深。

婚歌

源于民国时期。十八洞村一带苗族婚歌的对唱通常分成两个歌队，一队是新娘家的亲朋好友，另一队是新郎家的亲朋好友，他们各自代表男女方的家庭、家族及村落，对新郎新娘的婚姻送出祝福，通过对歌可以加深双方家庭的感情。主人与客人组成两个歌队，在婚礼中唱歌对歌，已经相沿成习。这个两歌队又可分为几小队，他们三五成群，自由组合成小团队。这些小团队可以代表两队家族对歌，也可以两队间进行内部对歌。小团队内部的对歌是为了自娱自乐，对歌人数不限、地点不限，在婚礼中进行演唱，彰显婚礼的热闹和喜庆。

有的婚礼第一天晚上围着火塘唱一天一夜；有的婚礼要围着火塘对歌，唱三天三夜。女方和男方的代表在对歌的过程中会进行比赛，比谁家的歌唱得好，唱得好的一方就会觉得很有面子。在对歌过程中往往会发现有一种人最受欢迎，主导着小团队，他就是苗族人中最会唱歌的"歌师"。男女方亲朋好友为了在对方家庭中树立更好的形象，会请全村最会唱歌的歌师来对歌，倾尽所能，争个高低。这样，男女双方亲朋好友都会邀请本村寨唱得最好、最会编歌、最会随机应变的"歌师"参加婚礼，请很多"歌师"来对歌。

（一）

娘送女：

门外唢呐闹沉沉，迎亲人来一大群，

亲生女儿要出嫁，唢呐吹痛娘的心。

母亲听见女儿哭，我儿心肝哭几声。

自从为娘生下你，顺如得了宝和金。

为娘养你生长大，从来不把你看轻。

娘有一言嘱咐你，时时刻刻记在心。

你到人家做媳妇，做事须要细留心。

公婆面前要孝顺，丈夫面前要温存。

堂更歌：

张灯结彩本热闹，堂屋挂满龙凤图。

大小登科都来到，喜事头品是接亲。

满堂红颜瑞气绕，不是阿哥夸口讲。

一堂喜事开颜笑，福如东海水长流。

（二）

歌师唱给媒人：

歌宴感谢媒人起，要把媒人先表彰。

天上无云不下雨，世上无媒不成双。

同船过渡不离水，有水航船才来往。

修路成功万代记，修桥保路到洛阳。

好情记在心里头，千秋万代永不忘。

歌师唱给择日先生：

感谢先生把歌表，通书本子万年历。

三合六合择得好，黄道吉日配夫妻。

人才两发家兴旺，起歌感谢老先生。

寿比古时张果老，头发白了又转青。

福禄寿喜全堂了，世世代代出功名。

歌师唱给新郎：

歌词贺喜在堂更，新郎你要听我言。

美人到家心满意，好比仙女下凡间。

世人见了都如意，美貌如同月里仙。

金童玉女合成对，前世修好亲烟缘。

如此美人心满意，携手白头坐百年。

歌师唱给新娘：

新娘我有几句讲，直言直语把话提。

媳妇坐月本受累，要扶婴儿要管家。

尿片日日要清洗，洗后又起火烤干。

年龄长到十六岁，刚刚得力就出嫁。

送亲嫁到我们村，铺笼帐被摆成堆。

只因婆家薄底子，家资还望你容情。

哭嫁歌

哭嫁是十八洞村苗族嫁女时一项很有仪式感的习俗，是女孩出嫁前夕，娘家母嫂、亲戚姐妹对新娘的临行叮嘱，以及新娘与亲人别情依依的情感倾诉。哭嫁又称哭嫁歌，是一种在哭泣中用歌的形式来表达情感的方式，曲调如泣如诉，十分感人，有时哀婉中也掺杂俏皮。哭嫁内容非常丰富，既有哭父母、哭兄嫂、哭姐妹、哭弟弟的，也有哭嫁妆要东西的，甚至还有骂媒婆的。在哭嫁过程中，主家还要邀请寨子里关系好的姐妹来陪哭，有的为了烘托"哭"的热闹气氛，还特意邀请一些女歌师来陪哭。亲戚姐妹陪哭者要送红包或礼品给新娘，表示安慰和离别时的纪念。

娘哭：

我的女儿好宝贝，眼泪刺痛娘的心。

藤子一牵就动根，女伤心来娘痛心。

我女离乡又别井，难分难舍骨肉情。

不是父母心肠狠，不是爹娘太无情。

人家日子择定了，爹娘不依也不行。

娘家屋场坐不热，婆家有你大家业。

娘家不是长流水，婆家才是你家庭。

你到婆家当贵人，发富发贵发子孙。

女哭爹娘：

我苦命的爹，我苦命的娘。

好儿不要爷田地，好女不要娘嫁妆。

不怪你们打发少，爹娘恩情忘不了。

天高地高不算高，没有爹娘恩情高。

路长水长不算长，没有父母恩情长。

你们养女一辈子，到头人家享现福。

爹娘盘我白苦了，叫女怎么想得通。

哭姐：

我的姐，你听清，

水有源头树有根，

姊妹情义似海深，

白日同走一条路，

夜晚围着一盏灯，

上山同背细丫柴，

园里同掐地米菜，

树荫底下同绩麻，

桐油灯下学绣花。

姐哭：

树木再高难离影，

月亮再明常伴星，

鱼儿不能离开水，

姊妹难舍又难分。

哭帮忙人：

菜子开花黄又黄，全得亲友来帮忙。

白天帮忙做菜饭，夜晚熬到大天光。

明灯放在灶头上，烟袋放在火堂旁。

煮起饭来有滋味，一人煮来万人尝。

糖饼米花花对花，人人都说甜又香。

佳肴美味人夸奖，裁缝吃了做衣裳。

木匠吃了打嫁妆，客人吃了回家乡。

你们功劳实在大，牢记心上永不忘。

打夯歌

十八洞村打夯歌兴起于中华人民共和国成立初期。盖房子、打地基、抢收稻谷时，有一人喊号子，大家跟着答伙声，一呼一应，整齐而雄浑有力，谓之"打夯歌"。特别是大跃进时期，集体大生产阶段，为打夯歌的高潮期，多出现在人数众多的劳动场合，目的是提醒大家统一行动，增加力量。比如，"大家加把劲儿呀，咱们来打夯呀。打夯要打好呀，打好才结实呀。抬要一起抬呀，落要一起落呀。用力抬起来呀，一夯一夯排呀。该走一起走呀，该抬一起抬呀。"打夯歌没有固定的歌词，全靠喊号人随机应变、灵活运用。

民间工艺

竹器 十八洞村素有丰富的竹材，农家采用大量竹材制作各式生产生活器具。竹器在农耕生产活动中的播种、中耕、灌溉、收获、装运、加工、贮藏等各种生产环节发挥着重要作用。秋收时，十八洞村人多用口径约30厘米、能装15千克谷子的竹斗（背篓的一种）将粮食撮入麻袋内搬运。竹制装运农具有方背篓、花背篓、撮箕等。方背篓椭圆形口径，篓底长方形，上宽下窄，两面背，由金竹等篾片编制。花背篓类似于方背篓，但编织技艺要求高，做工精细，由较薄而细小的金竹篾片编织经纬网而成，平时一般不用于装运东西，姑娘出嫁时常以此背礼物。篾匠竹制加工用具主要有篾垫、簸箕、筛子等。篾垫由2厘米宽的篾片编织而成，长约3米，宽约2.5米，铺展在地上晒谷用；簸箕，呈圆盘状，以篾圈围固边沿，大者直径约1.5米，小者直径约1米，供簸谷和晒食物之用；筛子，有密筛和稀筛，均由细篾片经纬网编织而成，作去粗取细之用。

斗笠 斗笠以竹篾、竹叶为原料，编织而成，有尖顶和圆顶两种。斗笠分大小两种，大的只需织一层篾，再糊3～6层纸，加涂桐油。小的要织两层篾，中间再夹些布料或粽叶。一般斗笠骨架做成10圈左右，叠成约10层，有不同的半径，并用丝线把它固定起来。用竹篾条编织斗笠其实就是经纬交织，有点类似于织布。斗笠是一个防晒遮雨的用具，是十八洞村农户的生活必需品之一，许多农家墙上挂着斗笠作为装饰。

斗笠

柴背篓 十八洞村柴背篓一般有大、中、小 3 种，大的约高 57 厘米，篓口直径约 59 厘米，篓底面圆形直径约 30 厘米；中小号高 45 ～ 52 厘米，篓口直径 43 ～ 46 厘米，篓底面圆形直径 24 ～ 27 厘米。柴背篓用篾粗糙，篾条剖得较宽，编制的器形肚子部分较大，并且篾条和篾条之间的间距也较大，篓腹部分镂空面积较多，专供打柴、扯猪草等粗重农活使用，四周用竹片做成"墙"，经摔打，背百斤以上也不变形。

花背篓 一种最小巧、精致的工艺品背篓。小底敞口式样，一般用稀有的金竹为材料制作，工艺要求高。在背篓腰部约 20 厘米的范围内，用红色和黄色的篾片编织出孔径大约 5 毫米的六边形网眼，在篓口处还分别编有红色和黑色的箍圈。花背篓的背带一般是用细蔑做成的镂空辫状花纹，并配有小串珠，更添生动。花背篓一般不背负重物，只是作为姑娘、媳妇们的随身饰品。

洗衣背篓 十八洞村妇女将要洗的衣物、用具、木槌、肥皂等一起置于背篓中，背到小溪边，棰洗衣物，之后又用背篓将其背回。背篓高约 42 厘米，篓口直径约 42 厘

背篓

米，篓底面圆形直径约 24 厘米，背带 118 ～ 120 厘米。篓腰部有两层腰线，上层为两格，下层为三格，整个背篓周身用细篾丝编制，封篓口处用较宽篾片缠绕楠竹条，将篓口处处理成 3 厘米左右的小平面方便抓握。洗衣背篓在形状、做工、用材、结构等方面都呈现出精细、美观、轻便的特点。在十八洞村，苗族女子出嫁，娘家需编织洗衣背篓作为嫁妆。

儿背篓 儿背篓通高 76.6 厘米，底边起底为椭圆形，长边直径为 32.6 厘米，短边直径为 22 厘米；编制到篓口部分呈圆形，直径为 49.6 厘米，整体背带长 120 厘米。儿背篓背带部分编织得较宽，这样妇女背起来受力面积较宽。在儿背篓的底部有 6 个竹节作为支撑，这使得背篓底部着地时更加稳当，不至于倾斜或倾倒。就算小孩子在背篓中熟睡，背篓放下时由篓脚先着地受力，丝毫不会有后坐力，不会对熟睡中的娃娃有任何影响。

花篮 上大下小，约 34 厘米长、22 厘米宽、15 厘米高，用五彩细篾编织成牡丹、荷花、龙、凤等各式图案，主要用来放妇女们做绣花鞋、缝衣钉扣时用的针线、剪刀、鞋面。平日里当作"提包"用，妇女们或提着花篮串门，或提着赶场，别有一番风景。

苗绣

十八洞村苗族手绣有荷包、抱枕、丝帕、服装、围巾、布鞋、花鞋垫、壁挂、沙发套、电视机罩、电风扇罩、被套以及苗绣艺术装饰品等系列产品，多为纯手工艺品，其中苗绣图案的应用十分广泛。

苗家刺绣 苗家刺绣，称"苗绣"，苗语称为"巴倍"，历史悠久。在十八洞村，家家户户都有一两副小巧玲珑、便于携带的花架。花架两边大多雕龙刻凤，刺绣时将用的底布绷在架子上，使之平衡，然后再在上面刺绣。许多女子从懂事时起，就开始学苗家刺绣。十八洞村苗家刺绣作为一种古老的传统民间艺术，有被面、屏风、壁挂、帐帘、床罩、背裙、围兜、花带、褡裢、孩帽、荷包、枕巾等，品种多达上百个。所绣图案，多为民间熟悉的传统图案，如画眉、喜鹊、鸳鸯、鱼虾、腊梅、荷花、牡丹、石榴、兰花、芙蓉等，另外还有反映苗族历史文化、风俗人情、宗教信仰的图案，带有民族图腾崇拜

性质的龙凤和蝴蝶除外。2014 年 5 月,湘西十八洞村苗绣合作社挂牌成立,合作社中展出反映苗族生活习俗的长达 125 米的《苗绣百米长卷》。

徒手刺绣　十八洞村苗族妇女徒手刺绣分为随手绣、剪贴绣、绘绣 3 种。随手绣就是随手拿来绣,不需要任何图案资料作参考,仅凭自己的想象力及刺绣经验,在底布上任意绣。剪贴绣是把需要绣的图案贴在底布上,再进行刺绣。绘绣是在底布上用单色的彩笔将所需要绣的图案画在底布上,然后绣之。绘绣一般是在一些较大型的主题、寓意性的图案创作时才会用到。2017 年 9 月 20 日,十八洞村苗绣合作社组织吴新兰、吴英花等 60 个绣娘,历时 80 多天完成的苗绣长卷《锦绣湘西》在湘西土家族苗族自治州建州 60 周年庆典中展出,作品长 60 米、宽 1.6 米,由花、鸟、鱼、蝴蝶等 60 个不同图案变换组合而成,创下世界最长的手工刺绣苗绣记录。

刺绣工具　十八洞村苗族刺绣工具比较多,常见的有针、顶针、剪刀、花绷架等。针,就是通常所说的绣花针。绣花针品类很多,长短粗细常以"号"来区分。顶针是一种

像蜂窝形状的金属片，将其卷成戒指一样的形状戴在手指上，刺绣的时候便于推针。剪刀是刺绣必用的工具之一，主要是用来修剪绣布和剪断线头。花绷架是一种用木或者竹子做成的绣花绷架，有长方形、圆形2种。长方形的一般都是用竹子制作而成，横竖分别是两根的、四根的。运用这种花绷架主要是便于衣袖、裤脚、窄带条形花边的刺绣。圆形的花绷架有内外两层，分别用竹圈和金属圈做成绷圈。刺绣时，将绣布夹在内外两圈之间绷平，然后再进行纹样描绘和刺绣。

颜色针法 颜色分单色绣和彩色绣两大类。单色绣是用单一的青线或绿线绣成，朴素典雅，端庄凝练；彩色绣是用红、橙、黄、绿、青、蓝、紫七色丝线绣成，五彩缤纷，鲜艳夺目，其色彩讲究冷暖的对比、协调与均衡，营造一种古朴浑厚而又明丽多彩的氛围。针法有十多种，有用纸剪贴各种花样贴上的"平绣"，有打结的"打籽绣"，有丝辫盘成花形的"辫绣"和"牵线绣"。后2种绣法以宽挫、粗犷和饱满著称。

苗绣帐檐 苗绣帐檐是重要的苗绣之一，悬挂于帐子前幅下垂如檐，呈长方形，宽200～300厘米，高40～50厘米。苗绣帐檐是苗家姑娘在出嫁前潜心绣制而成，是苗族母亲传给女儿、儿媳的家珍。帐檐做工精细，耗时较长，很多帐檐是母女两代人勤劳智慧的结晶，再大一些的帐檐甚至是三代人共同完成，内容多是体现苗族人民祖先崇拜、自然崇拜、图腾崇拜的思想。苗族姑娘往往六七岁就开始飞针走线，在代代相传的古老图式中表达着对未来生活的美好向往。

绣花鞋 绣花鞋是十八洞村流传至今的传统手工艺制品。在鞋面上绣了花纹的鞋子称为绣花鞋。苗家人穿用的布鞋、女鞋、童鞋、寿鞋绣缀着各种图案，工艺精湛，样式古朴。这种绣鞋为十八洞村农家自备自用，多在逢年过节、走亲访友时穿。苗族绣花鞋种类繁多，归纳起来有船头鞋、气筒鞋、鲇头鞋、圆口鞋、翁鞋、钉钉鞋、童鞋、老人寿鞋等。

苗族绣花鞋的制作方法有 3 道主要程序。首先是做鞋底，即用棕壳剪成鞋底样包上白布边，再用糨糊将碎布一层层重叠，厚 1 ~ 2 厘米，然后贴上布面，压平待干。底样需要用麻绳线上下穿梭串联固定，俗称"纳鞋底"。其次是做鞋面，鞋面多选青色灯芯绒、平绒布，剪成鞋面样，再在上面绣上各种花样。最后是上鞋，即将绣好的鞋面与鞋底缝合在一起。一般先从鞋的前端缝，在脚跟处收针，要求鞋面不起褶皱，以平整、圆满、周正为佳。

银饰

银帽 又名接龙帽，苗语叫"本信"（benxxib），全套需银 1500 ~ 2500 克，制造方法复杂。雪银 1500 克左右，工 10 多个，非富有人家不能制。一寨、几寨才有一顶，需用时，可借用。银帽前边，吊以飞蝶花苞，用银泡子串成宽约 13 厘米的网状，吊齐眉额。帽后亦有鱼、虾、鸟、兽、花、藤等，层层连缀，长链 2 尺余，吊齐衣边。苗家举行接龙盛会时，引龙主妇须戴银帽。

苗族银帽

银花大平帽 民国早期打制，呈圆形，直径 60 厘米，重 470 克。此帽为苗族姑娘春夏秋季未包头帕时戴于头上的装饰品，一般是喜庆之时使用。戴时短须在前，长须在后。其由三大部件组成：前后为两块半圆形银皮合成圆形，中空用细丝螺旋构成圆顶形。三大部件可以拆开。帽顶焊有花、鸟、鱼、虾、龙、凤、蝴蝶等图样，并饰有湖绿和桃红丝线花束，如繁花绿叶铺满其冠，与银色辉映相衬，显得既美观又富有诗情画意。

插头银花 苗语称为"疏山"，婚嫁、节庆、过年时才插戴。一般重 40 克，造型有关公大刀、菊花、梅花、桃子、棋盘花、蝴蝶、寿字等，上吊有湖绿、桃红丝线花束。

银凤冠 17 岁以下未出嫁苗族姑娘戴在前额的装饰品，一般重 180 余克，长 37 厘米。凤冠戴在头上呈半弧形。构造为银皮一块宽约 4 厘米、长约 37 厘米，上镂空有多枝方孔古钱、莲花纹、梅花点或梅花朵等，两头为对称的蝴蝶和一半圆圈。银皮上悬有造型栩栩如生的二龙抢宝、双凤对菊和各种花草。银皮下端有 9 只展翅欲飞的凤，每只凤嘴含吊一根银细链，3 条须，长 5 厘米。

戴银饰的苗族姑娘

耳环　耳部装饰，有金、银等品种，制有鱼、虾、卉相配。有单丝环、龙头环、桃环、花环等多种式样。

轮圈　苗语称"杠公根"（knotnghongdgind）。因其根细，又名"扭根"项圈。可单独佩戴，亦有加匾圈、盘圈佩戴的，是颈部主要银饰品。小的轮圈需银300克，重的需银700余克，中段成弯弯扭扭之形状的围圈，两端做一公母套钩，钩柄上缠纹一二十道凸状银瓣点缀，非常美观。

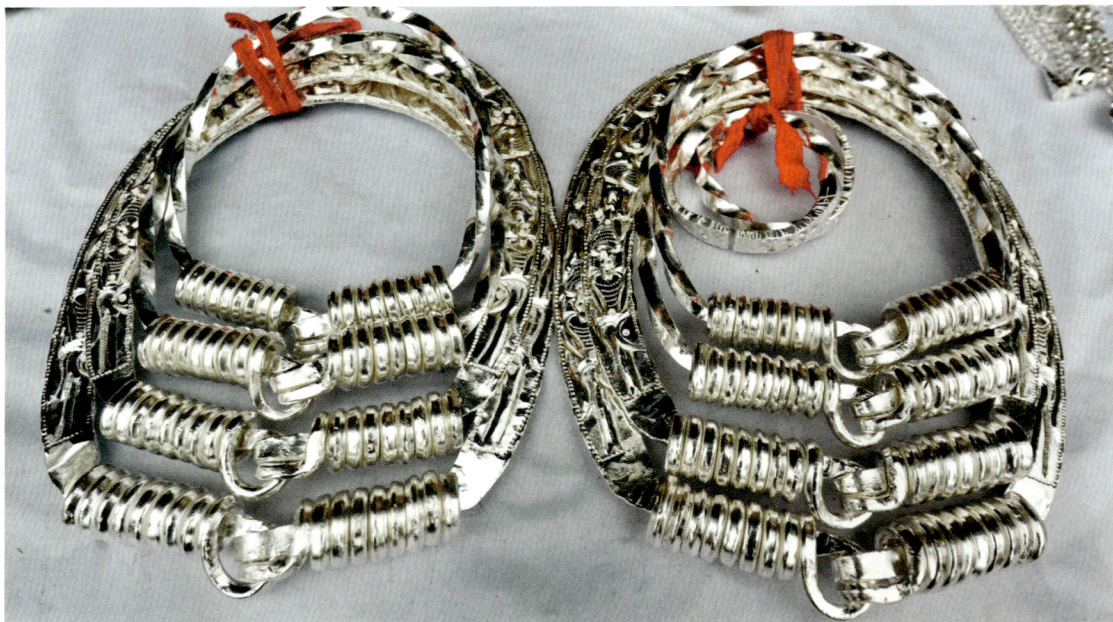

苗族银项圈

盘圈　苗语称"杠公班"（knotnghongdband）。有五匝一盘和七匝一盘之分，为项圈中的3层饰品。其形如罗盘，故名盘圈。因每匝互相叠压，即大在下，次在其上，故又名叠板项圈。每匝钻花添草，极为美观。两头有公母套钩。盘圈是苗族妇女清代以前的饰品，故十分珍贵。

披肩　妇女披罩在衣领肩围上的银饰品，一般需银1千克打制。一般用缎面做底，领口直径6寸、肩距5寸。先制成圆盘形坯模，后以花带镶边，中间嵌3道细花带作陪衬，再以8块梯形银片依次等距地排列在底布上。每块银片分别制有龙、凤、狮子、牡丹等花纹，然后在花纹边套上 7 个银圈，每圈再套 2 根银链，再以一个个小圆圈将四方的小银链套起，织成网状。此网长短不拘，少则 2 个，多则 4 个，互相衬成菱形银珠网，网下吊 6 ～ 10 厘米长银链，分两层，中间是小梅花，两边是小叶片。

挂扣 用金（银）编成的梅花形链子，故又称"梅花链"。其制法复杂，先用银薄片编成数十或百余朵梅花，再将一朵朵梅花串在链上；该链有四面梅和二面梅两种。四面梅即四面均用梅花，需梅花 100 余朵，银 8 两。二面梅即两面用梅花，另两面银圈连缀，需梅花 80 朵，银圈 100 余个，银 5 两。链两端做梯形或半圆形花片，里安挂钩。佩戴时挂扣上，悬于右襟上。梅花链有独链和花链两种。独链即独根梅花链子。花链，即在梅花链两端挂钩下方，加缀一两层花片花束以增美观。

牙芊 挂于胸前右方。上端安小银圈一个，以便套挂在胸扣上，中间制些鱼、虾、鸟、兽及藤草，连缀其间，下端吊以牙挖、牙芊、马刀等物。

扁圈 苗语称"杠公扁"（knotnghongdnband）。为数五匝，是项圈中的中层饰品。外圆最大的一根重约 133 克，往内依次是 121 克、111.5 克、104 克、94.5 克。圈心呈筋脉状，有菊花纹饰，两端为公母套钩。扁圈是苗族妇女节庆之日喜佩戴的装饰品之一，均由五根组成一套。将扁圈戴在胸前，两头大而中间小，谓之"哈高"，即吊勾之意。

手镯 又称"臂环"，臂环有圆的、方的、实心的、空心的、扭丝的、扭辫花的等 10 余种。无论哪种，均需钻花于上。佩戴时，少则一只手戴一只，多则一只手戴几只，双手所戴数量应相同。

指环 俗称"戒指"，是戴于手指中节上的金、银环。有钻细花、吊花藤，有五连环、九连环等 20 多种。少则佩 1 对，多则戴 4 对，均佩于各手指的中节上。

十八洞村乡村旅游虽起步较晚，2019 年列入"全国乡村旅游重点村名录"后，乡村旅游快速发展。

　　十八洞村围绕"精准扶贫首倡地"的红色地标，深入挖掘、盘活苗族民俗艺术、村寨格局、村落保护、峡谷溶洞、山地森林、现代民宿等人文和自然资源，积极开拓市场资源，找准自身特色，与周边村寨差异化发展，是湘西自治州"神秘苗乡"精品旅游线路的重要节点。

　　2021 年 6 月，"矮寨·十八洞·德夯大峡谷"景区被列入国家 AAAAA 级景区，成为湘西州第一家 AAAAA 级景区；2021 年，入选建党百年红色旅游百条精品线路，全国爱国主义教育示范基地。十八洞村成为全国"精准扶贫第一村"。

乡村旅游

十八洞村志

旅游资源

十八洞村处于湘西文化生态风情旅游板块、大湘西世界遗产旅游带。十八洞村是国家乡村旅游扶贫重点村，被列入第四批中国传统村落名录公示名单，入选第一批全国乡村旅游重点村名录，获评"第五届全国文明村镇""全国第三批宜居村寨""全国旅游系统先进单位""湖南省美丽少数民族特色村寨""湖南省文明旅游景区"等，是湖南省、湘西州乡村旅游规划中重点建设的特色村寨、发展乡村旅游进行精准扶贫的示范村寨，是花垣县文化生态旅游产业重点打造的苗寨民族文化旅游黄金廊道，将建成集交通组织、空间整合、产业集聚、形象展示等于一体的旅游示范带。

生态资源

十八洞村生态环境优美，境内自然景观独特，被誉为"小张家界"。有原始次生林——莲台山林场、黄马岩、乌龙一线天、背儿山、擎天柱等景点，特别是十八洞村景观奇特，洞洞相连、神态各异、巧夺天工，被誉为"亚洲第一奇洞"。村内瀑布纵横，枯藤老树，鸟语花香，高山峡谷遥相呼应，享有"云雾苗寨"之美称。生态环境优良，崇山连绵，峡谷交错，彩带梯田，乡村画卷。独特的地形地貌，可观日出、看云海；中低山地地貌和植被层次丰富，海拔多处于 700～1059 米之间，小气候特征明显。气候温和，雨量充沛，适合夏季避暑。村内水系发达，水质清澈，以典型的山水苗乡景观为主要特征，生态环境良好，是"天然氧吧"。

人文资源

十八洞村有"过苗年""赶秋节""山歌传情"等民族文化活动。春节，有抢狮、接龙、打苗鼓等传统习俗。赶秋节，有舞龙、八人秋千、椎牛、唱苗歌、苗族绝技等活动。十八洞村有苗绣、蜡染、花带、古花蚕丝织布等文化旅游产品，有腊肉、酸鱼、駿肉、野菜、苞谷烧酒等多种特色食品，有以百年苗居为特色的苗家建筑设施、以农副产品和传统手工艺为重点的旅游商品，以及丰富多彩的民间艺术、民间习俗等大量非物质文化遗产。

市场资源

十八洞村依托湘西州，与重庆、长沙、遵义、张家界、怀化等地市场有交通联系。2016年，十八洞村被纳入湖南省旅游局推出的大湘西12条精品线路"神秘苗乡"线路，紧邻德夯、大小龙洞风景区等景点，依托浓郁的苗族民俗资源和神秘的乡土文化资源，形成北接重庆、南连怀化、西通贵州的神秘苗乡风情线。1小时车程，主要是花垣、吉首本地；2小时车程，主要是湘西州以及张家界、怀化、铜仁；3小时车程，包括湘西州周边区域，包括长株潭城市群、娄底、贵阳以及重庆武隆、彭水等区域。约90%的游客来自3小时车程以内的市场；约40%为党建团队，约45%为旅行社组织的旅游团，约15%是自驾游散客。

旅游规划

规划布局

2014 年，十八洞村全面启动乡村旅游，制定《花垣县十八洞村旅游扶贫规划》。2015 年，十八洞村成立十八洞村苗寨文化传媒有限责任公司，成都杨振之来也旅游发展有限公司无偿为十八洞村乡村游进行整体规划。总体规划将十八洞村纳入县域民族文化旅游产业"五大板块"总体布局，凭借毗邻湘西边城机场、包茂高速、209 国道、319 国道和矮寨奇观 AAAA 级景区等优势，开发"红色旅游""神秘苗寨游""峡谷溶洞游"等，重点打造精准扶贫教育线、民俗风情体验线与山水风光游览线 3 条故事线。

2018 年，十八洞村邀请湖南大学设计研究院编制《花垣县十八洞村村庄规划（2018—2035 年）》。在规划布局上，突出十八洞村乡村旅游规划与当地苗族自然崇拜、爱护生态的文化理念的结合。对以"习近平总书记考察"为重点的梨子寨进行景观改造，把与苗族信仰相关的枫、竹作为村落改造中的重要树植，将枫木、蝴蝶妈妈、太阳、龙等图腾运用到村寨中的景观节点、标识标牌之中。村标的设计围绕"携手同心，'洞'创未来"进行设计，由身穿飘逸苗族服饰的苗族男女构成"十八"的图案，其中带着耳环的"蝴蝶妈妈"身上镶嵌的是苗族人对母亲的敬爱。规划以十八洞村为龙头连接双龙镇域多个村落，连点成线规划开发"忉嵘黄土、武陵金龙、都乐桃花、龙脉让烈、戎蟠排料、秀仙龙孔、角惹补毫、吉卦芷耳、柔堉岩锣、阿骨依莱"十八洞村十大"蚩尤部落"，形成"蚩尤部落群"大景区。

规划实施

确定"精准扶贫首倡地，传统村落保护地，乡村旅游目的地，乡村振兴示范地"四大定位，形成"统一底图，空间管控，多规协同，一张蓝图"的思路。在内容上实现"山水林田湖草"要素"全覆盖"；在技术上实现"五统一"，即统一数据基础，统一工作底图，统一规划期限，统一用地分类，统一图斑差异处理；划定空间管控"四条线"，包括生态保护红线、永久基本农田线、村庄开发边界线、历史文化保护线；在实施上推进"一廊两翼"生态景观格局，"一廊"即以U形夯街峡谷串联高山、溶洞、梯田形成的山水景观廊道；"两翼"即莲台山生态休闲区和高名山农旅产业区。规划围绕精准扶贫成果、山水风光游览和民俗风情体验三大主题旅游线路来进行产业布局，在其蝴蝶状的村域范围内，形成"三区五核"的产业空间布局。

红色旅游

2013 年 11 月 3 日，习近平总书记考察十八洞村。十八洞村成为习近平总书记"精准扶贫"重要思想的首倡地，红色旅游资源丰厚。

红色线路

十八洞村红色线路主要包括重温习近平总书记考察十八洞村期间发表重要讲话的地点、考察停留的足迹，以及重点考察的村民生活、生产条件和习近平总书记深度调研线路等。

线路节点：十八洞村进村大门口，刻有"精准扶贫，感动中国" 8 个大字；红色新村部"'精准扶贫'首倡地 —— 十八洞村精准脱贫之路"展厅；梨子寨，重温习近平总书记考察调研足迹、精准扶贫重要论述会址；夜宿梨子寨地球仓。

精准扶贫展示线路：十八洞村夯街峡谷，体验峡谷风光；十八洞村矿泉水厂，参观十八洞村水源地，鬼洞天生桥处刻有"饮水思源" 4 个大字；竹子寨，参观原汁原味的苗家民居和田园风光，参观黄桃、有机蔬菜等生态产业基地，感受十八洞村精准扶贫以来的巨大变化；农家民宿客栈。

新村部"党员培训报告厅"现场教学，感悟习近平总书记的十八洞村情怀，了解精准扶贫实践与经验。

红色对联

十八洞村梨子寨有 3 副吸引人的红色对联。第一副是"领袖深情千秋颂，脱贫伟业万代弘"；第二副是"共产党领导福泽万代，习主席握手温暖人心"；第三副是"精准

红色对联

扶贫领袖挥手指航向，稳定致富百姓齐心奔小康"。这 3 副对联对应着 3 个小故事。

故事一：2013 年 11 月 3 日，习近平总书记进屋后就拉着石拔哑的手在火塘边坐下，询问她的年龄。得知比自己大，总书记就说，那你是大姐。交谈了一会儿，总书记又起身去看她家的粮仓、厨房和猪圈。习近平总书记考察后，扶贫工作队进驻十八洞村，带动苗乡脱贫致富。

故事二：2013 年 11 月 3 日，习近平总书记到十八洞村那一天，杨冬仕正要出门，突然看到总书记出现在家门口，杨冬仕激动得说不出话来。总书记主动和他握手，嘘寒问暖，令他感到非常激动。总书记说他有知识，鼓励他在脱贫路上带好头。第二副对联是杨冬仕请当地一位有名望的书法家刻上去的。

故事三：2013 年 11 月 3 日，在施成富家门前的院坝上，习近平总书记与村民代表座谈，共商脱贫致富奔小康之策。村民们告诉总书记，除了贫困，村里光棍汉多，娶不上媳妇。总书记勉励大家，要加油干，等穷根斩断了，日子好过了，媳妇自然会娶进来。一席话，听得大伙儿都笑了。在这里，习近平总书记提出了"实事求是、因地制宜、分类指导、精准扶贫"的重要思想。这里还流传着一个"习总书记是我们的大媒人"的故事。施成富的小儿子施全友当时正在外打工，那天下班后，从电视上看到习近平总书记到了自己家里，非常激动，连夜登上了回家的火车。经过筹划，施全友开起了十八洞村第一家农家乐。2015 年元旦，日子好起来的施全友，娶回了心爱的媳妇。施全友逢人就说："总书记让我娶上了'巧媳妇'！"施全友的媳妇说："要不是习近平总书记来过十八洞村，给十八洞村带来这么大的变化，我才不会嫁到这里来，可以说习总书记就是我们的大媒人。"

党性教育基地

2019 年 8 月，湖南省委组织部将十八洞村党性教育基地纳入全省第一批干部党性教育基地备案目录。2020 年 5 月，花垣县成立十八洞村党性教育基地管理处，管理处与花垣县委党校合署办公，十八洞村为校区之一。教育基地开设有《精准扶贫精准脱贫的十八洞村样板》等 7 项教学课程、《饮水思源感党恩》等 10 多堂精品微党课、

《逐梦十八洞村》等 5 集影像教学课程；拓展有苗绣基地现场教学点、《十八洞村》电影拍摄基地实践教学点、苗鼓体验教学点等党性教育平台。通过理论授课、音像教学、现场解说、体验教学、实地参观、交流研讨等方式，阐释精准扶贫的精神实质与丰富内涵。2020 年 5 月 15—16 日，十八洞村党性教育基地成功举办首期培训班。

党史惠民基地

2017 年 11 月 3 日，在习近平总书记考察花垣县十八洞村 4 周年纪念日，十八洞村旅游扶贫项目启动暨湘西自治州"党史惠民"教育基地挂牌仪式在十八洞村隆重举行，标志着湖南省首个"党史惠民"教育基地正式建立。"党史惠民"教育基地建在新村部，包括"'精准扶贫'首倡地——十八洞村精准脱贫之路"展厅、党员干部培训报告厅、农家书屋等。

红色展厅"'精准扶贫'首倡地——十八洞村精准脱贫之路"面积 436 平方米，

十八洞村精准扶贫展厅

分四部分。第一部分是"总书记来到十八洞村",展示的是习近平总书记到十八洞村考察时的经典画面和村容村貌,其中中厅还原了总书记在村里开座谈会的现场。第二部分是"好日子是干出来的",展示十八洞村从找准"穷根"入手,牢记总书记的嘱托,把对美好生活的向往化作前进的动力,不落下一个贫困户,不养一个懒汉,从"大水漫灌"到"精准滴灌",从找准"穷根"到开出"良方",开创脱贫攻坚的新路径。第三部分是"十八洞村的笑脸",展示一八洞村成为湖南第一批脱贫"摘帽"村,老百姓

的收入越来越多，生活越来越好，环境越来越美，每一位村民的脸上都洋溢着幸福的笑容。第四部分是"精准扶贫从这里出发"，展示十八洞村在精准扶贫、精准脱贫的实践中创造的成功经验。整个展厅以新老照片对比、地图标示、表格展示、视频滚动播放及驻村扶贫工作队与村民代表现场现身说法等形式，展示了十八洞村精准扶贫取得的丰硕成果。该展厅自 2018 年 10 月建成开放以后，至 2020 年 10 月，累计接待观众 20 多万人次。

红色展厅内景

生态旅游

生态营地

十八洞村有 8 处生态营地：游客中心星空营地、高名山自驾车营地、莲台山云杉漫步森林公园森林营地和十八洞村峡谷公园、梨子寨、竹子寨、飞虫寨、当戎寨帐篷营地。生态营地以原生态自然景观和森林植被为特色，依山傍水，空气清新，鸟语虫鸣，可以饱览集雄、秀、奇、险、幽、旷于一体的自然景观。另有特色民宿、农家乐、地球仓生态悬崖酒店等配套设施。

云雾峡谷

十八洞村属亚热带季风气候，境内有黄马岩、乌龙一线天、背儿山、撑天柱，峡谷交错，群山连绵，气候四季分明，云雾时而缥缈神秘、时而壮美绚烂，形成一道独特的景观。十八洞村大峡谷拥有频度较高的云海景观资源，时有云卷云舒，云雾缭绕。高名山十八洞村入口处、莲台山顶、夯街峡谷、梨子寨精准坪广场等，均是观赏峡谷云雾的理想之地。

农事体验

2016 年 11 月，十八洞村以 4 个自然寨外围的菜地、水田、旱地、林地为依托，发展休闲农业，有水稻、稻田鱼、猕猴桃和黄桃果园、茶园等乡村农牧园资源。这些农牧园资源集中在梯田、山林中，有插秧、摸鱼、采摘、种菜、放牛、放羊、捉萤火虫、赏蝴蝶等各种项目，还有苗家山茶制作与品茗、苗家米酒酿造与品尝、手工体验（苗绣、竹编、花带、织布、苗画与剪纸学习、染布）、苗家社饭制作等。

踏青赏花

十八洞村有 300 亩黄桃基地, 其中竹子寨 100 亩、飞虫寨 200 亩; 有百亩油菜花基地, 集中在梨子寨、竹子寨。春天, 十八洞村桃花、油菜花竞相怒放, 加之溪谷田园中的太阳花、鸢尾花、豌豆花等, 一片花海。十八洞村的苗家房屋掩映在百花丛中, 苗寨里传来狗叫鸡鸣之声, 云雾徜徉、苗酒飘香、苗歌回荡, 煞是享受。

户外运动

2017 年 12 月后, 十八洞村依托田园空间、十八洞村峡谷和莲台山林场、村境文化活动中心等, 开展苗族传统体育运动, 有十八洞村峡谷户外挑战赛、森林溜索、烧烤、木屋休闲、露营、自行车运动、徒步登山、溯溪、峡谷穿越、探洞、攀岩等 30 多项户外运动。

2019 年 12 月 29 日, 由湖南省体育局、湘西州教育和体育局、花垣县人民政府主办的第二届湘西十八洞村山地越野赛开幕, 来自全国各地的 1000 余名户外运动爱好者参加比赛。2020 年 12 月 27 日, 湖南省体育局主办的第三届湘西十八洞村山地越野赛, 吸引了全省 1200 多名户外运动爱好者参加比赛。

十八洞村农耕文化拔河比赛

民俗体验游

文化遗产体验

  十八洞村是传统的苗族村寨，非物质文化遗产在十八洞村得到很好的保护与传承。清末民初，十八洞村就有舞狮、跳苗舞、唱苗歌等传统习俗。20世纪80年代，十八洞村成立业余民俗表演队，逢大型节庆日多在村内表演，参加演出人员有30人。2013年，十八洞村结合旅游开发，组织开展苗族赶秋、苗族四月八、苗族太阳会、苗族樱桃会、苗年等民族文化节庆活动；邀请当地村民向游客讲述蚩尤传说，吟唱苗歌；将苗族古歌、喜歌、情歌和传说中的一些故事与传说，通过景观小品、地刻等形式进行展现；选取部分苗族礼词以标识牌的形式在村落中进行布设，营造苗族文化氛围；在苗族节庆活动上对苗族礼词进行演示等。

  十八洞村苗族非物质文化资源有《开天辟地》《枫木歌》《洪水滔天》《跋山涉水》组成的苗族古歌，有苗族接龙舞、苗族司刀绺巾舞，苗族赶秋，苗医苗药蒸气疗法、烧烫伤疗法、骨头疼痛疗法；有省级的苗族歌谣和蚩尤传说、苗戏、苗族武术、湘西苗绣、湘西苗族花带制作技艺；有州级的祭祀、节庆、结婚等仪式上的礼词，俗称苗族礼词；有苗族唢呐、苗族舞龙、汉戏、蚩尤戏（演化为戏牯牛），蚩尤戏是在湘西苗族儿童中流行的游戏；有三棒鼓、苗族上刀梯下火海、蚩尤拳、苗族跳方桌、苗画、苗族剪纸、苗家社饭制作技艺、湘西石雕、花垣豆腐制作技艺、苗族八人秋千、竹编制作技艺、苗族四月八、苗族太阳会、苗族丧葬仪式、苗族樱桃会、苗族巴代、苗族巴代手诀、苗族方块苗文、湘西苗族民居建筑习俗、苗年等。十八洞村文化遗产展示了苗族同胞在数千年岁月演递中劳作不息、奋斗不绝的发展历史和奇异神祕、绚丽多姿的苗族文化画卷，游客身在其中，能够切实感受到神秘、独特的苗乡风情。

蚩尤拳体验

蚩尤拳，俗称花垣苗拳，苗语叫作"剖尤勾动"，意为"祖公蚩尤的功夫"，是苗族武术的基础，属南拳范畴。练习苗拳一有要领歌，二有拳谱。蚩尤拳是古老的拳种，十八洞村苗民在演练蚩尤拳时，要举行敬拜蚩尤仪式。开练之前，须穿上特制的古代苗族拳服，头戴铜角帽，身穿棕片甲，手腕套老虎抓。特殊的服饰，印证了汉史典籍记载的蚩尤"铜头铁额"的神话。

民俗节庆体验

十八洞村民俗节庆活动有正月初三踩花山、三月三歌舞节、清明赶歌会、四月八祭祖节、立秋赶秋节、十月跳香会、冬至苗年等。2013年，在苗家传统节庆基础上，新增十八洞村苗寨古村旅游节、十八洞村苗家传统体育运动会、11·3红色文化宣传、相亲大会等。在苗族节庆活动上，有农事体验、男女择偶、宗教祭祀、文化展演、旅游推

村民庆祝"11·3"纪念日演出

介、先进表彰、道德宣讲等，人山人海，热闹非凡。游客游玩其间，能够切身体验到湘西苗族多彩文化的神秘、独特和绚丽。

苗家待客体验

十八洞村苗家待客主要有长桌宴、拦门酒等。拦门酒，是最隆重的待客礼仪，表达着苗家人的诚心，像酒一样浓烈，像山泉一样清纯。对于拦门酒，客人们喝得越多，苗家人心里越是高兴，这是看得起苗家人，敬重苗家人。

十八洞村拦门酒通常用两种酒。一种是苞谷酒，苗家人用种的苞谷自己酿造。另一种酒是糯米酒，苗家人叫甜酒。这种酒由十八洞村农家妇人专事酿制，用高寒山区圆颗糯米为原料，用瓦缸密封。此酒汁浓、清凉、甘甜、味香、口感可人，男女老幼皆宜。两种酒，可由客人随意挑选。但男人们大都是喝苞谷酒，显示男人本色；女人们则小口吮吸着糯米酒，展示着东方女性的温柔。除此，还有高粱酒、红薯酒等。拦门酒最多有12道，往往因客制宜、因事制宜。通常设1道，"一道能通天"；也会设3道，三三得九，记住"三苗""九黎"的"乡愁"；比较讲究9道拦门酒，九九八十一寨暨九黎部族，不忘苗裔之"根"。若遇到盛大喜事节气，就要举行特殊盛大迎客形式的12道拦门酒。

拦门酒歌

（一）

苗歌迎接贵客来，

米酒迎客进苗寨，

要进苗寨先喝酒，

苗家米酒香又甜。

（二）

乃看罗单不囊嚷，初看罗单不囊队。

几卖任悠刚买良，几都汝酒刚买衬。

苗年拦门迎嘉宾

汉译：

贵客来到我苗乡，客人进了我苗寨。

没有好菜给您吃，没得好酒待贵客。

苗家送客歌

（一）

送客送到寨门边，

手把门儿望青天。

只盼天上下大雨，

多留客人住几天。

送客送到小楼东，

东边有座黄马岩。

黄马岩前问一声，
不知何时再相逢。
送客送到大路口，
朋友朋友你慢走。
送君千里终有别，
友情常在水常流。

（二）
高山好想留云朵，
深潭好想留小河。
白云走了山孤独，
我与哪个唱苗歌。
河水走了潭寂寞，
我与哪个唱苗歌。

2013 年后，十八洞村发展乡村旅游，陆续开发出农副产品、手工艺品、纪念品等各类旅游产品。

农副产品

果品类，有梨、冬桃、西瓜、猕猴桃等。蔬菜类，有菠菜、茼蒿、芹菜、芫荽（香菜）等。肉类、蛋禽食品类，有腊肉、酸肉、酸鱼、山鸡蛋等。中药材类，有杜仲、茯苓、黄柏、五倍子、百合等。

手工艺品

草编类，有草帽、草鞋、草编篮子、草编艺术品、玩具等。染织类，有花带、刺绣、挑花、锉花、湘西蓝印花布、湘西蜡染、扎染及民族服饰、家居装饰等。竹艺类，有筲箕、竹篓、竹编坐垫、竹帽、竹编艺术品、玩具等。银饰类，有耳环、银项圈、手镯、戒指、发簪等。

纪念品

旅游用品类，有十八洞村导游图、景点介绍、风光和风土人情光盘、书籍，带有十八洞村旅游标志或图案的 T 恤衫、挎包、雨具、水壶、纪念章等。家居饰品类，有草编、染织、竹艺、银饰等制作的家居饰物。生活用品类，有带十八洞村旅游标志或图案的钥匙扣、冰箱贴、笔筒、筷子、杯子等。

旅游服务

停车场

十八洞村有5个停车场。梨子寨停车场于2014年3月开工建设，面积3350平方米，青石板路面，总投资85万元，是年6月完工。生态停车场，位于新村部，2015年5月开工建设，面积12268平方米，总投资350万元，2018年10月完工。飞虫寨老村部大型停车场，2017年8月开工建设，面积9200平方米，设置车位190个，总投资287万元，2018年10月完工。入村口小型停车场，2018年9月开工建设，位于319国道旁，总投资102万元，设置车位20个，是年10月完工。换乘站停车场，2018年9月开工建设，位于游客服务中心，面积3210平方米，总投资137万元，设置车位50个。

游客服务中心

位于十八洞村北部，从十八洞村入村口驾车数分钟便可抵达。中心内设有换乘站、停车场、特色产品店、农旅合作社、苗绣博物馆、赶秋场、农家乐等。2017年开工建设，2018年投入使用，建设面积约26000平方米。中心商铺售卖苗绣、蜡染、花带、古花蚕丝织布等文化旅游产品，以及腊肉、酸鱼、酸肉、野菜、苞谷烧等绿色特色食品。游客通过十八洞村游客服务中心的自动售取票机或人工售票窗口购买景区环保车门票，凭票前往检票闸机检票后，乘坐摆渡车（环保车）至十八洞村部广场。

高名山庄

位于十八洞村中部，总用地面积47441平方米，其中耕地7329平方米。用地西侧邻6米宽的乡道，东临十八洞村溶洞景区入口。该项目包括建设一栋1400平方米的综合楼（接待中心和餐厅）、36 户高档民宿，以及停车场、风雨桥、游步道等，总投资 7300 万元。

村民服务中心

位于新村部一楼，包括村民政务中心、便民驿站、村卫生室。2017 年开工建设，2018 年 10 月投入使用，建筑总面积 2009.24 平方米。可为村民和游客提供咨询业务、便利服务等。

十八洞村民服务中心旁边设有十八洞村"五兴"道德银行积分兑换点，也可为村民和游客提供电话费、电费代缴，收发快递包裹，农资代采代购，农产品代销代售和日用品供给等服务。便民驿站还设有乡村卫生室，配有一名村医，配套常用药品和医疗器械。

村民服务中心

农家乐

2014年4月，施全友创办十八洞村第一家农家乐——施全友（巧媳妇）农家乐。2017年，十八洞村有8家农家乐餐馆。2019年8月1日，十八洞村第一家由村集体创办的旅游餐厅——思源餐厅正式对外营业。2020年，十八洞村有农家乐餐馆12家，分别是：杨再康（都惹）农家乐、杨正邦（阿雅）农家乐、杨超文幸福人家农家乐、施全付（龙姐）农家乐、施俊农家乐、杨秀富爱在拉萨农家乐、施六金农家乐、施全明（小胖）农家乐、龙先进（幸运）农家乐、杨超文感党恩农家乐、隆忠书碧疆业农家乐、施进兰姐弟农家乐。十八洞村对农家乐实行接团统一、分流统一、结算统一、价格统一、促销统一"五统一"管理，打造农家乐十八洞村品牌。十八洞村农家乐见证着村中脱贫致富的步伐。

思源餐厅

民宿客栈

2016年后，十八洞村陆续建起民宿客栈10余家，为杨正邦屋、杨秀富屋、施全付屋、杨冬仕屋、杨明当屋、施林娇屋等；还与广东福彩生活集团联合建设"蒙邦竹苑"民宿，该民宿位于竹子寨片区，莲台山公路从民宿区穿过。十八洞村民宿客栈一般有4～6间房，多数客房有独立的卫生间和淋浴室，每晚房费120～180元不等。十八洞村民宿客栈被群山、峡谷簇拥，依山傍水，坐卧在天水合一的山水格局之中，建筑与环境融为一体，远观、近看意境幽远，有曲径通幽的乡村小道串联，远离城市喧嚣，宁静优美。

生态酒店

十八洞村地球仓生态酒店位于梨子寨夯街峡谷入口处。该酒店为"地球仓移动智能生态酒店旅居空间产品"，由长沙地球仓科技有限公司建设。2017年6月，酒店开始建设，规划建设18栋，总投资800万元。2018年12月中旬，一期规划7栋仓体顺利完工并正式对外开放。地球仓每个房间的面积约20平方米，酒店采用全屋智慧控制，配置客床升降、智能门锁、污水处理等设施系统。

十八洞村处于北纬30度地带，四季分明，气候湿润，雨量充沛。青翠的山、甘甜的水、清新的空气、富硒的土壤、璀璨的历史和人文塑造了这里独特的饮食文化。

　　粮食、饮食原材料多自给自足，成本较低，制作方法较为简便。主食以大米为主，时令新鲜蔬菜和山野菜相互搭配，肉类有家禽家畜、稻花鱼等。各种菜肴体现苗族风味，特色饮食种类繁多，通过煎、炸、炒、蘸、蒸、煮、炖、卤、腌等烹饪方式，形成传统饮食、风味小吃、特色菜肴"三分天下"的格局，绿色又营养，融入了酸、辣、咸。山与水、云与雾孕育了水蜜桃、黄桃、野生猕猴桃等各种美味水果。美食成就了舌尖上的滋味，不仅是"风景这边独好"，还是"滋味这里独到"。

　　十八洞村的特色美食，让你体验不一样的人生。

特色美食

十八洞村志

传统饮食

传统主食

清末民国时期，苗族以大米、苞谷（玉米）为主食，辅以红薯、大麦、小麦、小米、马豆等杂粮，一般日食两餐，五黄六月或灾年，贫苦人家常以糠菜充饥。

20世纪50年代后，人民生活有所改善。20世纪70年代，多数农户仍以"两裹饭"（大米加玉米或大米加红薯煮成的饭）或"三裹饭"（大米、玉米加豆类煮成的饭）为主，能解决温饱。20世纪80年代，吃的主食均以大米为主，其他杂粮逐步转化为副食原料或牲畜饲料。20世纪90年代，随着生产不断发展，经济条件逐渐好转，绝大部分苗族家庭以大米为主食，或以大米（含糯米）、玉米为主要原料加工成食品。

传统副食

油以菜籽油和茶籽油为主，兼食猪油。菜食冬以萝卜、白菜为主，夏以豆荚、番茄、辣椒、瓜类为主，普遍喜食辣椒。豆腐是四季菜食，以蕨菜、山竹笋等野生植物作补充菜食。肉食以猪肉为主，兼以鸡、鸭、鱼、牛、羊、狗等肉。常食的肉食加工品有卤猪肉、卤鸡、卤鸭、牛粑干、猪粑干。入冬至季节，用猪肉腌制腊肉是苗家的普遍习俗。

鼎罐饭

鼎罐一般由铸铁制成，球形底，口间有一道突起的"箍"（线），箍上均匀排列4片小铁片，名"耳子"，是抬鼎罐的着力处。盖呈平形，边缘向下突出，有一根"把把"（握柄）。旧时，苗族待客热情，多以大米饭待客。即使家中大米不足，也以糙米加大米的形式混合，煮成一罐两样饭，上面多数糙米饭，底下少许大米饭用于待客。鼎罐饭有两种煮法，一种是不滗米汤，又称"神仙饭"，是先把米洗干净，待水烧开后，才把淘好的米下到罐中，一直焖到水干饭香为止。一种是滗米汤，中途如要掺入红苕、洋芋或苞谷粉，便要揭开罐盖，搅和均匀，还得把多余的米汤滗出来。鼎罐煮饭，十分讲究火候。适时端下鼎罐后，仍要在火坑边上煨着，并时不时把鼎罐转一个方向，称为煨饭。等鼎罐在火坑里按方向转了一个圈之后，罐中饭也就煨熟了。

社饭

源于社日（立春后的第五个戊日）祭祀，也就是过"春社"。戊日属土，所以这天也是祭祀土地神的日子。人们以此祈年景顺利、五谷丰登、家运祥和。腊肉适量烧皮洗净煮熟，切成颗粒肉丁备用；社菜洗净剁碎揉干叶汁备用，胡葱、大蒜苗洗净切细备用；大锅上火，将腊肉粒炒出油后放入社菜一起炒熟，装入盆中备用；大锅内烧水至开，放入淘洗沥干的米，待米煮至微胀，灌去米汤，放上腊肉、社菜、胡葱、大蒜和适量猪油、盐拌匀；饭往锅中拢起，扦插透气，盖上锅盖，围上围锅帕，撤去明火，焖20分钟即成。

社饭

风味小吃

　　十八洞村的名品小吃多达数十种，口味迥异，覆盖酸、甜、辣等口味，主要有玉米粑粑、米豆腐、凉粉、油淋粑粑、酱辣子、臭豆豉、凉糕、凉面、野生鸭脚板、煎土豆、米虾、油辣子、米粉、酸萝卜、社饭、吊瓜子、泥鳅干、小河虾、腊肉块等。这些风味小吃制作精良，工艺独特，极具苗族特色。在十八洞村的风味小吃中，腌制食品最具特色。经浸泡、腌制等工序制成的酸萝卜，味道酸甜，香气扑鼻，配以各种蔬菜与肉类进行汤煮与干炒，更加入味，是当地家家户户必备的小菜；经研磨、腌制、翻炒工序制成的粉状的苞谷酸，口感酸辣，当地人常将其当作下饭菜，增加食欲，十分开胃。

桃花虫

　　十八洞村传统水产种类多达十余种，有河虾、螃蟹、田螺、黄鳝、螺蛳、泥鳅、桃花虫、草鱼、鲤鱼、鲢鱼、鳙鱼、鲫鱼等优质水产，其中桃花虫最为独特。桃花虫，又称桃

桃花虫

花虾，形似蛐蛐，细细的小尾巴左右摆动，习惯栖息在浅滩岩石下、水草丛中或溪水中，对水质要求较为严格，食水中浮游微生物，体态肥厚，乌光油亮。每年3月，正值桃花盛开，又是汛期，成熟的桃花虫肥嫩可人，村民经常成群结队下河捕捞，将捕捞的桃花虫带回家后倒进锅内，用微火焙至半干后再置于火炕上烘干。需食时，先用清油炸脆，放上切好的干辣子、大蒜及适量的精盐、花椒等佐料后，起锅装盘即可食用，口感脆辣。桃花虫含蛋白质多，营养丰富，是十八洞村苗家饮酒下饭的上等菜肴。

糍粑

十八洞村民每逢节庆日便要打糍粑。将糯米用清水浸泡后淘洗沥干备用；甑子洗净置入锅中，锅里放水不超过甑底，将锅里的水烧开；把沥干的糯米分数次放入甑子，蒸至饭熟；粑槽、粑锤洗净置入堂屋或宽阔的坪坝；把适量蒸熟了的糯米放入粑槽，两人先用粑锤揉压几下，然后再将糯米打烂打绒；两个粑锤在粑槽内交叉旋转几

打糍粑

圈，两人同时用力向上提起槽内的糍粑；将在甑子里搭气蒸好的蜂蜡油抹在案桌上，将提起的糍粑从粑锤上剥下来放在案桌上，用手揉圆，放在同样抹有蜡油的门板上，摆放整齐，留有距离，待一槽糍粑出好后，盖上另一块抹有蜡油的门板；孩子们站上去跳跃、踩压至扁约一指厚，揭开上面的门板，将压好的糍粑重叠成沓即成。如此反复，直至将所有蒸熟的糯米完全打完为止。也有人用苞谷粉、米粉作防沾剂出糍粑。

蒿菜粑

蒿菜粑又叫粉粑、清明粑、绵菜粑，是十八洞村苗家人喜爱的一种食品，也是祭祀的一种常备佳品。清明时节，家家都要做上几碗米的蒿菜粑。蒿菜洗净剁碎，糯米淘洗泡好滤干，磨成米粉。剁好的蒿菜挤去苦水用适量冷水泡着，反复搓揉，使清水变绿。制馅：糖馅，黄豆炒好磨粉、花生炒熟磨粉、核桃仁剁碎、芝麻炒熟，与红糖或白糖混合拌匀即成；肉馅，猪肉剁碎、盐菜切碎、入锅中炒熟即成；还有其他馅料，如干豆腐馅、酸辣子馅、盐菜馅等，有的人做馅的时候还喜欢放点辣子粉。将糯米粉放在大盆内，倒入蒿菜和水揉粉揉透揉匀，不干不稀；分成小团，揉圆压扁，包入馅料，将老油擦在蒿子粑粑上，包上桐子叶或粽粑叶，用线捆好；上笼大火蒸15分钟即成。

灌肠粑

灌肠粑苗语亦称"灌强"（guanbnjangl）或"灌强粑"（guanbnjanglbad），多为冬季制作。灌肠粑酥软糯香，冷热可食，取用方便。制作时，将糯米淘泡沥干，猪大肠洗净分1～2尺段（中间不能通）；新鲜猪血捏烂，与糯米、盐、花椒粉拌匀；猪肠一头用棕叶扎紧，缓慢灌入米血，不能灌满灌实，扎好灌肠的另一头，用鞋底针或牙签在灌肠上刺一些小眼，以便排气不涨破；大锅上火放清水烧开，将灌肠放入垫有棕叶的锅内，煮至定型时捞出，错开放于蒸屉上，再蒸至熟透，即成。蒸好后可醮辣酱、木姜子辣椒酱蘸水等食用，净食味亦佳。冷后可用微波炉热食、烤食，亦可切片蘸上老油蒸食；还可切片煎食、炸食，或稍炸下入鸡鸭等火锅中煮食味亦佳。

香辣椒

香辣椒以它的辣、脆、香特色誉满苗乡。其制作方法如下：一般在农历七八月，选用大而新鲜的青辣椒放在开水中烫软，捞出用剪刀或小竹扦将辣椒开一道小口，取出辣椒籽。将洗净切碎的嫩椿木叶及葱、蒜，拌以豆腐渣、五香粉和适量食盐（或用糯米粉或熟豆粉代替豆腐渣辅以香料），填满除去籽的青辣椒，并将辣椒开口合拢，晒干或烘干。食用时用油煎爆香辣椒，即成松脆可口、香气四溢、味道鲜美的佳肴。香辣椒除被苗家人用来招待客人和自食外，有的作为礼品相送，有的被拿到市场出售，也有人称之为"油发辣椒""发菜"，象征着"发"。因此，苗家结婚、生日、"打三早"设宴，香辣椒成为不可缺少的家常小吃。

辣椒酱

辣椒酱是用辣椒制作成的酱料，是十八洞村农家餐桌上常见的调味品。辣椒酱制作工艺较简单，将成熟的红辣椒用清水洗净晾干后，放在洗净无油污的案板上剁

晒辣椒

成碎末，越碎越好。然后把辣椒末放入大盆里，按 500 克辣椒、200 克大蒜仁、50 克食盐、50 ~ 100 克三花油的比例配料。将大蒜剁碎，和辣椒末、食盐、三花油放在一起，搅拌均匀，放在阳光下晒 1 ~ 2 天，使它自然酱汁化，然后装入干净的大口玻璃瓶内。在酱面上再放入少量三花油，盖严瓶口。在阳光好的天气，可以打开瓶盖晒太阳，切忌搅拌，以免造成酸性变味。平时将加工好的酱汁放在通风、阳光充足的地方保存。

苗家酥肉

苗家酥肉是十八洞村苗家的特色小吃，外面有一层用鸡蛋和红薯淀粉调拌的粉浆炸制酥壳，特别香酥，里面的肉香而不腻，软中带有一点点嚼劲。苗家酥肉可直接当小吃吃，香酥、嫩滑、爽口、肥而不腻、香气外溢，也可以与木耳、豆腐、白菜等佐料搭配组合做成汤菜。在汤菜中，黄的酥肉、黑的木耳、白的豆腐、绿的白菜，色香味俱全，色泽鲜艳，吃起来酥肉软烂，汤汁味浓，不仅味美汤鲜，而且营养丰富。

苗家甜酒

苗家甜酒是十八洞村有名的特色小吃。甜酒用苗乡的优质糯米蒸熟、冷却，拌入适量的甜酒曲，放入缸内密封两三天即成，具有色白、醇香、津甜可口等特点。其吃法也多种多样，夏季用十八洞村矿泉水或冰水冲吃，名之清泉甜酒；冬季加姜片、红糖煮沸食用可祛风除湿、散风祛寒。过大年时，将甜酒与切碎的糍粑同煮，有"过年吃粑甜酒，活过九十九"之说。

苗家米豆腐

米豆腐是十八洞村民最喜爱的食品之一，润滑鲜嫩、酸辣可口。做米豆腐时，将米或苞谷（玉米）用水泡胀兑水磨成浆，把浆倒入锅中熬煮熟，趁热用竹筛抖漏，或用竹筒挤压成蝌蚪形或长条状，余下的则起锅装入平底盘或簸箕中冷却，即成米豆腐。

块状米豆腐用竹刀伐坨，将坨切成小粒，泡于新鲜清凉的桶装井水中备用。食用时，切成小片放入凉水中再捞出，盛入容器后，将切好的大头菜、盐菜、酥黄豆、酥花生、葱花、生抽等适合个人胃口的不同佐料末与汤汁放于米豆腐上即可。

苗家米豆腐

绿色食品

山珍野蔬

十八洞村自然生态环境优良，野蔬资源丰富，素有"取山所产、吃山所长"的饮食习惯，如野蕨菜、野食用菌、野芹菜、野竹笋、野胡葱、鸭脚板、椿木芽、葛根、蒿菜、地地菜等野生蔬菜，是纯天然的绿色菜品。

苗家贡米

十八洞村苗家贡米产自风光秀丽、气候宜人的德夯大峡谷。贡米原粮选用优质水稻品种，秉承传统的自然农耕法，采用原生态种植，灌溉清甜的山泉水，不用农药、化肥和除草剂，无污染。谷子粒大，体型长，晶莹剔透，保持原始香味，口感极佳，粒粒透出香气，软糯可口，饭香浓郁。

猕猴桃

十八洞村素产野生猕猴桃。2013年，猕猴桃成为十八洞村特色产业，有"金梅"（黄肉，独家授权）和"东红"（红肉）两个专利品种，村里对种植的每一个细节进行把控，达到79项检测指标。

黄桃

十八洞村黄桃味道浓郁，吃起来甜中带点酸爽感，肉质较为紧致，口感稍微脆韧，汁水适中。2020年，十八洞村在竹子寨和当戎寨建设了两片共90亩的村集体经济黄桃园。

十八洞村猕猴桃

十八洞村黄桃

土蜂蜜

十八洞村土蜂蜜是土蜂采集高寒森林野山花蜜酿制而成，蜜色泽深、口味独特、香甜味浓，含有多种能被人体直接吸收的微量元素。十八洞村土蜂蜜酿蜜周期长、蜜源稀少，蜜色泽金黄、纯净无杂，被誉为"蜜之珍品"。

苗家美酒

十八洞村气候条件优越，不仅育有多种粮食作物，还盛产种类多样的水果。丰富的物种、优质的水源为当地酿酒提供了丰富的原材料。十八洞村的美酒类型主要有果酒、药酒、糯米酒、苞谷酒、花酒等。糯米酒清爽甘甜、香气浓郁，当地居民常用它来招待宾客，馈赠亲友。苞谷酒香醇浓厚、沁人心脾，酒精度数适中，深受当地民众喜爱，是逢年过节招待亲友的必备之物，为当地特色的旅游商品之一。除此之外，当地的果酒、花酒也十分有名，野生猕猴桃酒、杨梅酒、桃花酒、玫瑰花酒，果香花香浓郁，皆是就地取材酿造，十分注重原料的天然味性。

地地菜

十八洞村当地一种野菜，学名叫荠菜，也叫"净肠菜""护生菜"，生长于荒野、河边、沟边、坎边。每到农历三月初三，苗家人都会用这种野菜水煮鸡蛋，俗称"吃地地菜"。当地有传说"三月三，蛇出山，要吃地菜煮鸡蛋"。地地菜有驱虫的功效，民间俗信吃这种野菜煮鸡蛋可以预防被蚊虫叮咬。

山野枞菌

十八洞村莲台山林木繁茂，主要为松木、杉木、樟木等，枞菌生长于其间，生长的季节为雨量适中的 6 月、9 月和 10 月。鲜菌不易保存，村民常以熬制菌油的方式保存枞菌。菌油加工的方法颇为简单，采回鲜菌以后，去泥滓，洗干净，放进花生油、芝麻油或茶油中煎熬。油与鲜菌的比例，一般是 0.5 千克油熬制 1 ~ 1.5 千克鲜菌。煎熬时加热不可太猛，待鲜菌水分熬干以后，就可以熄火端锅，放入罐中储藏。菌油可作调味品，味清香鲜。无论用枞菌煮汤或油煎，醋浸或盐渍，皆味道鲜美。用枞菌煮豆腐，味道格外鲜美；枞菌拌野葫葱爆炒，满屋飘香，引人垂涎；枞菌汤的鲜香美味更是一绝。枞菌炒腊肉是当地的特色菜肴，把枞菌放入清油中炒熟，腊肉在开水中煮半熟，再切片炒，放上大蒜、红辣椒，再将枞菌与腊肉合炒，放一点水焖制即成，营养丰富、味道鲜美。

山野枞菌

特色菜肴

　　苗族人民喜吃糯食，喜食酸辣和鱼类。菜肴除自产的新鲜蔬菜外，最具特色的是腌制酸辣食品，如酸菜、酸汤、辣子、酱辣子等，均为苗家人的常菜。十八洞村苗家历来好客，来了客人总要以肉相待。肉有猪、羊、牛、鸡、鸭、鹅、河鱼、河虾、河蟹等。以往买鱼肉不方便，为免客人到后临时招待不周，一般人家均用特殊方法腌制酸菜、酸鱼、酸肉、腊肉以招待贵客。

苗家腊肉

　　十八洞村腊肉是菜谱里必不可少的一道美味。每到入冬时节，十八洞村苗家人就要开始杀年猪，腌制成腊肉。十八洞村一带苗家制作腊肉，都是依据本地的气候温度在农历冬至后至腊月底前制作，这时制作的腊肉便于连续自然熏烤，腊味深入香浓，自然储存时间长久，肉块干爽，形状色泽美观，不易虫蛀。腊肉的制作方法简单，将猪肉顺肋骨方向按喜好、需求切成条块状，一般重约 1 ～ 2.5 千克，再用炒好的盐、花椒粉逐块擦匀，将抹好花椒粉、盐的肉块装入缸或罐中放好后盖上，根据气温腌制 4 ～ 7 天。将腌制好的肉块悬挂在火坑或灶头上，连续熏烤 15 天以上，熏烤时，火不能急，以烟熏为主，熏烤薪柴以柏木枝叶、柑子树枝、柚子树枝最佳。

腊肉炒菜

　　春笋炒腊肉　十八洞村的山间竹林较多，清明、谷雨时采挖的笋，因笋体肥大、洁白如玉、肉质鲜嫩、美味爽口而被誉为"菜王"。春笋炒腊肉是十八洞村的特色菜。将山竹笋采回家，剥去笋皮，放入盆中用开水浸泡 2 ～ 3 分钟，捞出后放在冷水中浸泡

火塘熏腊肉

片刻，取出切碎。在热油锅中放入姜末、蒜末、花椒、食盐、红辣椒末等佐料翻炒，将腊肉与竹笋混合翻炒片刻即可出锅，营养美味，老少皆宜。

腊肉炒酸辣子 腊肉切粒，锅上火放油烧热，放入腊肉粒炒出香味，放入苞谷酸炒熟，放盐、蒜苗炒匀起锅。

腊肉炒黄鳝 锅内放适量植物油，放入腊肉先炒出油，放花椒、天椒、姜片煸出香味，放入鳝片炒至断生，酌料酒、盐略炒，放红油炒匀，放热水烧开，放胡椒、芹菜起锅。

刨汤肉

又名"杀猪饭"。每年立冬一过，十八洞村就开始吃杀猪饭了。"杀猪饭"，就是杀猪当天吃的饭，菜的主角也是当天所宰的那头猪。吃刨汤肉是家人亲朋一年一次的聚会。

十八洞村苗家人对吃刨汤肉有着独特的讲究。刨汤：猪全杂、槽头肉、猪骨（按食

刨汤肉

量分别取材）。调料：油、盐、花椒、姜、白酒、干天椒。自制蘸水，做法：大锅放水投猪骨熬汤；猪杂、槽头肉洗净，分别焯水洗净，切片分装各自器皿，猪肚、猪大小肠放白酒和生油去味；大骨汤渐浓，投入花椒、姜块（拍松）、干天椒数粒；再依次将猪肚、大肠、小肠、肺、槽头肉、猪心放入锅中，待汤煮成乳白色放入猪肝后再放盐，撇去浮沫，移入火锅，蘸水食用。

煎苗鱼

鲤鱼剖开、洗净、切块、渍盐，青红椒切三分圈状。热锅放油，放入鱼块，煎成焦香后翻面煎香，微黄时放姜丝、酱油稍焖，加水，放胡椒粉、味料，再加入辣椒、盐，稍作翻动，烧开至鱼块微软入味，起锅撒葱花装盘。

煎苗鱼

土钵炖腊猪脚

十八洞村农家常见的特色菜肴。腊猪脚制作和保存方法与腊肉相近。做菜前将腊猪脚剁成 4 厘米见方的大块，用冷水浸泡 8 小时以上，再用温水漂洗干净，去掉碎骨末，放入 80℃热水中煮约 30 分钟至七成熟，洗净沥干水分。锅上火入菜籽油烧热，下入桂皮 3 克，姜片、本地青红椒各 8 克，煸香，倒入洗净的腊猪脚炒至猪脚表皮微黄，倒入清水没过猪脚，入盐、味精、鸡汁各 3 克，入大土钵小火煨制 1 小时至皮软肉烂，出锅前撒入蒜籽、青红椒圈各 10 克即可。

苗家酸菜

苗家酸汤 酸汤是苗族地区饮食中的一种汤菜，苗语称"务别"（ubbleas）。旧时，苗家人生活艰苦且当地交通封闭，不产盐，苗家人就用酸味代替咸味，将蔬菜等泡成酸菜，将米汤发酵成酸汤，再加上能除湿、御寒的辣椒做成酸辣汤。酸汤的做法：将洗净的青菜或萝卜菜经高温杀菌后，装入肚大口小的砂罐内，倒入米汤或老酸汤，压紧密封，置于火坑旁受热，48 小时后即成。这是苗族千家万户的常备菜，亦是"万能"佐料。相传在远古的时候，苗岭山上居住着一位美丽的姑娘，不仅长得貌美，能歌善舞，且能酿制美酒，该酒有幽兰之香，清如山泉。方圆几百里的小伙子们都来求爱，凡来求爱者，姑娘就斟上一碗自己酿的美酒，姑娘不中意的人吃了这碗酒，只觉其味甚酸，心里透凉，但又不愿离去。当夜幕临近，芦笙悠悠，山歌阵阵，小伙子们在房前屋后用山歌呼唤着姑娘来相会，姑娘就只好隔篱唱着："酸溜溜的汤哟，酸溜溜的郎，酸溜溜的郎哟听妹来温暖；月槟榔不结果，九月兰草无芳香，有情山泉变美酒，无情美酒变酸汤……"这个传说说明了酸汤历史悠久，最初的酸汤是用酿酒后的鸡尾酒调制的，后改用热米汤经自然发酵而成，也有其他许多做法。

苗家酸肉 酸肉是十八洞村苗族祭祀或者招待客人的重要食物，也是苗族办喜事不可或缺的美味菜肴，苗语称"年效"（nieaxxaob）。苗族嗜好酸味，有"三天不吃酸，走路打倒窜"之说。在苗家菜中，带酸味的占半数以上，可谓"无菜不酸"，酸肉更是其中的典范。将猪肉或牛肉、羊肉滤去水切成 7 厘米长、15 厘米宽的块状，与精盐、花椒粉腌制 5 个小时左右，再适当加入一些玉米粉、精盐与肉块搅拌均匀后盛入密封的坛内，腌 15 天左右，即成酸肉。取出酸肉煎炒，佐以香葱、辣椒等，酸香可口。

苗家酸鱼 苗家酸鱼选材十分讲究，不仅要本地产的稻花鱼，而且以长到三指宽的为佳，另外必须是刚从稻田里捉来的活鱼。酸鱼有两种腌制方法：第一种做法是将新鲜的鱼破背去杂，于阴凉通风处晾干，将盐、花椒和适量的糯米粉填入鱼肚，合拢，分层撒上糯米粉压紧储于罐内，用水封或泥封一个月，达到低酸程度即成，久储不坏；第二种做法是将糯米粉改为苞谷粉，按照上面的做法，装入罐内密封一个月后，才可启用。酸鱼的传统烹饪方法有油炸酸鱼、炒酸鱼、煎酸鱼、烤酸鱼、擂钵酸鱼、葱溜酸鱼、糖汁酸鱼等。

苗家酸汤鱼 酸汤是用清米汤发酵后制成的，酸甜爽口，是一种极好的调味品。煮酸汤鱼时，将去胆的鲤鱼放入煮沸的酸汤中，熟透起锅前放入适量盐、姜、乇花椒和鱼香菜等调料，5 分钟后把煮熟的鱼夹进菜钵，剔去鱼刺，再把胡椒粉、盐、葱花、蒜泥、番茄酱（番茄先在火上烤去生味，然后剁成酱作调料）调匀，倒入鱼肉拌匀后食用。鱼肉鲜香细嫩，麻辣酸香多味俱全，营养丰富，有助于消化。

苗家酸菜鸡 酸菜鸡是苗族酸食菜肴中有名的一道菜。以土鸡为主料，以用植物油炒土坛泡制的泡酸菜、泡姜、泡海椒再加 30 多种香料秘制而成的底料为辅料。主辅料混合炒制后，加自制调味混合油压煮，酸菜鸡就做好了。制作好的酸菜鸡肉质细嫩润滑、汤汁酸辣开胃、通体彩黄透亮、味道酸香四溢，鸡肉除了能吃出酸菜的醇厚口感，还带点微辣，让人满口生香。

苗家豆制品

苗家豆腐 豆腐，苗语称"坨伙素"（dodnot-sud）或"搭伙素"（dadnotsud），是十八洞村苗家春、夏、秋、冬四季常备菜。做豆腐时，先用清水将黄豆浸泡好，发胀后再用清水淘净豆皮，磨成豆浆。磨浆，是做豆腐工序中颇费劲又需有耐心的重要一环，会影响豆腐的质量。改革开放后，人工石磨豆腐逐渐减少，大多改用机器打磨。豆浆磨成后，要及时上锅滤渣，滤毕便及时加火煮浆。煮浆时，苗家主妇寸步不离地守候在锅台前观察，发现一开锅，便立即撤火、掺水降温和舀浆。煮好的豆浆舀入缸桶后要加盖，稍微冷后用竹筷将豆衣捞出，并将手工磨好的熟石膏水均匀地泼洒于豆浆中。洒石膏水时一要注意温度，二要注意分量。温度太热、太冷或石膏配量过重过轻均影响豆腐质量。当豆浆在石膏水的催化作用下变成豆腐脑时，表示豆腐已经成熟。一般是用竹筷试，竹筷直落入浆中能立起不倒则表示成熟，便可上厢压水。十八洞村豆腐厢有大、中、小 3 种，大厢 5 ×5 为 25 坨，中厢 4 ×5 为 20 坨，小厢 4 ×4 为 16 坨。苗家豆腐出厢白又嫩、筋丝好、韧性强，历来有"豆腐能打狗"的戏称。豆腐可鲜食，也可加工成腊豆腐或豆腐干。用家织布包裹豆腐后埋于草木灰中将水分吸干，再晾晒至全干为干豆腐，用火熏烤的为腊豆腐。干豆腐为黄色，腊豆腐呈金黄色，均坚韧异常，可作雕刻之用。干豆腐、腊豆腐经煮熟后切块与腊肉拌炒，佐以葱、蒜、辣椒，是苗家待客的一道佳肴。苗家豆腐除可单独煎或煮食外，还可用于煎炒鲜肉片、煮鱼、煮鸭等。

苗家灰豆腐　也称"灰豆腐果"。灰豆腐的制作过程十分讲究，先用黄豆加工成豆腐块，再用碱灰或者桐壳草木灰将其水分吸干，大约经过 10 个小时，再将碱灰分次放入锅内，用灰将豆腐块炒制出淡灰色。十八洞村灰豆腐的烹制方法有很多，多是红烧。红烧的烹制方法可以让灰豆腐更入味，并且咸香味道十足。

苗家菜豆腐　苗家称为"坨伙菜"（dodnotceab），是用蔬菜和豆腐合成的一种豆腐类食品，是十八洞村苗家人日常最喜欢食用的主菜之一，以黄豆、酸菜汤、青菜类为制作材料。制作时，锅里不放油，先倒适量冷水入锅，将磨好的豆浆倒入锅中煮沸，然后将洗净切好的菜叶放入豆浆中搅拌，待菜叶半熟时加入酸菜汤（酸汤越酸越好）。要边拌边看，直到豆浆凝结成块、汤清不浑为止。菜豆腐清汤后便可起锅，盛入瓷器皿或砂钵中备用。食用时，将油放入锅内烧热，放上切好的野葱、大蒜、辣椒末等佐料，倒进菜豆腐，焖盖一阵，便可食用。

苗家煎豆腐　在热锅中放一定量的茶油或菜油，油烧热后，将豆腐切成薄块下锅，并均匀地铺于锅内，不能重叠，用小火慢慢煎烤。煎时要不时地从锅边滴下油滴，待

首面落锅豆腐焦黄后，用锅铲将其翻面。直到两面都膨香后撒上粉盐、香葱佐料和油炸辣椒粉，起锅装盘。因金黄色豆腐块与煎炸而出的鲤鱼条相似，故又叫"鲤鱼豆腐"。

椿木巅炒蛋

椿木巅炒蛋是十八洞村苗家人必吃的佳肴。其制作方法是，椿木巅焯水捏干切细，把蛋打入椿木巅内加盐拌匀。锅上火加入清油，油热后倒入蛋椿木巅糊，炒干以后，在锅内用锅铲下压，让椿木巅在锅内煸出香味即成。

酸汤羊肉

民间待客的特色菜肴。将羊肉切厚片、羊排斩段，加花椒、白酒、料酒入开水锅中煮熟略酥，捞出沥水。炒锅上火，油五成熟转小火，放盐、干椒圈、干椒粉、红油煸香，入蒜片、酸汤菜叶（沥干）翻炒，倒入酸汤烧开，加入羊肉煮至入味，放青蒜即成，酸辣红亮，别具风味。

十八洞村历史悠久，拥有浓厚的文化底蕴。历史乡贤中有容貌艳丽、领队除匪的"石娘子"，有聪明机智、公正无私的"包公官"，有为人善良、能歌善武的"歌武师"，等等。匠人中有木匠、篾匠、布匠、染匠、绣娘。这一斧一凿、一丝一扣、一浸一染、一针一线，技艺细致入微，产品活灵活现，既传承了民间工艺，拓宽了群众的致富渠道，又成就了乡村里的"大国工匠"。

　　十八洞村的乡贤名人、能工巧匠绘就了一道靓丽迷人的风景，形成了一种刻骨铭心的记忆，也是一抹萦绕不去的乡愁。

乡贤巧匠

十八洞村志

乡贤传略

石娘夸（1780—1852）

苗族，莲台山北面金牛寨人，17 岁时嫁到竹子寨龙家，乡亲们称她为"石娘子"。石娘夸从小便练得一身好功夫，爱打抱不平，十六七岁时，长得婀娜多姿，容貌艳丽。竹子寨与金牛寨位于莲台山的南北两面，相距 15 千米左右。高山密林时有山匪出没，她，曾两次遭匪劫，交手完胜，名声大振。

一次是她出嫁不久回娘家，一身银装引起土匪注意。走到山中一水田时，有两个土匪拿着勾刀前后向她逼来。她解下头帕往水田一浸便拧成绳，挥舞着头帕缠住并夺得了向她劈来的匪刀，接着抢刀将那土匪砍下田埂，后面一土匪见状便迅速转身逃跑。

另一次是她回娘家时，把青发扎成一条长辫垂到臀部，尾系 4 个"通宝"，颈戴大银圈，背篓放上一对铁尺和绣花褡裢别在马鞍后。山上小路狭窄不平，她过了 7 个险道登上猴儿山口，这地方没有树林，是人们的歇脚之处。她一个女人不便停息，就催马前行。忽然从树林里跳出 8 个凶匪，拿着刀矛利器拦住她的去路，要她"下马送烟，留下东西"。她下马把背篓放在身左，退下银饰放进褡裢，将银圈扣在手上严阵以待。匪徒争先来抢，遭她银圈打得剧痛，刀矛落地。后又跳出一个凶匪要向她劈戳，她忽然纵跳一丈多高，瞬间又使凶匪手流鲜血、刀枪落地。合围的 4 个匪徒也被她的辫子吊得钢钱飞卷，另外 2 个匪徒被她用铁尺刺脑死于非命。见状，众匪忙跪地求饶。

为了彻底消灭匪患，她召集年轻力壮的青年勇士组建了一支扫除土匪的队伍。每逢上阵，她头戴雉尾，身穿一身大红战袍，于马上挥舞双刀，矫捷如飞，所向无敌。她有时单腿站立马背之上，呈金鸡独立之势，双刀一挥，土匪皆伤，让土匪闻之丧胆，不敢横行乡里。

嫁到竹子寨龙家后，她相夫教子，平日里教寨民练习武术，好善乐施，传播孝道。当时，有一富商运送商品路过此地，被一伙土匪劫了道。恰巧石娘夸路过，她拔刀相助，解救了富商。富商对她十分感激，拿出财物感谢她，但是她婉言拒绝。这些轶事广为流传，众口成碑，赞扬石娘夸的英勇和孝义。

施先达（1918—2000）

苗族，竹子寨人。他有学问，为人正直，被村民称为公正的"包公官"。20世纪30年代，他在家中开设私塾，开展爱国教育。他画的画有童真童趣，写的文章清雅质朴，深受学生喜爱。他深知学子的不易，一年只收两担稻谷，对家境贫困的孩子，皆免去学费。附近村民谁家有困难，他皆伸出援助之手。逢年过节，寨子里组织舞龙、舞狮等庆祝活动，他出钱出力，并积极参加。平日里，他出钱修路修田，深得寨民好评。

施先达聪明机智、爱打抱不平。他20多岁时，附近村寨有几个地痞无赖，横行霸道，敲诈勒索，赶集时，他们常常借维持赶集秩序之名，敲老百姓竹杠，附近一带的老百姓惧怕其声势，敢怒不敢言。施先达知道这一情况后，便决定和这些地痞无赖斗争。有一次赶集，他便把自己扮成一个贫苦农民的样子，戴一顶破草帽，穿一身破衣服，拿一把镰刀，故意在墟场旁边的谷子地里割草。几个无赖看到后，认为又有了敲竹杠的机会，就对施先达说："喂！老汉，你做甚哩？"施先达说："我的牛肚饥了，割点儿草喂牛。"几个无赖就说庄稼是他们自家的，以施先达割谷子喂牛毁坏他们的庄稼之名索要罚款。施先达交了罚款，就说自家的牛不见了，要求无赖还牛。无赖们拿不出牛来，施先达却不依不饶，说他们冒犯了自己的牛。吵嚷声惊动了赶场的人，都涌来看热闹，惊动了地方上的长官。长官问明情由，为了平息风波，就罚这几个无赖给施先达赔了牛钱。后来，施先达将所得的牛钱皆赠送给当地的贫困学子。

杨五森（1938—2014）

苗族，梨子寨人。他为人善良，乐善好施，是当地有名的歌师。杨五森10岁时便投师学艺，不仅能歌（苗歌）善武（舞），而且在苗画、刺绣、舞狮、舞龙等方面甚是精通，享负盛名。他熟练掌握苗族传统古歌和民歌唱法，能唱好几种民歌曲调，注重以歌传授生产技能、宣传民族美德。

杨五森常常将自己所学技能无偿传授给寨民，无怨无悔。无论是风和日丽还是刮风下雨，只要村民需要，他都坚持"到处跑"，"手把手"地教会村民。他为人正直，积极参与村寨大小之事，护路修桥，出钱出力，任劳任怨，在村民心中威望很高。帮助他人，是他生活的重心。他在生活中也是个非常节俭的人，衣服总是缝缝补补，却特别热衷公益事业，深受村民好评。

木匠

　　明末清初，十八洞村就有人从事木匠行业。木匠分大料木匠、小料木匠。十八洞村
传统民居木板房等多出自大料木匠之手；房屋装修、柜子、床、风车、水碾等多出自小
料木匠之手。十八洞村民间匠人中，木匠人数和需求长期居于首位。2000年后，十八
洞村开展古村寨保护和旅游资源开发，学习并从事木匠的人越来越多。十八洞村建筑
材料多为杉木、松木、柏木、椿木等。建筑方式有包料包运和预制部件、装配式建造，
以后者居多。木匠根据各木材的具体情况，留好木框架结构用料，如柱料、大穿枋料，

木匠建房

批量生产好小枋料、木墙板、椽子、木栏杆、窗格栅等围护结构用料。需要建房的村民找上门，确定开间数、开间大小、木房高度、房间数等，谈妥后，木匠们则回到驻地生产好木框架结构，用料效率极高。木门窗可按传统做法现场制作，也有机器雕花制成的半成品。木匠多用传统的工具，带上一两个徒弟，修建一座木房一般要 2 ~ 4 个月时间。21 世纪后，随着科技的发展，木匠工具有所改善，由传统的人力斧劈、手刨改为电锯、电刨。十八洞村木匠多集中在村民二组、四组，有龙兴邦（1971 年生）、隆成忠（1972 年生）、隆兴戈（1971 年生）、隆玉生（1947 年生）、杨超刚（1970 年生）等。

篾匠

　　始于明末清初。十八洞村山竹资源丰富，竹子与当地人民的衣、食、住、行、用等日常生活联系紧密。从吃竹笋、竹筒饭到背背篓、抬滑竿等，处处都离不开竹子。常见的竹编制品有背篓、箩筐、簸箕、筛子、竹扇、竹椅、竹席、斗笠、竹篮、竹笼等。村中有"人

竹篾匠人

人是篾匠，户户会编织"的说法。十八洞村五组的村民刘青长（1969年生）是具有代表性的竹篾匠人。当地新鲜的青竹经篾匠刘青长刮青、剖丝、打光等多重工序后，变成厚薄均匀、粗细一致的根根竹篾，再通过不同手法编织成竹筐等精致朴素的艺术品。这些艺术品深受欢迎。

布匠

清末、民国时期，十八洞村苗族人男耕女织，自给自足，自己种棉、纺纱、织布，自己织出来的布被称为"家机布"。只要有女人的家庭，都会纺纱织布。家机布有棉布、麻布、丝布3类，均由家用木质织布机织成。十八洞村手工织布过程相当复杂，从撕麻、割麻、剥麻、晒麻、舂麻、绩麻、纺麻、网麻、煮麻、滚线、网线、排线、织布、漂白、滚布、蜡染、脱蜡、镶腰、镶边、褶皱、接裙带等，前后有大小20多道工序，从一朵棉花到织成布料，要用小木棍、细铁丝、小竹管等十几样工具，布匠需要熟练操作织布机上的竹竿、梳理器、隔线器、穿梭器等要件。20世纪80年代后，由于生产工序复杂，十八洞村布匠人数逐步减少。十八洞村民龙拔二、龙德成等是村内有名的布匠。织布时，她们将专用腰带套在机架上，手持线梭，手、脚、腰协调运动，尤其是手中的木梭左右飞速传递，富有节奏与韵律感，看得人眼花缭乱。

染匠

清末民初，十八洞村有蜡染工坊2家，以家庭为单位进行生产，分别是当戎寨的龙一栋、石富贵家庭。蜡染布料大都用于制作服饰、被单、长幡、桌布、枕巾等生活用品，满足人们日常需要。蜡染的制作工艺较为复杂，大致分工具准备、布的洗练、融蜡、绘蜡、染布、褪蜡等基本步骤。蜡染以土布为载体进行，蜡染制品除做日用服装以外，也常用于苗族民俗节庆。蜡染制品上的纹饰，主要包括动物纹、植物纹、几何纹三大类，动物纹占有较大的比例。动物纹很少单一存在，多以组合的形式出现，配以花草，突出表现动物的姿态，最常见的是鸟、龙、蝴蝶以及鱼等动物形象。由于工序复杂，新中国成立后，染匠技术传承逐渐消失。

绣娘

　　十八洞村苗绣是中国苗族一种独特的刺绣技艺，具有极高的审美价值。石顺莲是十八洞村有名的绣娘，也是十八洞村苗绣合作社的负责人。石顺莲出生于1954年，曾任十八洞村村支书多年，是湖南省劳动模范、苗绣工艺技师。2014年退休后，她重拾旧时爱好——苗绣，是年5月就组织成立了十八洞村苗绣特产农民专业合作社。为了更好地传承手工艺和工匠精神，这个苗绣工坊的作品一直坚持手绣、不用机绣，配色不对，拆掉重绣，图案歪了，也拆掉重绣。作为工坊里技术最高的绣娘，石顺莲耐心、细心地指导其他绣娘，严格把关每一件绣品。石顺莲致力传承苗绣技艺，带领苗族妇女走上了一条脱贫致富之路。

织布

十八洞村是一个具有悠久历史的苗族村落,曾是一个典型的贫困小山村。

2013 年 11 月 3 日,中共中央总书记习近平至村调研,正式提出"精准扶贫"重要论述,一场改写中华民族历史的脱贫攻坚战从此打响。2013 年到 2020 年,村民人均可支配收入从 1668 元增加到 18369 元,村集体经济收入由零增加到 200 万元以上,贫困发生率由 56.76% 下降到 0。

十八洞村一路探索,不栽盆景,不搭风景,勇闯新路,聚集民心,率先脱贫出列,在乡村振兴道路上焕发出勃勃生机。精准脱贫展览馆记录了脱贫攻坚的一件件大事,彰显着红色地标和时代精神,打通了昨天、今天和明天,连接着湘西、湖南、中国,影响着世界。

大事纪略

十八洞村志

中共中央总书记习近平考察十八洞村

2013 年 11 月 3 日，中共中央总书记、国家主席、中央军委主席习近平考察十八洞村，首次提出了"实事求是、因地制宜、分类指导、精准扶贫"的重要论述。

当天 16 时 18 分，习近平总书记乘车从一条尚未硬化的毛坯路一路颠簸来到十八洞村。下车后，习近平总书记首先走进特困户石拔哑家里。石拔哑的住房是一栋四壁黝黑的木屋，唯一的"电器"是一盏 5 瓦节能灯。石拔哑按苗家礼节热情迎接远方的客人，习近平总书记握住石拔哑的手，详细询问家里的生产生活情况，走进石拔哑睡觉的小木房，察看床铺和米仓，随后又走进猪圈，察看她饲养的两头猪。

在低保户施成富家门前的坪坝里，习近平总书记和村干部、村民代表进行座谈，一一询问村里的水、电、路、教育、医疗等情况。在座谈会上，村民们实话实说，提了很多建议。习近平总书记告诉村民们]，各级党委都很重视扶贫，还要更重视，到中国共产党成立 100 周年时全面建成小康社会，要使贫困地区也好起来，有很大改变，这样全面小康才能保障实现。习近平总书记强调，扶贫要实事求是，因地制宜；要精准扶贫，切忌喊口号，也不要定好高骛远的目标。要做实三件事：一是发展生产要实事求是，二是要有基本公共保障，三是下一代要接受教育。各级党委和政府都要想方设法，把现实问题一件件解决，探索可复制的经验。

十八洞村启动"113 工程"

2014 年 3 月，全村 225 户农户，每户种植冬桃 10 棵、黄桃 10 棵，养殖稻田鱼 300 尾，创新推行桃子采摘权和稻田鱼捕捉权转让带动旅游业发展模式，同步带动乡村旅游业发展。是年，完成每户 10 棵冬桃的栽植任务，有 63 户农户养殖稻田鱼 81 亩 6300 尾。

十八洞村苗绣特产农民专业合作社注册成立

2014 年 5 月，十八洞村注册成立"十八洞村苗绣特产农民专业合作社"，组织 43 名留守妇女发展苗绣产业，与 4 家苗绣公司签订订单，增加收入。在十八洞村的苗绣品展厅，苗绣服装、靠枕、屏风、钱包、书签……或精美别致，或简约时尚，均出自十八洞村苗绣特产农民专业合作社。

十八洞村千亩猕猴桃产业园开工

2014 年 9 月，十八洞村猕猴桃产业园开始建设，规模达 1000 亩。该产业园以中科院武汉植物园为技术支撑单位，通过高标准建园、精细化管护、现代农业技术，保证果实达到高水准。是年，全村加入猕猴桃专业合作社的贫困户有 110 户 434 人。2015 年 1 月，华融湘江银行湘西分行向十八洞村猕猴桃扶贫产业项目发放 6 年期 1000 万元流动资金保证担保贷款，支持猕猴桃种植。

十八洞村开通 4G 网络

2015 年 6 月，十八洞村开通 4G 网络，无线网络覆盖全村村民小组。"家家用宽带，人人用 4G"，聊天、视频、购物等便民应用让村民正式融入了现代生活。

十八洞村入选第三批全国宜居村庄

2016 年 1 月，中华人民共和国住房和城乡建设部公布全国第三批美丽宜居小镇、美丽宜居村庄示范名单，十八洞村榜上有名。此次全国共评出 42 个美丽宜居小镇示范、79 个美丽宜居村庄示范，其中湖南有 3 镇 5 村入选，十八洞村系湘西自治州唯一上榜的村。

十八洞村被央视《新闻联播》5 集连播报道

2016 年 2 月 13—17 日，中央电视台《新闻联播》推出的《治国理政新实践》专栏连续 5 天播出《"十八洞村" 扶贫故事》，以大篇幅讲述花垣县十八洞村脱贫攻坚的故事。5 期报道，如同 5 集连续剧，十八洞村扶贫工作队队长龙秀林、村支书龚海华、村主任施进兰以及村民施六金、施全友等纷纷登场，具体报道为《找准 "病根儿"，扶贫先扶 "精气神"》《选准产业，脱贫按下快进键》《栽下梧桐树，引得 "凤凰" 来》

《扶贫经验可复制,活学活用奔小康》《苗寨相亲,携手脱贫见曙光》,干群反响强烈。

中共中央总书记习近平明确:"精准扶贫"是在十八洞村正式提出的

2016 年 3 月 8 日,习近平总书记在全国"两会"期间参加湖南省代表团讨论时,明确地告诉大家,正式提出"精准扶贫"就是在十八洞村。后来,十八洞村民据此创作了苗歌《不忘老乡亲》。

山路十八弯,溶洞十八连。白云深处跑骏马,彩虹起屋檐。门前小溪水,四季流不断,青山叠翠万里绵,松涛声声在耳畔,在耳畔。

深秋天地宽,片片枫叶艳,习总书记到苗寨,来到家门前。"嚷吉乃么如"(苗语"不知怎么称呼你"的意思),"你是大姐",北京苗乡千万里,不忘老乡亲,哟嚯嚯……咿呀嚯嗨,哟嚯嚯……唉唉哟。北京苗乡千万里,不忘老乡亲,哟嚯嚯。

生活有何苦,家中有何难,小康之路靠志气,句句话真言。欢声和笑语,温暖大苗山,北京苗乡千万里,不忘老乡亲,哟嚯嚯……咿呀嚯嗨,哟嚯嚯……唉唉哟。北京苗乡千万里,不忘老乡亲,不忘老乡亲……

十八洞村获"全国先进基层党组织"称号

2016 年 7 月 1 日,十八洞村党支部被中共中央授予"全国先进基层党组织"称号。

十八洞村入选第四批中国传统村落名录

2016 年 11 月,十八洞村被中华人民共和国住房和城乡建设部等部门列入第四批中国传统村落名录。

十八洞村获"全国旅游系统先进集体"称号

2016 年 12 月 12 日,中华人民共和国人力资源和社会保障部、国家旅游局在北京人民大会堂共同举行 2016 年"全国旅游系统先进集体、劳动模范和先进工作者评选"表彰会,十八洞村被授予"全国旅游系统先进集体"荣誉称号。

十八洞村整村脱贫

2016 年，十八洞村人均收入 8313 元，脱贫 75 户 264 人，贫困发生率由 2013 年的 56.76％下降到 1.28％，实现集体经济收入 7.5 万元，基础设施和公共服务基本完善，全村稳定实现脱贫，提前退出贫困村行列。

十八洞村入选第二批"中国少数民族特色村寨"

2017 年 3 月，国家民委发布《关于命名第二批中国少数民族特色村寨的通知》（民委发〔2017〕34 号），十八洞村成功入选第二批"中国少数民族特色村寨"。

中央民族歌舞团在十八洞村开展送戏下乡慰问演出

2017 年 9 月 23 日，中央民族歌舞团、花垣县苗剧团在十八洞村村口前坪广场举行交流和慰问演出活动。中央民族歌舞团朝鲜族男高音歌唱家、国家一级演员蓝剑，藏族青年歌唱家阿旺，朝鲜族青年歌唱家卞英花，五色风器乐组合等在现场精彩演出，悠扬的旋律在山间回荡，为十八洞村父老乡亲带来多个少数民族真挚的问候。

十八洞村山泉水厂正式建成投产

2017 年 10 月 8 日，十八洞村山泉水厂正式建成投产。十八洞村山泉水厂系十八洞村的第一个现代化项目，由步步高集团全额投资 3000 万元建成。山泉水厂每年将按"50+1"形式给村集体分红，即每年给村集体保底分红 50 万元，每生产一瓶矿泉水再拿出 1 分钱注入村扶贫基金。

《十八洞村》电影在全国院线上映

2017 年 10 月 13 日，电影《十八洞村》在全国院线上映，获得社会各界的广泛关注和热烈反响。影片反映了贫困地区群众在贫困面前不等不靠、自力更生的精气神，是一部向党的中国共产党第十九次全国代表大会献礼的重点影片和优秀作品。

十八洞村获评第五届全国文明村镇

2017 年 11 月，十八洞村被中央文明委评选为全国文明村镇。

十八洞村被命名为"全国民族团结进步创建示范区"

2017 年 12 月，国家民委公布命名第五批"全国民族团结进步创建示范区（单位）"，有"云雾中的苗寨"美称的十八洞村入围。

老挝人民革命党中央总书记、国家主席本扬·沃拉吉考察十八洞村

2018 年 6 月 2 日，老挝人民革命党中央总书记、国家主席本扬·沃拉吉一行专程到湖南省花垣县十八洞村考察扶贫，并同当地干部群众交流经验。本扬一行参观了十八洞村的村容村貌，走访了当年的贫困户，详细询问他们的生产生活情况。本扬说，看到十八洞村践行习近平总书记提出的"精准扶贫"思想，短时间内面貌发生翻天覆地的变化，实现脱贫致富，他感到十分高兴。习近平总书记不仅胸怀天下、心系国家，而且关心少数民族的生产生活，对偏远山村的基层民众嘘寒问暖，这都非常值得老挝人民革命党认真学习。省、市（州）、县、乡（镇）、村五级书记抓扶贫、层层抓落实的做法，使他很受启发。老挝还有很多贫困人口和家庭，十八洞村的扶贫经验和做法值得老挝学习借鉴。在村民石拔哑家中走访时，本扬对石拔哑说，老中两国友谊源远流长，现在你的生活富裕起来了，也欢迎你到老挝走一走、看一看。

十八洞村参展第 26 个国际消除贫困日

2018 年 10 月 17 日，是第 5 个全国扶贫日暨第 26 个国际消除贫困日。当天上午，"决胜 2020——脱贫攻坚展"在北京会议中心开展，其中湖南省十八洞村为 6 个参展对象之一。十八洞村展区以"精准扶贫首倡地"为主题，共分为 4 个篇章，从"昔日山村贫困记忆"说起，到"精准扶贫在此启航"，全面展现"今日苗家幸福生活"，最后以"新时代踏上新征程"为结章，用图文、图表、视频等形式，立体化、全方位、多角

度、全景式地展示精准扶贫提出之后湖南省十八洞村的脱贫成果。

十八洞村入选中国美丽休闲乡村名单

2018年10月，农业农村部门户网站公示2018年中国美丽休闲乡村名单，十八洞村榜上有名。

十八洞村举办第三届相亲大会

2019年2月16日，十八洞村举办第三届相亲大会。大会的主题是"脱贫脱单共致富·创业就业学非遗"。此次活动有参观十八洞村精准扶贫图片展厅、创业就业学非遗体验、苗族婚俗体验、民俗表演、才艺展示、集体相亲会、媒妁之言、苗族"八人秋"体验、男女嘉宾全网直播互动展示自我、苗家长龙宴、篝火晚会等精彩环节。男嘉宾61人，女嘉宾40人，5对情侣成功牵手。

十八洞村入选全国乡村旅游重点村公示名单

2019年7月12日，中华人民共和国文化和旅游部发布《关于公示第一批拟入选全国乡村旅游重点村名录乡村名单的公告》。十八洞村作为湘西州唯一代表入选公示名单。

"十八洞村元素"亮相国庆70周年大阅兵

2019年10月1日，中华人民共和国成立70周年大阅兵，湖南"潇湘今朝"彩车"十八洞村"元素全国出彩。彩车"十八洞村"元素以十八洞村为原型，寓意"精准扶贫"首倡地的责任担当。

《精准扶贫》纪念邮票在十八洞村首发

2019年11月29日，《精准扶贫》纪念邮票首发活动在十八洞村举办。《精准扶贫》纪念邮票1套6枚，全套邮票面值7.2元。邮票采用电脑手绘的表现手法，画面精致细腻、色彩清新自然，充满蓬勃的生机和鲜明的地方色彩。该套邮票由李志宏设计，北京邮票厂影写版工艺印制。

十八洞村入选全国乡村治理示范村

2019 年 12 月，中央农办、农业农村部、中央宣传部、民政部、司法部 5 部门共同审核，认定 100 个乡（镇）为全国乡村治理示范乡（镇），1000 个村为全国乡村治理示范村。十八洞村入选全国乡村治理示范村。

湖南省文艺轻骑队巡演在十八洞村启动

2020 年 1 月 1 日，由湖南省文化和旅游厅主办、湖南省文化馆承办的"走向美好生活"湖南省文艺轻骑队"精准扶贫"优秀文艺作品巡演活动在十八洞村启动。现场，湖南省文艺轻骑队表演了独唱《你别走》、小品《请为我打分》、常德丝弦《爱在潇湘》、舞蹈《板凳宽 幸福扭》等一系列精彩节目，用歌舞、小品、戏曲等群众喜闻乐见的形式，将基层精准扶贫故事搬上舞台，鼓舞贫困地区干部群众坚定脱贫致富的信心，展示湖南省精准扶贫成果，为当地文化工作者开展文化扶贫提供了好的借鉴。

2020 湖南卫视春节联欢晚会在十八洞村现场直播

2020 年 1 月 18 日晚，2020 湖南卫视春节联欢晚会在长沙及湘西十八洞村现场直播。当晚，十八洞村民齐聚一堂，与归乡游子、外地游客共度佳节。著名湘籍歌唱家王丽达携手青年歌唱家赵一、赵越，与当地歌舞团表演独具特色的苗家歌舞《十八洞村飞出幸福歌》，唱出十八洞村民的美满生活。凤凰传奇则唱起了《中国喜事》，祝福神州大地迎来国富民强的全新时代。精彩的表演，结合主题 VCR《十八洞村的年味》，让全国人民看到了十八洞村脱贫攻坚的显著成果，一幅十八洞村富有年味和中国特色的美丽新画卷俨然就在眼前。

2020 "我们的中国梦" 文化进万家——"心连心" 慰问演出走进十八洞村

2020 年 8 月 26 日，2020 年中央广播电视总台"心连心"慰问演出及主题党日活动走进十八洞村。总台主持人海霞深情地阐述了"心连心"活动走进十八洞村的重要意义，并分享自己在十八洞村发现的现象，从老人到小孩，多数村民都能说上一口流利的普通话，感慨"十八洞村的发展是跟人才的水平分不开的"，并表示："如果以后在推广普通话方面有什么需要我们做的，我一定全力支持。"

电视专题片《从十八洞出发》开播

2020 年 12 月 26 日，湖南广电跨年大事件——"扶贫三部曲"首发之作、5 集电视专题片《从十八洞出发》开播，连续 5 天在湖南卫视黄金档播出。《从十八洞出发》

是一部具有纪实、理论特点的电视专题片。

该专题片分为《首倡之声》《精准之方》《时代之魂》《旷世之业》《未来之路》5集，首创"访谈＋走读＋微记录"模式，巧妙地将理论、电影、新闻、综艺等诸多手法融汇一炉。它请嘉宾走出演播厅，把访谈现场设在农家屋场，请嘉宾到乡村走读，大量插入精准扶贫实践地的生活场景，是精准扶贫植根大地的"民俗风景画"。第一集《首倡之声》是一幅精准扶贫从心间到田间的"全景画卷"，从十八洞村出发，到"精准扶贫"的孕育地，探究"精准扶贫精准脱贫方略"的形成过程。第二集《精准之方》是一组聚焦深度贫困村从脱贫到致富的"延时摄影"，从十八洞村出发，到精准脱贫的实践地，彰显"精准扶贫精准脱贫方略"的思想伟力。第三集《时代之魂》，从十八洞村出发，到脱胎换骨的贫困区，提炼脱贫攻坚孕育出的伟大精神。第四集《旷世之业》，到精准扶贫的结对村，印证中国减贫对世界的意义。第五集《未来之路》则到乡村振兴的最前沿，展望农业农村现代化的美好未来。

十八洞村获"全国脱贫攻坚楷模"荣誉称号

2021年2月25日，在全国脱贫攻坚总结表彰大会上，花垣县十八洞获"全国脱贫攻坚楷模"荣誉称号。会上，湖南推荐的90名先进个人、67个先进集体（含花垣县十八洞村）受到表彰。

十八洞村入选潇湘"红八景"荣誉称号

2021年3月17日，湖南省文化和旅游厅在全省开展潇湘"红八景"推选工作，十八洞村入选潇湘"红八景"拟定名单。

矮寨·十八洞·德夯大峡谷景区正式获评国家AAAAA级旅游景区

2021年6月9日，中华人民共和国文化和旅游部发布公告，正式确定湘西州矮寨·十八洞·德夯大峡谷景区为国家AAAAA级旅游景区。矮寨·十八洞·德夯大峡谷景区，位于湘西世界地质公园核心区，由被誉为国际桥梁界"珠穆朗玛峰"的吉首市矮寨大桥、精准扶贫首倡地花垣县十八洞村、"天下鼓乡、天然氧吧"吉首市德夯大峡谷等景区共同组成。三区联动，形成整体，是新晋AAAAA级景区的最大亮点。

十八洞村苗族文化底蕴深厚，文化资源富集，尤其是成为全国"精准扶贫"的摇篮以来，抓住习近平总书记到十八洞村深入调研的历史机遇，整合苗乡生态环境、苗乡民俗文化等资源，努力打造苗家古村体验旅游目的地，在加快脱贫攻坚步伐，建设"田园美、村庄美、生活美"的美丽宜居乡村上出台了一系列办法、章程等。

附 录

十 八 洞 村 志

十八洞村村规民约

雨露阳光　润我家乡　饮水思源　自立自强

党的领导　核心力量　牢记教导　思想武装

管理民主　大事协商　遵纪守法　爱国爱党

道德为先　文明常讲　关爱妇幼　礼敬尊长

家庭和睦　友邻互帮　诚实守信　公私不伤

抵制迷信　远离赌毒　耕读传家　秉承风尚

红白喜事　切勿铺张　公益事业　人人担当

家畜家禽　严禁放养　垃圾分类　莫乱堆放

勤劳致富　家业兴旺　发展农旅　引领一方

保持风貌　不滥建房　生态家园　共建共享

党员干部　树立榜样　五兴互助　共创辉煌

村规民约　牢记心上　乡村振兴　美名远扬

双龙镇十八洞村传统古村落保护实施方案

双龙镇十八洞村委会
2018 年 1 月 25 日

根据国务院、省、州、县关于保护和弘扬优秀传统文化的精神，加大传统古村落保护力度，特制定十八洞村传统古村落保护实施方案。

一、指导思想

以党的十九大精神为指导，深入贯彻落实各级关于传统文化精神，遵循科学规划、整体保护、传承发展、注重民生、稳步推进、重在管理的方针，加强传统古村落保护，改善人居环境，实现传统古村落的可持续发展。

二、基本原则

（一）坚持科学规划。因地制宜搞保护、因势利导促发展，妥善处理好生产、生活与生态的关系，处理好土地利用规划和传统村落保护的矛盾，在保护传统村落风貌的同时，改善村民居住和生活条件，把传统村落打造成村民生存发展的美好家园。

（二）坚持保护为重。保持传统村落的完整性、真实性和延续性，保持建筑、村落以及周边环境的整体空间形态和内在关系，避免"插花"混建，从而破坏古建筑群的整体风貌。保护各个时期的历史记忆，防止盲目塑造特定时期的风貌，杜绝无中生有、照搬抄袭。避免改变历史格局和风貌的行为，禁止没有依据的重建和仿制。

（三）坚持以人为本。进行广泛宣传，发动群众共同参与到村庄的保护和环境的整治当中，整合社会力量，尊重农民群众的意愿，积极听取群众的意见和建议，引导农民自觉保护环境、加快建设美丽家园。通过项目带动、整合资源，合理确定建设目标，分步实施，使项目有序推进。

三、主要目标

力争通过 3 年时间的努力，使十八洞村的文物和文化遗产得到基本保护，具备基本的防灾安全保障、基本的保护管理机制、逐步增强传统古村落保护发展的综合能力。以十八洞村整体格局和历史环境风貌的保护和利用为核心，以保护十八洞村的真实性、完整性、延续性为目标，使十八洞村成为自然、现代与历史和谐共生的优秀传统古村落。

四、实施内容

（一）传统民居改造工程。对古民居进行改造，包含房屋室内现代化改造和外立面整治，包含加固古民居屋顶结构，防止屋顶漏水，外立面刷桐油等。特别是对已有的现代建筑进行包装，使之融为一体。

（二）基础设施和环境改造。修建3个公厕、4处垃圾收集点，村内各处配置垃圾桶情况下，加强村内环境卫生治理；根据发展乡村旅游实际情况，计划实施污水处理建设，包含污水处理设备和管网的建设，相关建设将委托有资质的单位进行设计。

（三）非物质文化遗产保护传承。发扬和传承苗绣工艺及苗族文化及民族绝技，传承好苗绣技艺，宣传好苗族文化，传承好苗歌、苗鼓、踩铧口、上刀梯等苗族特技。

（四）防灾安全保障。1.防火防灾宣传牌。十八洞村是森林资源较为丰富的景区，因此务必要提高森林防火意识，加快部署景区防火防灾等各项旅游安全生产工作，不断完善森林景区旅游安全管理机制。在景区多处挂警示宣传牌，提醒广大居民和游客进入景区游玩时，要自觉接受防火检查，禁止野外用火。不要带打火机、火柴、烟花爆竹、酒精、汽油等火源及危险品上山，也不要在森林里面吸烟、烧烤。要加强防火防灾知识学习，在旅游过程中发现火情立即报警，报告火灾发生地点、火势等情况。同时完善飞虫寨、当戎寨消防设施建设。2.滑坡治理。滑坡的防治要贯彻"及早发现，预防为主；查明情况，综合治理；力求根治，不留后患"的原则，结合边坡失稳的因素和滑坡形成的内外部条件，根据十八洞村的实际情况，治理滑坡主要从以下方面着手：边坡人工加固，即修筑挡土墙、护墙等以支挡不稳定岩体。计划完成对十八洞村6组滑坡地带的治理，砌挡墙等。

力争通过传统村落保护建设，进一步改善十八洞村人居环境，确保传统村落基础设施进一步完善，历史风貌得到保护和延续，文化遗产得到有效保护和永续利用，培育出一个历史文化资源保护完好、特色产业发展成熟、人居环境良好的传统村落。

致老挝人民革命党中央总书记本扬·沃拉吉的信

尊敬的老挝人民革命党中央总书记本扬·沃拉吉：

您好！我们是中国湖南省花垣县十八洞村苗寨的村民，提笔给您写信，我们非常激动。在老挝传统新年——泼水节即将到来之际，我们祝您以及老挝人民身体健康，工作顺利，阖家欢乐，万事如意！

2018年6月2日，在满山透绿的季节，您到访我们十八洞村，这是继2013年11月3日习近平总书记到村考察之后，我们山村第一次迎来外国元首到访，我们感到非常荣幸。您到访的故事，我们每个村民都在反复讲述；您到访的每个场景，至今历历在目。

我们感觉到，自从您到访之后，十八洞村走出了国门，走向了世界。现在，到我们村来参观旅游的人更多了，人气更旺了，乡村旅游开发正在深入推进，我们村的苗绣产品已经成了赠送外宾的最好纪念品。

您的到访，对我们来说，既是荣誉，更让我们充满信心。近一年来，在上级党委、政府和有关部门的关心支持下，经过全体村民的共同努力，我们十八洞村进行了全面提质建设，道路更宽更平整了，村寨更美更清洁了，生产生活设施更加齐全更加方便了，群众的笑脸更多了，发展的机会也更多了。

您到访的石拔哑老人家和施成富、龙德成老人家，他们现在身体很好，每天忙着招待客人。十八洞村像他们这样的普通人家，全部都加入了村里的产业合作组织，有的开农家乐，有的在务工，有的在集体经济入股，家里的收入一年比一年多。

今年2月，习近平总书记对我们十八洞村探索精准扶贫路子的做法和经验作了重要批示。我们觉得，我们有责任继续把十八洞村的扶贫故事写好，绝不能辜负了党和政府，辜负了关心帮助我们的人。

听您说，老挝还有6%的贫困家庭，也在和我们一样，致力于脱贫攻坚。我们真心祝愿老挝人民，一定会在老挝人民革命党的坚强领导下，摆脱贫困，过上幸福美好的生活。

我们热忱欢迎老挝同志和兄弟们来我们这里考察交流，互通有无，共同把中老命运共同体建设好！

　　现在，苗乡的山水又一次变绿了。我们相信，我们的友谊一定会像绿水青山一样，传承到永远。我们诚挚邀请您，在方便的时候，再到我们苗寨来做客。

　　最后，衷心祝愿您身体安康，生活幸福！衷心祝愿老挝人民的生活更加美好！衷心祝愿中老友谊万古长青！

十八洞村全体村民

2019 年 4 月

致中国湖南省花垣县十八洞村的父老乡亲们

亲爱的同志们：

首先，我谨向十八洞村的乡亲们表示衷心的感谢！去年我曾到十八洞村进行考察。在 2019 年 4 月老挝新年到来之际，乡亲们给我送来了信函问候，向我及我家人表达了良好的祝愿，这充分体现了老中两国人民的亲密情谊。

去年考察期间，乡亲们给予了我及代表团一行亲切友好的接待，对此我仍记忆犹新。在中共中央总书记、国家主席习近平"精准扶贫"理念的指引下，十八洞村取得了全面的发展成就，在短时间内摆脱贫困，村容村貌焕然一新，村民生活不断改善。当前，老挝正在全力开展扶贫脱贫，致力于摆脱欠发达状态，十八洞村的成功实践给老挝提供了十分宝贵的经验。

祝大家身体健康，继续在中国共产党和政府路线的指引下把你们的村庄建设、发展得更加美好。

老挝人民革命党中央总书记

老挝人民民主共和国国家主席

本扬 · 沃拉吉

万象市，2019 年 4 月 24 日

十八洞村民自治章程（2018 年 9 月 5 日）

十八洞村第十届第三次村民会议表决通过

第一章 总则

第一条 根据《中华人民共和国村民委员会组织法》和《湖南省实施〈中华人民共和国村民委员会组织法〉办法》等其他有关法律法规，为了保证村民实现自我管理、自我教育、自我服务，落实"民主选举、民主决策、民主管理、民主监督"，坚持自治、法治、德治相结合，建设和管理好十八洞村，特制定本章程。

第二条 本章程在村党支部领导下，由村民委员会具体组织实施，村民会议或村民代表会议、村民议事会、村务监督委员会监督执行。

第三条 本章程全体村民必须严格遵守。

第二章 村级组织

第四条 村民委员会职责

村民委员会成员由本村具有选举权的村民以无记名投票方式直接选举产生。

1. 宣传法律法规、党和国家的方针政策，协助镇党委、政府开展工作。在村党组织的领导下，实行民主选举、民主管理、民主决策、民主监督，引导村民实现自我管理、自我教育、自我服务。

2. 承担本村村级事务的服务和协调工作，编制并实施本村建设规划，支持和组织村民依法发展经济。

3. 围绕社会主义核心价值观组织开展文化教育活动，普及科技知识，加强精神文明建设。

4. 组织实施本章程。教育村民加强团结协作，调解民事纠纷，促进社会稳定，管理村级公共事务和村级财务，维护村民合法权益。

5. 依照法律规定，管理本村属于农民集体所有的土地和其他财产，教育村民合理开发利用自然资源、保护和改善生态环境。

6. 村民委员会成员应当遵守法律法规，廉洁从政。

第五条 村民委员会下设人民调解委员会、科教文卫委员会、妇联、民兵营、思想道德评议会、禁毒禁赌委员会、红白理事会等工作机构。

人民调解委员会主要职责：进行法治宣传教育，调解民间纠纷，协助政府和公安、司法部门做好治安工作；依托"五兴"互助组，发挥村民组长、村民代表和党员的作用，做到小纠纷不出组，大纠纷不出村；在双方当事人自愿、平等的基础上进行调解，尊重当事人的权利。

科教文卫委员会主要职责：举办精准扶贫战略思想"讲习所"和农民夜校，加强村民思想、文化、道德、法律、感恩教育。发展本村的文化、教育、卫生事业，普及卫生计生知识，做好优生优育宣传，搞好卫生和防疫工作。对接科技特派员和"三区"人才工作。

妇联主要职责：带领妇女积极参加村组织的各项活动，维护妇女、儿童的合法权益，贯彻男女平等基本国策。组织妇女参加"苗绣合作社"等组织。

民兵营主要职责：认真贯彻执行党组织和上级武装部门对民兵工作的指示和规定，协助开展村平安创建活动，积极开展应急、抗灾救援、突击等工作。

思想道德评议会主要职责：加强社会主义道德建设，开办"十八洞村民道德讲堂"，加强道德素质养成教育。负责实施思想道德星级评定。对"等靠要"懒汉行为、高额彩礼、薄养厚葬、子女不赡养老人等陋习问题开展教育、整治。

禁毒禁赌委员会主要职责：负责创建"无毒无赌村"工作。对禁毒政策、毒品和赌博危害开展宣传教育，提高村民禁毒、防毒意识，教育村民摒弃赌博陋习。协助公安机关对涉毒涉赌犯罪行为开展打击，对吸毒人员和赌博人员开展帮教。

红白理事会主要职责：负责村民婚礼新办、丧礼俭办、其他喜庆事宜不办的宣传、服务、管理和监督等工作。

第六条 村民会议和村民代表会议。

村民会议由本村年满18周岁以上村民组成。村民代表会议由村民委员会成员和村民代表组成。

村民会议由村民委员会召集。有十分之一以上的村民或者三分之一以上的村民代表提议，应当召集村民会议。召集村民会议，应当提前10天通知村民。

召开村民会议，应当有本村18周岁以上村民的过半数，或者本村三分之二以上的户的代表参加，村民会议所作决定应当经到会人员的过半数通过。法律对召开村民会议及作出决定另有规定的，依照其规定。

召开村民会议，根据需要可以邀请驻本村的企业、事业单位和群众组织派代表列席。

村民会议审议村民委员会的年度工作报告，评议村民委员会成员的工作；有权撤销或者变更村民委员会不适当的决定；有权撤销或者变更村民代表会议不适当的决定。

村民会议可以授权村民代表会议审议村民委员会的年度工作报告，评议村民委员会成员的工作，撤销或者变更村民委员会不适当的决定。

涉及村民利益的下列事项，经村民会议讨论决定方可办理：

1. 村集体经济所得收益的使用；

2. 本村公益事业的兴办和筹资筹劳方案及建设承包方案；

3. 土地承包经营方案；

4. 村集体经济项目的立项、承包方案；

5. 宅基地的使用方案；

6. 征地补偿费的使用、分配方案；

7. 以借贷、租赁或者其他方式处置村集体财产；

8. 村民会议认为应当由村民会议讨论决定的涉及村民利益的其他事项。

村民会议可以授权村民代表会议讨论决定前款规定的事项。

法律对讨论决定村集体经济组织财产和成员权益的事项另有规定的，依照其规定。

村民代表会议主要职责：人数较多或者居住分散的村，可以设立村民代表会议，讨论决定村民会议授权的事项。村民代表会议由村民委员会成员和村民代表组成，村民代表应当占村民代表会议组成人员的五分之四以上，妇女村民代表应当占村民代表会议组成人员的三分之一以上。

村民代表由村民按每五户至十五户推选一人，或者由各村民小组推选若干人。村民代表的任期与村民委员会的任期相同。村民代表可以连选连任。

村民代表应当向其推选户或者村民小组负责，接受村民监督。

村民代表会议由村民委员会召集。村民代表会议每季度召开一次。有五分之一以上的村民代表提议，应当召开村民代表会议。

村民代表会议有三分之二以上的组成人员参加方可召开，所作决定应当经到会人员的过半数同意。

第七条 村民议事会职责：对村内重大事务的参谋权；对村民委员会计划、报告的审议权；对村干部的执行政策情况的监督权；对群众意见与建议的收集、反映权；对不合格的村委干部要求罢免的建议权；对村务的民主管理权。

第八条 村务监督委员会职责：监督村级重大事项、重要问题、重点工作执行等村务决策和公开情况；监督村级财务收支、资产资源处置、集体经济收益分配等村级财产财务管理情况；监督工程项目立项、招投标、预决算、建设施工、质量验收等村工程项目建设情况；监督各项农业补贴资金发放、农村社会救助资金申请和发放等惠农政策措施落实情况；监督各级扶贫资金投入、使用和管理等情况；监督建设文明乡风、创建文明村镇、推动移风易俗，开展农村环境卫生整治，执行村民自治章程和村规民约等农村精神文明建设情况；监督党员群众关心关注的事项。

第九条 村民小组组长职责：召集村民小组会议，落实村民委员会交办的工作任务；及时向村民委员会反映本组村民意见和建议。

第三章 村民的权利和义务

第十条 本村村民具有下列权利和义务。

村民的权利：

1.年满18周岁的依法享有选举权和被选举权。

2.按有关规定,有请求组织帮助和加入"五兴"互助组的权利。

3.有了解村组应公开事务的权利。

4.有监督村组干部执行本章程和实现其任期目标的权利。

5.对村级事务有提出批评、意见、建议的权利。

6.有参加村民会议和村民委员会组织相关活动的权利。

7.有接受有关教育培训的权利。

8.表现突出、对集体有贡献的,有获得奖励、表彰的权利。

9.按有关制度的规定,有取得集体收益分配、医疗保障及其他福利待遇的权利。

村民的义务:

1.爱党爱国爱集体,热爱十八洞村,积极参加村组的公益事业建设,爱护集体财产,维护十八洞村的声誉。

2.接受普法教育,遵守村规民约,维护公共安全,注意防火防盗,遵纪守法,不参加违法活动。

3.勤劳致富,艰苦创业,诚信经营。

4.学用科技,不断提升自身科学素养。

5.重视文教,积极参加健康有益的文化活动。

6.移风易俗,文明节俭,破除陈规陋习。

7.家庭和睦,团结邻里,严禁打架斗殴。

8.热心公益,积极承担村级集体任务。

9.搞好庭院卫生,自觉进行垃圾分类,实现生态宜居。

10.依法服兵役。

第四章 民主决策

第十一条 村民委员会一般每月召开一次,参会人员原则上为村民委员会成员,重要会议邀请村党组织书记参加,也可视情况邀请其他人员列席。重大事项在开会之前要向村级党组织报告。村民委员会每季度召开一次由村党组织书记主持的村级事务报告会，依规报告村级事务，村民议事会、村务监督委员会、全体党员和村民代表参加。村民委员会接受村民议事会的检查、监督。村民委员会成员每年年终向村民议事会进行述职报告并接受测评评议。

第十二条 村民议事会每季度至少召开一次，如有特殊情况，经本村三分之二的村民代表联名提出，即可召开专题会议。主要讨论本村中长期规划和年度工作计划，财务收支预决算，年终收益分配，集体土地的征用，宅基地的预审，基础设施建设和固定资产购置及处理等重大事项。

第十三条 村务监督委员会每季度召开一次例会，梳理总结、研究安排村务监督工作。如有重大情况，可随时召开。村务监督委员会成员每月至少列席一次村"两委"关于村级重大事项、重要问题、重点工作决策会议，促进村务决策按规定程序进行。每半年向村党组织汇报一次村务监督情况。每年向村民会议或村民代表会议报告一次工作，并接受测评评议。

第十四条 村级重大事务按照"四议两公开"工作法进行决策。基本程序是村党组织提议、"两委"会商议、党员大会审议、村民会议或村民代表会议决议，并将决议公开、实施结果公开。

"四议两公开"决策的重大事项一般为：

1. 村民自治章程和村规民约的制定；本村建设长远规划和年度工作计划的制定。

2. 本村产业结构调整、主导产业发展规划和落实，农业综合开发项目和扶贫项目实施，农业新科技的推广应用、农村专业合作社的成立和运作等。

3. 公益事业筹资筹劳"一事一议"的组织、实施和管理，村庄建设的规划和实施，社会治安综合治理等。

4. 村集体资产资源的经营、承包、租赁、出售、转让，村集体经济项目立项、投资建设和承包经营，重大上级转移支付资金和村集体资金支出等。

5. 村级道路建设、村容村貌整治、安全饮水工程等。

6. 其他事关村民切身利益和全村经济社会发展稳定的事项。

第十五条 重大村级事务实行村务公开，公开内容包括：涉及村民利益的各项村务政务；宅基地分配情况；土地流转情况；村集体资产资源的承包、租赁、转让、经营方案；村级财务，村集体债权债务，村集体所得收益使用等情况；土地征用补偿及分配情况；国家各种惠农补贴、资助村集体的政策落实和资金使用情况；城乡居民医疗和养老保险保费的收缴、补贴及其支付情况；本村政策性救助情况；各类惠民政策及相关部门的联系方式和举报电话；村民普遍关心的其他事项。

村务公开的形式：村部及每个自然寨的固定公开栏或村权监督群等。村务及财务公开一般每月一次，重大事项及时公开。

第五章　民主管理

第十六条　严格财务管理，建立村级财务制度，自觉接受群众监督。不得用集体公款赠送礼品礼金。遵守村账乡代管财务制度，严禁套取国家集体资金为个人所有。对村内各项开支发票手续不健全、要素不齐全、字迹不清的，拒绝审批。

第十七条　传承和发扬民族文化和民间技艺，鼓励村民穿戴苗族服饰、唱苗歌、打苗鼓等，积极参加健康向上的文体活动。

第十八条　严格按规划用地，依法依规建房，加强保护传统建筑。不得非法用地，不得私自转让、买卖土地。建房要先审批，新建房屋要符合"一户一宅"要求，符合村庄统一规划，与村里传统村落及发展旅游产业相一致。"两违"建筑一律依法依规拆除，自行恢复原貌。

第十九条　加强生态管理。禁止滥砍滥伐，禁止捕杀各种野生动物，禁止电鱼、毒鱼。全村范围禁养牛、羊、猪等家畜；禁止成规模养殖鸡、鸭、鹅等家禽，如养殖，数量控制在8只以内。谨慎用电、用火，防止发生森林火灾。积极开展美丽乡村建设，自觉爱护环境卫生，公共场所不乱扔垃圾，做好家庭垃圾分类。大力倡导移风易俗，弘扬绿色殡葬新风尚，营造文明祭扫的社会氛围，推行节地生态安葬，保障村民基本安葬需求，保护生态环境，促进人与自然和谐相处。

第二十条　加强社会治安管理。复杂纠纷由村民委员会等协商调解。禁止小偷小摸，禁止打架斗殴，禁止侮辱和谩骂他人，严禁打牌赌博，严禁破坏公共设施。

第二十一条 加强思想道德管理，弘扬社会主义核心价值观，鼓励见义勇为和拾金不昧。以户为单位实行思想道德星级化评比，每年年终评定一次，最高五星，评为二至五星级农户，进行挂牌。开办"十八洞村民五星银行"，每年评选一批"最美十八洞村人"，选树典型，引领示范。

第二十二条 加强村级集体经济管理。村集体经济年度收入用于全村公益事业、文体活动、产业发展、壮大本村集体经济和对村民的各项奖励、补助、分红。具体分配办法按照《十八洞村集体经济收支管理办法》执行，纳入村财务管理范围，依法依规管理，由村主任"一支笔"审批，并接受村务监督委员会、全体村民的监督。

第二十三条 本章程自 2018 年 9 月 5 日十八洞村第十届第三次村民会议表决通过并执行。

花垣县十八洞村村级集体经济收益分配管理暂行办法

经 2020 年 3 月 14 日村民代表大会决议通过

第一条 为充分发挥"党建引领、互助五兴"基层治理模式在推动村级集体经济健康有序发展中的引领作用，建立与本村集体经济可持续发展相适应、与村民贡献相挂钩的收益分配制度，规范村级集体经济收益分配管理，发挥好发展村级集体经济对农村基层治理的促进作用，形成村级集体经济发展得越好、互助小组工作开展得越好，村民支持村级事务力度越大、村民奖励就越多，村集体服务群众、发展公益事业就越好的良好局面。结合本村生产发展、农民增收、公益建设等各方面实际，制定本暂行办法。

第二条 按照"收益决定分配总量、贡献决定分配比例"原则，坚持村集体经济年度收益分配与经济发展水平相一致、与村民表现贡献相一致，不搞跨空分配和举债分配。当年集体经济纯收益 10% 左右用于低收入家庭及救灾、解困、助残等，15% 左右用于奖学、助学、补贴"积分超市"及互助组长的工作补贴等，5% 左右用于发放村干部发展集体经济绩效考核奖励，30% 左右用于村集体经济发展再生产投入及公益设施建设、维护等，40% 左右用于参与互助小组的全体村民奖励。当年村集体经济收益分配剩余部分自动转入公益设施建设专项基金，不列为下年度村集体经济收益分配基数。

第三条 严格确定分配范围、对象和标准。非本村户籍村民（含已经外嫁暂未迁出户口的村民）不予奖励。在政策允许范围内，用一定比例的集体经济纯收入，对本村村民实施各种救助、补助、补贴或奖励，按如下标准执行：

1. 奖励优秀学生，全力发展教育，确保适龄儿童全部入学、零辍学，积极培养人才。对考取大学及职业院校的学生，凭录取通知书领取一次性奖励，一本 3000 元，二本 2000 元，三本 1500 元，大专、高职及中职 1000 元；每学年获得校级"三好学生"的中小学生，一次性奖励 300 元。

2. 对新应征入伍的义务兵，一次性奖励 2000 元。

3. 对 80 岁以上的老人发放老龄补助, 80 岁至 89 岁每年 200 元, 90 岁至 99 岁每年 500 元, 100 岁以上每年 1000 元。

4. 对残疾人给予补助, 以残疾证确定补助标准: 一级至四级残疾村民, 每年分别补助 200 元、150 元、100 元、50 元。

5. 对患病住院当年自付费用较高的给予一次性救助: 自费 10000 元至 20000 元的, 救助 1000 元; 自费 20000 元至 50000 元的, 救助 2000 元; 自费 50000 元以上的, 救助 3000 元。年内多次住院均达到补助标准的, 每年只按累计自费金额核算, 补助一次。

6. 对自主缴纳新农合医保的村民, 按当年缴纳金额自付部分的 60%"以奖代补"。

7. 每月为互助小组组长发放误工补贴 50 元。

8. 经 "四议两公开" 程序需从村集体经济收益中支出其他事项的标准, 按 "一事一议" 的办法执行。

因不可抗力, 当年村集体经济收益不能满足上述 8 项补贴及奖励时, 当年具体分配办法由村民代表大会决定。

第四条 支持公益建设和公共服务。公益建设支出按照 "四议两公开" 的程序确定列支方案, 主要用于村集体经济扩大再生产、兴建和维护基础设施、公共服务设施等。对村民广泛参与、辐射带动作用强, 获得感、幸福感提升明显的项目优先列支。

第五条 实施以 "互助小组" 为单位的集体经济纯收益奖励。按照 "综合考评、量化定等、差异奖励" 的方式, 对全村参与互助小组的村民给予奖励。互助小组量化定等由三个方面的内容构成: 每月小组长自评 (村党组织审核公示, 全年折算平均分)、年终大会互评、党支部定量考评加减分, 分别占比 60%、30%、10%。根据互助小组得分情况, 按照全村互助组数的 20%、20%、30%、20%、10%, 分为 5 个等级。各互助小组评定的等次为本组全体农户家庭成员的人均奖励依据。

村集体奖励与互助小组等级挂钩, 根据每年村集体收益情况和村民人数确定每年互助小组奖励基准数, 得一等的互助小组所有家庭成员人均奖励在基准数的基础上加 25%, 得二等的互助小组所有家庭成员人均奖励在基准数的基础上加 10%, 得三等的互助小组所有家庭成员人均奖励与基准数持平, 得四等的互助小组所有家庭成员人均奖励在基准数的基础上扣 10%，得五等的互助小组所有家庭成员人均奖励在基准数的基础上扣 30%。

第六条　发放村组干部绩效。村组干部在乡镇年度考核中被评为优秀等次且村集体经济较上一年有增加，村集体经济纯收益的 5% 左右用于发放村组干部绩效；其他情况，3% 左右用于村组干部绩效发放。

第七条　执行一票否决制度。村民有下列行为之一的，不能享受村集体经济收益任何性质的分配。在完成整改后，之前不予分配的部分不予补发。

1. 本暂行办法实施后，新发生的违法犯罪并被判刑的，其全家及所在的"互助五兴"小组组长当年不予分配，服刑期间本人不予分配。

2. 本暂行办法实施后，新发生的违法行为并被治安处罚的，其全家当年不予分配。

3. 故意破坏或非法占有公私财物的，在未完成整改前，其全家不予分配。

4. 有未经批准滥建房屋、乱搭棚等"两违"行为的，在整改未完成前，其全家不予分配。

5. 本暂行办法实施后，新发生的违纪行为被给予警告及以上党纪政纪处分的，其本人当年不予分配。

6. 在保障其合法权益的前提下，拒不支持村级公益事业的，其全家当年不予分配；对村里公益事业造成重大影响的，在其消除影响后，全家方可给予分配。

7. 拒不参加互助小组或已纳入某一互助小组但不按安排参加互助活动的，其全家当年不予分配。

8. 组织或参与非法闹访、缠访的，在其息访并消除影响后，全家方可给予分配。

9. 义务教育阶段，学生无故辍学的，在未返学前，其全家不予分配。

10. 经"四议两公开"程序，被认定有其他严重不良行为，其本人或全家当年不适合给予分配的。

第八条　分配程序。收益分配前，由镇财政指导，村经济联合社对村级集体经济年收益、债权、债务等情况进行清理。准确核算全年的收入、成本、费用和利润，核实可供分配收益总额和参加分配人员,对相关情况进行公示。

由村党组织、村经济联合社提出具体的村级集体经济年度收益分配方案。分配方案按照"四议两公开"程序,报镇人民政府审核、县委组织部备案确定。

村级集体经济年度收益分配方案确定后,按照相关的分配政策,拟定分配明细,分户计算分配金额,张榜公示5天无异议后进行分配。

对村民的救助、补贴及奖励,按照实际情况,每年由村支两委按需及时实施,事前或事后公示5天。

第九条 监督管理。接受上级党委政府和村民监督委员会的监督检查,确保收益分配的额度确定、审批结果、资金使用、操作步骤等各个环节在公开公正、阳光透明条件下进行。

第十条 本暂行办法自村民代表大会通过之日起施行。

主要参考文献

1. 花垣县地方志编纂委员会编:《花垣县志》,生活·读书·新知三联书店1993年版。

2. 花垣县地方志编纂委员会编:《花垣县志(1986—2000)》,方志出版社2014年版。

3. 中国人民政治协商会议花垣县委员会文史资料研究委员会编:《花垣文史资料》第12辑《神奇的花垣》(风情篇),2007年版。

4. 龙宁英主编:《古苗河风情》,湖南人民出版社2001年版。

5. 花垣县民族事务委员会、花垣县政协文史委编:《花垣苗族》,1993年版。

6. 吴晓东:《苗族图腾与神话》,社会科学文献出版社2002年版。

7. 陈素娥:《诗性的湘西——湘西审美文化阐释》,民族出版社2006年版。

8. 石启贵等:《湘西苗族实地调查报告》,湖南人民出版社2008年版。

9. 唐镜主编:《湘西读本》,湖南人民出版社2011年版。

10. 陆群:《湘西原始宗教艺术研究》,民族出版社2012年版。

11. 谭云明、艾华:《探路:产业扶贫十八洞村思考》,中国经济出版社2017年版。

12. 凌鹰:《我的十八洞村》,湖南人民出版社2018年版。

13. 彭学明:《人间正是艳阳天——湖南湘西十八洞的故事》,广东人民出版社2018年版。

14. 刘艳红、申孟宜:《精准扶贫精准脱贫百村调研》(十八洞村卷),社会科学文献出版社2020年版。

15. 李迪:《十八洞村的十八个故事》,作家出版社2020年版。

16. 石万达:《石板塘苗歌选编》,湖南人民出版社2014年版。

后　记

2013 年 11 月 3 日，中共中央总书记、国家主席、中央军委主席习近平在湖南省湘西州花垣县十八洞村考察，首次提出了"精准扶贫"的重要思想。湘西州始终牢记习近平总书记的殷切嘱托，坚决扛牢精准扶贫首倡地政治责任，大力弘扬伟大脱贫攻坚精神，以十八洞村为样板，成功探索了一条可复制可推广的精准扶贫好路子，得到了习近平总书记等中央领导同志的重要指示和肯定，成为"全国脱贫攻坚楷模"和国际减贫交流基地。

编纂出版《十八洞村志》是湖南地方志自觉践行习近平总书记关于地方志工作重要讲话精神，彰显首创之地勇担首创之责、敢作首创之为的政治担当，是以"中国之志"记录传承"中国之治"历史责任的生动实践。

《十八洞村志》既是一部名村志，又是一部扶贫志，是名村志与扶贫志相结合的一次成功尝试，是向党的二十大敬献的一份贺礼。在编纂过程中，始终坚持以习近平新时代中国特色社会主义思想和习近平总书记关于扶贫攻坚的重要论述为指导，坚持实事求是、秉笔直书、精益求精的编纂原则，牢固树立政治意识、精品意识，既遵循《中国名村志丛书编纂规范》的相关要求，又突出十八洞村的历史文化特色和精准扶贫的成功经验，确保《十八洞村志》成为一部既充分反映湘西地域文化特色，又彰显新时代红色地标烙印的精品名志。

2018 年 2 月，根据中国地方志指导小组中国名镇名村志文化工程的要求，按照湖南省地方志编纂院的统一部署，湘西州地方志编纂室积极主动对接中国地方志指导小组办公室和省地方志编纂院，多次和花垣县地方志编纂室沟通，经湘西州委州政府同意，决定将《十八洞村志》纳入《湘西自治州〈中国名镇名村志〉文化工程实施方案》重点志书。

2019 年 11 月，湘西州地方志编纂室、花垣县地方志编纂室着手开展前期调研，拟定《十八洞村志》编纂出版方案和篇目框架设计。湘西州委 2019 年第 35 次州委常委会会议审议同意编纂出版方案，与《湘西州扶贫志》同步推进、同时出版。

在此基础上，2020年4月，湖南省地方志编纂院、湘西州地方志编纂室、花垣县地方志编纂室和花垣县委县政府联合成立高水平的编纂委员会，聘请国家、省、市、县地方志专家学者和村"两委"人员等组建了编辑部。编辑部人员认真研讨篇目并入驻十八洞村，与村民同吃同住，遍访十八洞村4个自然寨189户568人，召开村民座谈会，对历史沿革、传统文化、精准扶贫等情况进行深入调查，共征集原始资料100余万字、图片1000余幅，整理编纂后形成40万字的《十八洞村志》初稿。

在此期间，中国地方志指导小组时任秘书长、办公室主任冀祥德在北京专题听取《十八洞村志》编纂情况汇报，确定中国地方志指导小组办公室与湖南省地方志编纂院、湘西州地方志编纂室、花垣县地方志编纂室四级地方志机构联袂把《十八洞村志》打造成全国扶贫志和中国名村志样板书，亲赴十八洞村调研，组织专家最终审定篇目，对《十八洞村志》进行审读点评；湖南省地方志编纂院党组书记、院长江涌专程赴湘西州调研，对《十八洞村志》编纂工作给予了具体指导。

2021年5月，《十八洞村志》形成送审稿，经过修改后，报州、省地方志机构审核。

2022年9月，《十八洞村志》经反复打磨，九易志稿，完成终审稿，由人民出版社和湖南人民出版社联合出版。

在历时两年多的时间里，湖南省委、省政府和湘西州、花垣县、双龙镇等各级党委、政府以及相关部门给予了支持和关怀。《十八洞村志》编委会、编辑部提高政治站位，从启动策划、篇目设计到编纂出版等全过程坚持高标准，严把政治关、史实关、保密关、体例关、文字关，形成了上下齐心办力、各方配合协作的编纂出版合力。中国地方志指导小组办公室、湖南省委宣传部、湖南省地方志编纂院、湘西州地方志编纂室、花垣县地方志编纂室给予了大力支持；中国地方志指导小组时任秘书长、办公室主任冀祥德，中国地方志指导小组一级巡视员邱新立，原党组书记田嘉，方志处副处长王丹林，湖南省地方志编纂院党组书记、院长江涌，副院长彭楚筠、邓建平，市县志工作部时任主任隆清华，北京市地方志办原主任王铁鹏，浙江省地方志办省志工作部部长颜越虎，湘西州地方志编纂室主任张良敦，一级调研员、时任主任刘克兴，副主任李雄野，湘西州团结报社副社长龙文玉，花垣县地方志编纂室主任麻峻等积极参与并给予了精心指导；十八洞村党支部书记、村委会主任施金通，村委会副主任隆吉龙，原村党支部书记、妇女主任石顺莲，退休教师杨冬仕等为村志编纂提供了很多采访线索和历史资料；十八洞村第一任驻村工作队队长龙秀林，村党支部第一书记孙中元，驻村工作队副队长龙振章等分别介绍了村情村貌、精准扶贫历程和成效；湘西州、花垣县摄影协会刘克兴、陈永红、李邦发、龙恩泽、姚茂祥、李金沙、龙红高、刘喜国、石维刚、石林荣等，湖南图片库、十八洞村以及李健、彭业忠、张耀成、吴红艳、陈泽国、郭立亮、龙耀湘、陈思汗、袁昌俊、周灿黎、龙艾青、刘建光以及一些不具名的同志为该志提供了大量珍贵的图片资料；人民出版社和湖南人民出版社安排了高水平专家和责任编辑进行编审……在本志付梓之际，谨此一并致以最诚挚的谢意。

鉴于本志上下限时间跨度较长，我们对十八洞村历史资料的收集、挖掘、研究还不够全面、不够深入、不够系统，加之编纂水平有限，志中纰漏、错误之处在所难免，恳请各级领导、志界同仁、专家学者及广大读者批评指正。

湖南方志人将始终以习近平新时代中国特色社会主义思想为指引，牢记"为党立言、为国存史、为民修志"的初心使命，传承中华优秀传统文化，记录伟大时代，凝聚磅礴力量。

谨以此书，献礼二十大，致敬新时代。

编者
2022 年 9 月

责任编辑：姚　恋　朱兆瑞
装帧设计：几木艺创

图书在版编目（ＣＩＰ）数据

　十八洞村志／湖南省地方志编纂院，湖南省湘西土
家族苗族自治州地方志编纂室，湖南省湘西土家族苗族自
治州花垣县地方志编纂室编．-- 北京：人民出版社；
长沙：湖南人民出版社，2022
　ISBN 978-7-01-024114-2
　Ⅰ．①十… Ⅱ．①湖… ②湖… ③湖… Ⅲ．①村史 –
花垣县 Ⅳ．① K296.45
　中国版本图书馆 CIP 数据核字 (2021) 第 240004 号

十八洞村志

SHIBADONG CUN ZHI

湖　南　省　地　方　志　编　纂　院
湖南省湘西土家族苗族自治州地方志编纂室　　编
湖南省湘西土家族苗族自治州花垣县地方志编纂室

人民出版社
CTS｜湖南人民出版社　出版

人民出版社　发行

北京雅昌艺术印刷有限公司印刷　新华书店经销

2022 年 11 月第 1 版　2022 年 11 月第 1 次印刷

开本：787 毫米 × 1092 毫米　1/16　印张：22.5

字数：400 千字

ISBN 978-7-01-024114-2　定价：268 .00 元

邮购地址 100706　北京市东城区隆福寺街 99 号

人民东方图书销售中心　电话（010）65250042　65289539